EDITORA AFILIADA

Dados Internacionais de Catalogação da Publicação (CIP)
(Câmara Brasileira do Livro, SP, Brasil)

Palangana, Isilda Campaner
  Individualidade : afirmação e negação na sociedade capitalista / Isilda Campaner Palangana. – 2. ed. – São Paulo : Summus, 2002.

  Bibliografia
  ISBN 85-323-0768-X

  1. Capitalismo 2. Individualidade I. Título.

02-1291 CDD-302.54

Índice para catálogo sistemático:
1. Individualidade : Sociedade capitalista : Psicologia social : Sociologia   302.54

Compre em lugar de fotocopiar.
Cada real que você dá por um livro recompensa seus autores
e os convida a produzir mais sobre o tema;
incentiva seus editores a encomendar, traduzir e publicar
outras obras sobre o assunto;
e paga aos livreiros por estocar e levar até você livros
para a sua informação e o seu entretenimento.
Cada real que você dá pela fotocópia não-autorizada de um livro
financia um crime
e ajuda a matar a produção intelectual em todo o mundo.

INDIVIDUALIDADE
afirmação e negação na sociedade capitalista

Isilda Campaner Palangana

summus editorial

INDIVIDUALIDADE: AFIRMAÇÃO E NEGAÇÃO NA SOCIEDADE CAPITALISTA
Copyright © 1998, 2002 by Isilda Campaner Palangana
Todos os direitos reservados por Summus Editorial.

Capa: **Tereza Yamashita**
Editoração Eletrônica: **Z&D Estúdio de Artes**
Fotolitos: **JOIN Bureau de Editoração**

Departamento editorial:
Rua Itapicuru, 613 – 7º andar
05006-000 – São Paulo – SP
Fone: (11) 3872-3322
Fax: (11) 3872-7476
http://www.summus.com.br
e-mail: summus@summus.com.br

Atendimento ao consumidor:
Summus Editorial
Fone: (11) 3865-9890

Vendas por atacado:
Fone: (11) 3873-8638
Fax: (11) 3873-7085
e-mail: vendas@summus.com.br

Impresso no Brasil

SUMÁRIO

INTRODUÇÃO 7

CAPÍTULO I
SOBRE A CONSTITUIÇÃO DO INDIVÍDUO BURGUÊS 17
Entre Fatos e Reflexões Delineiam-se Possibilidades de
Sedimentar as Promessas Burguesas 34

CAPÍTULO II
DO PROJETO QUE ABSOLUTIZA À PRÁTICA QUE
RELATIVIZA A INDIVIDUALIDADE 55
A Consciência Individual Sob o Signo do Princípio de Realidade 75

CAPÍTULO III
O INDIVÍDUO NO CONTEXTO DAS INOVAÇÕES
TECNOLÓGICAS 105
O Espaço e o Tempo Individuais no Reino do Mercado 130

CAPÍTULO IV
A INDIVIDUALIDADE NO CÍRCULO DA CULTURA
MERCANTILIZADA 145
Contributo à Formação do Indivíduo 173

CONCLUSÃO 183

BIBLIOGRAFIA 193

Aos meus pais Idalina e José

INTRODUÇÃO

O indivíduo se forma e se transforma no trabalho e nas relações sociais de trabalho. Somente na história de vida prática dos homens cabe pensar a individualidade, que constitui o indivíduo, que o singulariza, que o distingue, mas, ao mesmo tempo, não se encerra nele. Os traços, os caracteres físicos e psíquicos são deste ou daquele indivíduo, porque são sociais, ou seja, porque pertencem aos homens de uma determinada época e lugar. Assim sendo, a individualidade é, inseparavelmente, social e individual, objetiva e subjetiva, fundada no modo como a sociedade se organiza, produz, se relaciona e na espécie de poder instituído. Esta é a chave para se adentrar nas estruturas individuais.

A individualidade não é uma essência que se engendra e se compõe dentro do sujeito em separado, por conseguinte, a individuação não consiste em um processo de socialização de alguém originariamente "autista". Ao contrário, é a singularização de alguém primordialmente social, porque produto do trabalho coletivo. "A humanidade (no sentido do 'ser-homem'), por oposição à animalidade (o 'ser-animal'), não é uma coordenada presente por natureza em cada indivíduo isolado, mas sim o mundo social humano, e cada indivíduo natural torna-se humano ao hominizar-se através do seu processo de vida real no seio das relações sociais". O ser humano nasce como um membro da espécie igual aos demais e se distingue, quer dizer, desenvolve propriedades diferençadas na práxis social. Para tornar-se um indivíduo em particular há que se apropriar da cultura, do legado das gerações precedentes, fazendo-o seu.

A individuação ocorre de maneira intimamente imbricada aos instrumentos e à divisão do trabalho. Tais instrumentos manifestam capacidades e conquistas objetivadas pelos homens em sociedade e, simultaneamente, balizam a formação individual. Quando os produtores e cada um deles se apropriam das forças

---

[1] SÈVE, L. La personnalité en gestation, p. 210.

produtivas, dessa exterioridade que pode constituir-se relativamente aos indivíduos, estabelecem-se as faculdades individuais, em correspondência com os instrumentos materiais, simbólicos e com o modo de produção. A divisão do trabalho, em toda sua extensão, ou seja, em seus aspectos econômicos, políticos, técnicos, culturais, etc., é a base social mais profunda e mais geral do processo de individuação. Ao se atribuir uma parte do trabalho a cada um, permitindo que se exercitem, se expressem e se identifiquem nessa fração do todo, está-se criando a condição material para que esses homens, que vivem em sociedade, distingam-se entre si, diferenciem-se uns dos outros, sem, contudo, deixarem de ser semelhantes, uma vez que são todos regidos pelas mesmas relações.

A divisão do trabalho forma individualidades que, juntas, compõem as forças essenciais humanas imprescindíveis à construção da riqueza social. Mas, contraditoriamente, a mesma divisão limita a capacidade do indivíduo em si. Segundo Marx[2], a sociedade dos homens necessitou da divisão do trabalho para se estabelecer e da propriedade privada para produzir e reproduzir as condições necessárias à sua humanização. Ela precisa, agora, abolir esses dois fatores, que se tornaram entraves à consecução desta finalidade maior, para que a individualidade, reprimida e enquadrada, possa se afirmar.

Se o que a filosofia intitulou "substância" ou "essência" do homem, concretamente, não é outra coisa senão a súmula das forças produtivas e da produção propriamente dita, que cada novo membro da espécie encontra como coordenadas já existentes; e ainda, se a individualidade se constitui à medida que o sujeito interioriza e transforma essas coordenadas, no sentido de tomá-las para si, o que dizer do indivíduo? Como se configura a individualidade na sociedade capitalista? É com esta problemática que presente obra se ocupa. Nela analisa-se a espécie de individualidade realmente existente, as condições que a conformam e a definem, seu espaço e possibilidades. Para tanto, a pesquisa retorna ao contexto objetivo-subjetivo no qual o surgimento do indivíduo, nos moldes burgueses, se mostra com nitidez e, desde então, procura entender, na história das transformações da sociedade capitalista – em suas rupturas e continuidades – a história da individualidade.

O indivíduo senhor de si, capaz de se auto orientar, é um sonho antigo dos homens. Uma boa amostra disso está na obra intitulada *Política*, de Aristóteles,

---

[2] MARX, K. *Manuscritos Econômico-Filosóficos*.

Introdução

onde já se percebe o intuito de estabelecer equilíbrio entre a liberdade individual e o bem-estar da Cidade-Estado. Todavia, é no interior da sociedade burguesa que esse sonho conquista todos os espaços, aguça os espíritos, chegando muito próximo de se tornar realidade. As forças produtivas se expandem e se aprimoram, fazendo com que, a despeito de toda escravização, o ideal de a consciência individual eximir-se da tutela de outrem não se dê por vencido. A modernidade, através da industrialização, anuncia um sistema produtivo independente do homem, com capacidade para atender das mais ínfimas às mais complexas necessidades. Diante deste fato, com boas razões, as esperanças se reacendem. Isto porque as cooptações e renúncias não foram suficientes para erradicar a espontaneidade, o desejo e a imaginação; porque as condições objetivas para que o homem se desvencilhe da labuta nunca foram tão promissoras; porque o discurso corrente informa que o trabalho automatizado, flexível e integrado requer – tanto para efetuá-lo como para desfrutar do que dele advém –, não um autômato, mas um indivíduo que seja unidade de mente e corpo.

De modo que as reflexões em pauta estendem-se até a segunda metade do século atual, a fim de averiguar a veracidade do discurso antes referido, ou melhor, buscando compreender como se encontra o indivíduo na sociedade permeada por mudanças de grande monta no mundo do trabalho. Mudanças que se verificam em função de inovações tecnológicas, organizacionais e gerenciais. Entre os anos 50 e 60, o trabalho automatizado começa a assumir formas que se diferenciam das vigentes até então. O capital desenvolve e emprega recursos em muito aperfeiçoados como a micro/eletro/eletrônica, sistemas computadorizados, novos materiais, dentre outros. Decerto não são poucas as readaptações sociais que vêm no bojo desse movimento. São transformações que imprimem feições peculiares à produção nos diferentes setores, com repercussões que vão para além do âmbito do trabalho – em suas bases técnicas e normativas – alcançando a sociedade como um todo, demandando e levando a cabo conformações subjetivas correspondentes. Ao que tudo indica, trata-se de uma reestruturação que atinge e modifica o cotidiano da vida: reformula a exploração do tempo e do espaço, reduz postos de trabalho, faz exigências – sobretudo em termos de habilidades e conhecimentos – com as quais o trabalhador em geral, submetido ao modelo clássico de "gerência científica", de automação rígida, não está familiarizado.

Quando a ordem capitalista irrompe no seio das relações feudais, suplantando-as, a idéia de liberdade e igualdade se infiltra na mentalidade humana. A proferição invade e ganha a consciência, certamente porque não era de todo infundada. No período em que as novas relações em parte reformulam e em parte substituem as velhas relações sociais, o pensamento e as ações se tornam potencialmente menos regulados por motivações e necessidades externas ao indivíduo. É como se a consciência dispusesse de um espaço maior e de condições para se rebelar às imposições. Supõe-se que essa ambiência sofre significativas mudanças, em detrimento da individualidade, com a crescente industrialização; que a produção automatizada rígida faz com que a passagem do século XIX para o XX seja acompanhada de profundas alterações de hábitos, habilidades, da cultura como um todo, com implicações imediatas no modo de viver e de ser do indivíduo.

Com a industrialização do processo produtivo, experiencia-se um estado horrendo de degradação do ser humano e, portanto, também das características que denotam singularidade. Sob o comando da "gerência científica", a fragmentação e intensificação do ritmo, da cadência do trabalho, os tempos e modos de ação impostos pela esteira fordista, em princípio, não deixam margem para heterogeneidades e criações individuais. Com as técnicas tayloristas/fordistas implanta-se a produção de massa. Mas, ao que tudo indica, o indivíduo segue na posição de instrumento, substituível como outro qualquer. Os movimentos trabalhistas, os protestos estudantis barganham melhorias, efetuam conquistas, sem que, no entanto, os fundamentos dessa sociedade sejam alterados. Em meio a riqueza abundante, a miséria aumenta.

Esta investigação parte do pressuposto de que o realinhamento da produção capitalista, de acordo com novos padrões de competitividade internacional, de um lado, amplia as possibilidades de conforto e bem-aventurança de um modo sem igual na história dos homens e, de outro, aprofunda a opressão e a exploração. Em outros termos, suspeita-se de que as inovações em curso, ao invés de minimizar, acentuam as contradições internas à ordem capitalista. Ajustando e reajustando continuamente as forças produtivas à sua lógica, o sistema sobrevive. Porém, é preciso indagar a que preço humano. Ou será que essa reconfiguração do conteúdo e da forma de trabalho viabiliza melhores condições para que o indivíduo se constitua e se manifeste nos diferentes sentidos? Estaria o capital efetivamente empenhado em fomentar um ambiente de trabalho propício à promoção humana do indivíduo? É possível que a centralização do capital, mais especificamente o domínio das coisas sobre os homens, esteja sendo dissipado, muito embora permaneçam as mesmas relações sociais de produção?

A atenção que o mercado dispensa ao indivíduo, os apelos diários, fortes e variados, lançados a ele pela cultura do consumo, principalmente através da comunicação de massa, sugerem uma admirável valorização justamente da parte de si mesmo, à qual o homem teve de aprender a renunciar ao longo da civilização, a saber, o eu. Mediante estes fatos, pode-se perguntar: estariam estas últimas décadas sendo marcadas por modificações, no quadro social, que sinalizam em favor de uma individualidade menos formada e regulada desde necessidades e situações que escapam ao controle do próprio indivíduo? O que, afinal, sustenta a promessa de felicidade e realização pessoal, fortemente veiculada nessa segunda metade de século? Qual sua razão de ser?

Pactuando com a tese segundo a qual a sociedade se constitui na relação dialética entre a base econômica e a dimensão política, cultural e social, acredita-se que para conhecer especificidades dessa sociedade, em suas variações qualitativas, é preciso conhecer sua forma de produção. O modo de produção é histórico. O que significa dizer que ele é identificável no percurso da civilização humana, surge em um dado momento e se extingue em outro. É sob a mediação de autores que apreendem o desenvolvimento e as transformações da ordem capitalista, suas contradições, avanços e recuos que se procura situar e compreender o indivíduo, quem é ele e como se encontra nessa totalidade. Logo, pretende-se partir de pensamento e gerar pensamento que, informado pelo real, contribua para a inteligibilidade de uma questão que continua desafiando o homem moderno.

Muito se tem pensado e escrito sobre o indivíduo, mas fica a impressão que muito há por se pensar e escrever. Com isto, não se está sugerindo que os que se debruçaram sobre este tema não foram suficientemente capazes. A sabedoria dos homens de hoje está inteiramente respaldada nos ensinamentos dos grandes mestres, que não envelhecem. Os homens, nas diferentes épocas, empenham-se em resolver problemas de seu tempo. E, as limitações impostas ao indivíduo pela práxis social há séculos vêm merecendo atenção de renomados pensadores e intérpretes da sociedade humana em suas subseqüentes formas de organização. Esta problemática tem lugar de destaque nas obras de Kant, Hegel, Marx, Stuart Mill, Lucien Sève, dentre tantos outros. No século XX, sem dúvida, as notáveis referências sobre o assunto são os teóricos da Escola de Frankfurt, especialmente Marcuse, Adorno e Horkheimer. Ao analisarem a sociedade industrial, os fatos e imperativos que marcam a existência humana na contemporaneidade, bem como as alternativas que se lhe apresentam, reúnem elementos valiosíssimos à compreensão do real que cerca e define a individualidade. Donde se infere que qualquer pretensão de continuidade nessas explorações passa necessariamente pelos ensinamentos destes teóricos e neles se enriquece.

A construção/reconstrução do conhecimento, a necessidade de responder a antigos e recentes desafios é uma constante. Mesmo porque, os problemas e desafios – como os homens – em alguns aspectos se conservam, em outros mais se modificam. Com o intuito de acompanhar e entender esse processo de continuidade/descontinuidade e, dentro dele, visualizar o objeto de estudo eleito – isto é, o indivíduo nas tramas que o constituem, o identificam e o mantêm circunstanciado – , a pesquisa se vale também de historiadores e sociólogos, os quais abordam, desde ângulos diversos, elementos que estão no cerne da transformação histórico-social. Por vezes, há divergências de postura e entendimento entre os autores que servem de base a esta perquirição. Não obstante, resguardado seu eixo metodológico, no que concerne aos pontos centrais, sob a mediação desses autores, é possível ter um panorama do movimento da sociedade capitalista e, o que mais importa neste momento, dos feitos e transições relevantes, e porque não dizer indispensáveis, à explicitação da problemática privilegiada.

Tendo em vista o modo como, nos últimos decênios, o capital modifica sua composição orgânica, bem como as decorrências dessa reconversão produtiva para toda a sociedade, almeja-se, dentre suas preocupações, averiguar os fatos que fazem da individualidade um dos fatores mais visados hoje, ou seja, o que leva a essa (pseudo?) supervalorização do indivíduo. Obviamente, não se pretende nem se tem condições de dar conta das novidades nesse terreno, uma vez que se está trabalhando com tendências e não com situações experienciadas em toda sua amplitude. É mais fácil tratar de acontecimentos passados, posto que deles se pode tomar a devida distância, a fim de observá-los em suas principais determinações. Portanto, correm-se menos riscos. Já no que se refere a acontecimentos em trânsito essas determinações estão sendo configuradas. Além do que, as tendências que se delineiam para o homem, como ser humano, mediante as inovações no e através do trabalho, colocam-lhe inúmeros desafios muito superiores à capacidade de uma pesquisa. Com o intento de, quando menos, tomar conhecimento dessas tendências sociais, que se projetam para o indivíduo, a investigação que dá suporte a este texto dialoga e se apóia, em outras, recémconcluídas. Num esforço conjunto – e procurando seguir o norte traçado por clássicos da sociedade moderna – busca atentar para o que está em afluência e, a partir daí, para as perspectivas que se abrem (ou se fecham) ao indivíduo.

Sobre as razões para discutir este assunto, pode-se dizer que pertencem, em princípio, a duas ordens. Num plano específico, trata-se de uma necessidade posta aos profissionais que atuam no campo da Psicologia. Esta área do conhecimento ainda tem muito por fazer até que possa operar com o indivíduo concreto, síntese de múltiplas relações, sem incorrer na representação de indivíduo – formada na sociedade burguesa e confirmada pelo pensamento dominante – como se estivesse trabalhando com o indivíduo real. Sève[3], indignado com a psicologia positivista, que reduz a atividade do indivíduo ao funcionamento do seu aparelho psicológico, olhando-o sempre com intuito classificatório, diz que a Psicologia precisa apreender o conteúdo da existência social dos homens e, a partir dele, fazer ciência, explicar seu objeto. A individuação se dá no curso das experiências vividas em coletividade, isto é, através da apropriação/reelaboração do patrimônio social. As relações de trabalho constituem um processo criador: produzem, ao mesmo tempo, a objetividade e a subjetividade humana. Desta constatação deriva a importância de se conhecer como a sociedade promove (ou inibe) as capacidades individuais. Como, quando e com que finalidade ela requisita determinadas capacidades e ignora outras. Explicitar essa lógica é condição indispensável para se responder quem é o indivíduo em cada período da história.

Como se percebe, a necessidade de examinar este tema transcende o plano específico, o campo da Psicologia, inserindo-se no plano geral, ou seja, exprimindo-se como necessidade social. Decorridos quase dois séculos depois de Hegel ter feito saber que havia chegado o momento de a consciência ser em-si e para-si, o homem continua prisioneiro de um sistema de controle que ele próprio criou. Quem sabe isto se deve ao fato de ele ter cada vez mais dificuldade para reconhecer-se como indivíduo e, nessa medida, estar perdendo de vista a dimensão do sofrimento do eu? Ou teria descoberto, na contemporaneidade, encantos e prazeres que valem a renúncia de si? Ou ainda, será que a produção automatizada está, efetivamente, demandando e, então, permitindo uma individualidade menos coagida? Que a dominação sobre o indivíduo está sendo abrandada? Estas são apenas algumas das muitas dúvidas que cercam o assunto, mostrando que o mesmo não está esgotado.

---

[3] SÈVE, L. La personnalité en gestation.

De um lado, a sociedade capitalista insiste nos princípios de liberdade e igualdade, que se encontram na base de suas fortificações. Ela se erige sob a promessa de pôr fim à sujeição do indivíduo à autoridade do conjunto, tal como no Antigo Regime, de torná-lo dono de sua privacidade. De outro, desde o século XVIII, o antagonismo entre a materialidade proveniente do trabalho e o discurso sobre a liberdade torna-se inacobertável. Frustram-se as perspectivas de que com o fim dos laços naturais, que impunham limites claros à vida do indivíduo, as relações de dominação desapareceriam. Elas apenas assumiram uma nova forma, a qual camufla a dominação, valendo-se de meios e instrumentos sem concretude imediata. A não-liberdade parece ser proporcional à distância que separa a labuta da auto-atividade. Ao contrário das proferições, as pistas sugerem um indivíduo, pouco a pouco, coisificado no processo de mercado. Acredita-se que a extremada divisão do trabalho e o aperfeiçoamento dos mecanismos de controle capitalistas levam ao atrofiamento do sujeito individual. As inovações, pelas quais passa o processo produtivo nos últimos 40 anos, incitam essa discussão, de suma importância, inscrevendo-a na ordem do dia.

Esta obra pretende participar desse debate, trazendo subsídios que contribuam para uma atuação pedagógica mais condizente com a realidade e necessidades sócio-individuais. Neste sentido, ela tem como objetivo maior efetuar uma análise exploratória da individualidade na sociedade capitalista. O propósito é reunir conhecimento sobre o indivíduo com o qual a Psicologia em particular e a educação em geral trabalham. As reflexões contidas nesta obra estão organizadas em quatro capítulos.

O primeiro capítulo, intitulado *Sobre a Constituição do Indivíduo Burguês*, como o próprio nome informa, tem por objetivo específico explicitar a emergência deste na transição da ordem feudal para a ordem capitalista. Procura enfocar sob que condições nasce a consciência de si, como ela se manifesta, os percalços que não tardam a se revelar ao indivíduo com pretensões de realizar-se como tal através do trabalho "livre", e, ainda, o modo antagônico como a sociedade ascendente viabiliza as promessas na prática o que, por sua vez, lhe obriga criar mecanismos para lidar com as contradições.

No século XVIII, a formação cultural contém o germe da crítica, que sustenta a oposição aos poderes e instituições estabelecidos, motiva a autodeterminação postulada por Kant, cultiva a sensibilidade para perceber as mudanças em curso e alimenta o pensamento ocupado com a liberdade política. Mas, essa Ra-

Introdução

zão que vê a possibilidade de submeter o objeto às necessidades do homem vai sendo subsumida pelo trabalho alienado, ficando ao seu dispor. Desde o início, a análise aqui empreendimento tenta não se desviar do processo que subjuga o sujeito ao objeto e, opostamente, constrói as condições para que o mesmo possa livrar-se desse jugo.

No bojo dos desdobramentos da sociedade capitalista, o segundo capítulo, denominado *Do Projeto que Absolutiza à Prática que Relativiza a Individualidade*, discute o destino do indivíduo, ciente de si, traçado e concretizado nas transformações que se originam no modo como o trabalho é organizado e atingem toda a sociedade. No final do século XIX, os homens dispõem de condições práticas e do entendimento sobre a necessidade de reorganizarem-se a partir de um outro contrato político, fundado numa nova forma de relações de trabalho, capaz de distribuir melhor as riquezas construídas e amenizar a miséria de que os indivíduos padecem como seres humanos. Apesar disso, a divisão do trabalho ignora o ponto de equilíbrio, o ponto capaz de implementar o instrumental técnico, indispensável à consecução desse projeto, sem prorrogar e intensificar a labuta. A divisão descomedida, aliada ao desenvolvimento e ao emprego da automação rígida, torna o trabalho uma atividade cada vez menos provida de sentido e finalidades pessoais. Nesse processo, que se justifica apenas como fim e não mais como meio, o indivíduo perde sua principal referência, perde-se a si. A razão, instrumentalizada, tem dificuldade para reconhecer a desumanização a que os homens se sujeitam, bem como para perceber a disponibilidade dos recursos necessários a uma mudança radical dessa realidade.

As dificuldades financeiras advindas do período de guerras, as exigências do mercado, onde a competição vai sendo acirrada, o protesto do operariado contra as condições de trabalho, a necessidade de garantir o lucro, juntamente com outros fatores, compelem o capital a investir na reestruturação do processo produtivo. A flexibilização e integração despontam como tendência. A sociedade aperfeiçoa e potencializa a transformação da ciência em força produtiva, mas nem por isso os indivíduos estão menos escravizados. A industrialização dispensa singularidades individuais e, mais que isto, dispensa mão-de-obra. Simultaneamente, a cultura do consumo, ao contrário, invoca e endeusa o indivíduo. Veicula-se um pensamento convicto de que se está vivendo uma melhora, qualitativamente significativa, no espaço e nas condições para que a individualidade se expresse; um pensamento que alimenta a idéia de realização pessoal através do consumo. Mas, estaria a automação flexível, implantada no seio do capitalismo, transferindo ao indivíduo o controle sobre seu tempo e sobre um determinado espaço? Será que, por si só, aproxima o trabalho da auto-atividade e, portanto, viabiliza uma individuação mais consciente, menos regulada por fatores externos? É justamente dessa problemática que o terceiro capítulo – *O Indivíduo no Contexto das Inovações Tecnológicas* – se ocupa.

O quarto capítulo, *A Individualidade no Círculo da Cultura Mercantilizada*, enfoca as transformações culturais que ocorrem com a transnacionalização do capital, sobretudo com o estupendo desenvolvimento dos meios de comunicação de massa nessa segunda metade do século XX, que ajudam a espalhar, por todo o mundo, hábitos, valores, padrões de conduta e comportamento, modos de ser, de pensar, indispensáveis à sobrevivência da ordem consumista. Por todos os âmbitos da sociedade – do trabalho, lazer, arte, música, comunicação, vestuário, alimentação, etc, respira-se a cultura capitalista que, com a globalização, pretende ser universal. Esta última parte do livro busca compreender, nessas transformações, o indivíduo, como ele se encontra, que espécie de (in)formação essa ambiência lhe proporciona. Diz-se que a presença, cada vez mais intensa, da tecnologia na vida dos homens enriquece o conhecimento, as capacidades de cada um. Enriquece em que sentido? Esse instrumental vem sendo explorado com vistas a formar um indivíduo consciente de si e da realidade social onde está inserido?

Por fim, como conclusão, procede-se a uma breve retomada dos momentos que marcam a trajetória da individualidade, suas perdas e ganhos, na história da sociedade capitalista, reforçando-os. Uma história que, por não estar completa, deixa dúvidas e suscita muitas outras indagações em relação ao objeto de estudo eleito. Assim sendo, as investigações sobre o tema prosseguem, instigadas pelo novo, e pelo que se repete sem ter sido, ainda, explicado e/ou resolvido.

CAPÍTULO I

SOBRE A CONSTITUIÇÃO DO INDIVÍDUO BURGUÊS

Morrer – dormir, dormir – talvez também sonhar, sim, lá está o enigma. Que sonhos virão no somno quando sacudirmos de nós as misérias terrestres?

Stefan Zweig

O poema de Homero – *Odisséia* – um dos mais precoces testemunhos da civilização burguesa, já delineia aspectos do percurso da formação do indivíduo. Seduzido, o eu se desvia de sua trajetória lógica, experimenta e vence novos desafios, ao final dos quais sai fortalecido. Quanto mais o homem se expõe ao perigo, à morte, mais ele se fortalece para a vida. O perigo e o que salva pertencem ao mesmo âmbito, social. No embate com a natureza, o homem corre o risco da morte, conhece seus próprios limites, bem como os do inimigo, e desenvolve recursos para enfrentá-los e superá-los. Nos tempos de Homero, a identidade individual se firma nos e através dos mitos. O eu é, antes de mais nada, astúcia. É este o principal recurso que o indivíduo usa e aprimora em suas aventuras. A astúcia tem origem no culto, mais diretamente, quando o homem logra a Potência a que se destina o sacrifício, subordinando-a a seus planos. Ele oferece a si e/ou a outros em ações sacrificiais para atender um projeto seu e não divino. É a emergência de uma esfera interna que se contrapõe à externa.

Na antigüidade o conceito de indivíduo designa "... todo cidadão nascido livre, como pessoa jurídica, em contraste com o escravo". A idéia de indivíduo como personalidade única, singular, elabora-se com os preceitos e dogmas cristãos'. O princípio da imortalidade da alma põe em cada homem uma substância particular, superior ao corpo (físico), uma vez que é eterna e inatingível à profanidade terrena. A filosofia, seguindo por muitos anos essa mesma tendência, absolutiza o indivíduo, elevando-o a uma categoria supra-social, ao estado de ente, onde o mesmo possa conservar-se na sua integridade, a despeito do factual. Percebendo a impossibilidade de os homens se realizarem individualmente no modo de vida objetivado, a filosofia transcende-o, indo buscar essa realização no plano metafísico. Entende ainda que, como no mundo exterior, a alma se divide em uma esfera inferior e outra superior, em sensibilidade e razão.

Em todas as classificações ontológicas do idealismo antigo, está presente a inferioridade de uma realidade social na qual a práxis não inclui o conhecimento da verdade acerca da existência humana. O mundo do verdadeiro, do belo é um mundo 'ideal', na medida em que se encontra além das relações de vida existentes, além de uma forma de existência na qual a maioria dos homens trabalha como escravos ou passa sua vida dedicada ao comércio e só uma pequena parte tem a possibilidade de ocupar-se daquilo que vai além da mera preocupação pela obtenção e conservação do necessário[2].

Para o homem que antecede o renascentista, o privado e o eu não se distinguem. Formam, isto sim, um único corpo, composto pela família, pela fé, pelas crenças, por todos os que se encontram sob a tutela de um senhor. Trata-se de um domínio organizado por "afinidades naturais", ou melhor, por laços e princípios, afetos à ordem feudal, que primam pela mesmice. O direito a circunstâncias pessoais, auto-expressão, felicidade, fraternidade, como se diz hoje, à integridade psíquica, pertence, naturalmente, ao homem. São direitos impessoais, não-individuais, que têm pouco ou nenhum sentido como fins em si mesmos. O

---

[1] ADORNO, T. W.; HORKHEIMER, M. *Temas Básicos da Sociologia*, p. 48.
Canevacci, em seu texto *Dialética do Indivíduo*, retoma, com mais detalhes, a idéia de indivisibilidade e singularidade, acerca do indivíduo, que atravessa todo o pensamento ocidental. Ele o faz com base nos escritos de Boécio e, principalmente, de G. W. Leibniz, que define, em sua teoria das "mônadas", o indivíduo burguês.
[2] MARCUSE, H. *Cultura y Sociedad*, p. 46-7.

âmbito do privado compreende a liberdade interior apregoada pelo catolicismo. Um estado que se mostra como parte da natureza divina ofertada a todos os homens. Deus, infinita bondade e justiça, não faz distinção entre seus filhos. A plenitude interior está ao alcance de cada um. De sorte que é possível ter uma vida pública e outra privada. Embora haja uma separação bem demarcada entre essas duas instâncias, uma não nega a possibilidade de viver a outra. "Os modos de expressão pública e privada não estavam em contradição como alternativas. (...) O público era uma criação humana; o privado era a condição humana"[3].

Quando a ordem medieval não mais convence sobre sua pertinência, o homem feudal, como Ulisses, opõe-se à tradição, desacata os limites da economia doméstica, aperfeiçoa os passos de comerciante em busca de liberdade, em busca de riqueza. "Ulisses vive segundo o princípio primordial que constituiu outrora a sociedade burguesa. A escolha era entre lograr ou arruinar-se"[4]. A astúcia do aventureiro – território da individualidade – se transforma em razão ao elaborar um meio de desfrutar do prazer - amarrado ao mastro - sem ficar entregue a ele. A figura heróica de Ulisses deixa entrever que a construção da identidade individual implica a negação de parte do eu, implica em negar, no homem, a natureza.

No processo de formação da sociedade capitalista, o indivíduo vai se re/identificando nas e através das condições reais de existência. Constata-se que a vida humana, bem como a individualidade, não podem prescindir da convivência. Aliás, em 384 a.C., Aristóteles, em sua obra *Política*, já defendia que a realização do homem só é possível na *polis*. Variam as formas de convivência nas diferentes sociedades, mas não sua necessidade que permanece, em todas elas, como vital. Com isto, põe-se em dúvida o conceito de indivíduo como unidade absoluta, irredutível e supra-social. "Se o homem, na própria base de sua existência é para os outros, que são os seus semelhantes, e se unicamente por eles é o que é, então a sua definição última não é a de uma indivisibilidade e unicidade primárias mas, outrossim, a de uma participação e comunicação com os outros"[5]. A individualidade emerge, é significada e se torna consciente na relação com o outro, na dinâmica do trabalho social.

As preocupações do homem consigo mesmo são tão antigas quanto ele pró-

---

[3] SENNETT, R. *O Declínio do Homem Público*, p. 128.
[4] ADORNO, T. W.; HORKHEIMER, M. *Dialética do Esclarecimento*, p. 66.
[5] ADORNO, T. W.; HORKHEIMER, M. *Temas Básicos da Sociologia*, p. 47.

prio. Novo é o projeto de uma individualidade elevada para-si, que se origina na modernidade e é alimentado por ela. É no interior dessa sociedade que a realização do homem em todos os sentidos pode ser pensada como fato e como representação. Qualquer esforço para entender a realidade social, e nela especificidades como o processo de individuação, remete, necessariamente, à dimensão da prática. Não a uma prática reduzida à imediaticidade aparente, mas entendida como conjunto de contradições histórico-sociais, onde residem seus elementos esclarecedores. Se a sociedade se constitui a partir da interação entre a base econômica e a dimensão sociocultural, então, conhecê-la implica apreendê-la a partir de suas relações de produção.

A sociedade burguesa, que vem se formando desde o século XVI, alcança a maturidade nas últimas três décadas do século XVIII, quando o valor de troca passa a constituir a base de toda a produção. O indivíduo burguês adquire identidade à medida que as corporações são suprimidas; à medida que o conglomerado humano circunscrito do período feudal se desfaz. Os limites geográficos e as grandes famílias, duas amarras que atam o indivíduo ao feudo, impedindo qualquer forma de ser distinta, são rompidas. Os limites geográficos se expandem e as grandes famílias se dissolvem. A individuação só se verifica em sociedade. Este é o primeiro pré-requisito; o segundo, é a produção baseada no valor de troca, que favorece a elaboração da consciência de si e a multilateralidade de relações e capacidades humanas. O indivíduo burguês e a consciência dos poderes da razão sobrevêm, concomitantemente, no processo de dominação da natureza e do homem. Ele é produto "...por um lado, da dissolução das formas da sociedade feudal, por outro, das novas forças produtivas desenvolvidas a partir do século XVI"[6].

A extinção das leis de descendência, fundadas no direito de primogenitura, atinge a base da ordem feudal, minando todo e qualquer foco de resistência. A lei que, juntando o poder e a propriedade em poucas mãos, mantinha a aristocracia é superada e substituída por uma outra, a lei da partilha igual, que se lhe opõe, dividindo e dispersando a propriedade e o poder. À morte do proprietário segue-se a partilha de seus bens em quinhões, menores a cada divisão. Durante a vigência dos direitos de primogenitura a propriedade passa de uma geração à outra, na maioria das vezes, sem sofrer alterações. O apego da família medieval

---

[6] MARX, K. O Capital, p. 43.

à terra chega ao ponto de constituírem uma única identidade: propriedade e família representam-se mutuamente. O fato de o primeiro filho não ser mais o herdeiro dos bens e o responsável pela comunidade, quer dizer, pela manutenção de tudo e de todos os que pertencem ao feudo, tem um efeito destruidor sobre esse sistema. Desestrutura-se a grande família organizada nos moldes feudais e emerge a família burguesa, cujos direitos e deveres de subsistência se restringem a pais e filhos. A riqueza deixa de ser herdada, como uma prerrogativa do nascimento, para advir do trabalho de cada um. A força para construir a própria riqueza, cada qual deve tirar de si mesmo. O princípio da sociedade emergente é o livre desenvolvimento das forças e capacidades individuais.

Com o esfacelamento das referidas comunidades, os homens voltam-se para dentro de si próprios. Quando isso ocorre, participa Hegel[7], o objeto de reflexão da consciência passa a ser a vida, a existência. É com base em opiniões suas – e não em prescrições divinas – que os homens buscam o autoconhecimento e o conhecimento da natureza. As famílias se isolam e se renovam, desmembrando-se em outras famílias. O tempo já não é ocupado e sentido da mesma forma. O ritmo de trabalho, mais acelerado, contribui para que as pegadas da marcha das gerações sejam rapidamente apagadas. O interesse do homem confina-se aos que lhe são íntimos. Na aproximação e mistura das classes, seus membros vão se tornando indiferentes e estranhos entre si. A nova sociedade rompe os elos da cadeia estabelecida pela aristocracia. Projeta no sentido de que os homens individualmente tendam a responderem por si próprios, fazendo-os esquecer os antepassados, separando-os na contemporaneidade, colocando-os lado a lado. Os acontecimentos e a crença indicam que cada qual, doravante, deve cuidar dos interesses particulares[8].

Na sociedade feudal, o pai é o modelo vivo que garante a continuidade das tradições, o intérprete dos hábitos e das habilidades necessários à sobrevivência na comunidade, o árbitro do pensamento e do comportamento.

> Nas nações aristocráticas as instituições sociais não reconhecem, na verdade, ninguém na família, a não ser o pai; os filhos são recebidos pela sociedade pelas mãos paternas; assim sendo, a sociedade governa o pai

---

[7] HEGEL, G. W. F. *Fenomenologia do Espírito.*
[8] TOCQUEVILLE, A. de. *A Democracia na América.*

e estes (sic), os filhos. O pai não tem portanto apenas o direito natural, mas adquire o direito político de os comandar, é o autor e o arrimo de sua família; mas é também seu dominador constituído[9].

O amor que o filho nutre pelo pai tem sempre um misto de medo, acrescenta Tocqueville.

Na família burguesa, assim que os jovens atingem a maioridade, a relação de obediência para com os seus pais é afrouxada, o que estimula e até certo ponto obriga os jovens a assumirem a orientação de seus pensamentos, de sua conduta. As crenças dos antepassados devem ser tomadas não como regras de fé, e sim como informações, como conhecimento. A autoridade da qual se reveste o pai nos feudos vai desaparecendo. São as leis da sociedade que se encarregam de adaptar os novos membros. A intermediação exercida pelo pai entre o filho e a sociedade é substituída por uma relação direta entre o indivíduo e as leis que regulam a ordem em ascensão.

Os homens se apresentam cada vez mais iguais entre si, uma vez que as relações sociais burguesas afetam – ainda que de lugares, posições e modos diferentes – o mando e a obediência. Em *A Democracia na América*, Tocqueville explica que o fator de maior peso nesse processo de transformação foi a subdivisão dos bens. Os filhos, tendo os mesmos direitos, podem individualmente adquirir propriedade, construir fortuna equivalente ou até superior à do pai, o que lhes confere liberdade para dirigirem-se a este em linguagem coloquial. Ao invés da autoridade paterna, austera e convencional, cresce uma espécie de igualdade entre os indivíduos que se firma desde as relações familiares. Se, com isso, de um lado, a aristocracia agonizante perde ainda mais espaço, de outro, ganha a individualidade. E, ganha duas vezes: primeiro, na relação entre pais e filhos; segundo, na relação entre os filhos. "Nas famílias aristocráticas, o filho mais velho, herdando a parte maior da propriedade e quase todos os direitos da família, torna-se o chefe e até certo ponto o senhor de seus irmãos"[10]. Na família burguesa, em princípio, nenhum filho goza de privilégios, todos são independentes e têm direitos iguais. O que deve aproximá-los não é o interesse na manutenção da riqueza, e sim um sentimento fraterno. As desigualdades entre homens e mulhe-

---

[9] Ibid., p. 264.
[10] Ibid., p. 26.

res e entre irmãos, entendidas como inerentes à natureza humana, portanto eternas, vão sendo modificadas. Apesar de o discurso salientar as diferenças individuais, a consciência começa a assumir uma forma homogênea.

Quando ainda não havia tempo devido para que a forma da sociedade burguesa estivesse fixada, os códigos que norteiam a conduta humana estavam igualmente pouco definidos. Os valores, hábitos e habilidades tradicionais já não se justificam e os novos não estão suficientemente claros. A vida em sociedade está menos regulada, logo, menos uniforme. Comparando a ordem social a uma malha, pode-se dizer que esta se encontra larga o bastante para permitir opiniões, sentimentos, pensamentos e ações singulares, o que denota um certo espaço para a individualidade. Os homens, paulatinamente, desprendem-se dos preceitos religiosos, divinos, e empenham-se em elaborar, por si mesmos, as regras do juízo. Entre os ensinamentos filosóficos e a ciência aplicada, os interesses centram-se nesta última. "A igualdade de condições leva o homem a nutrir uma espécie de incredulidade instintiva a respeito do sobrenatural e uma opinião muito elevada e muitas vezes exagerada sobre a compreensão humana"[11]. As atividades mentais apoiam-se, sobretudo, no esforço individual, na capacidade humana de entendimento. Foi preciso que a sociedade se tornasse mais igualitária, que os homens se percebessem mais semelhantes entre si, enfim que a individualidade ganhasse um determinado espaço para que os mesmos se preocupassem menos com conceitos metafísicos e mais consigo, com as condições de existência. A contemplação não resiste à dinâmica de vida que vem se impondo. A autoconfiança se acentua e, com ela, o pensamento ganha "asas", quer dizer, torna-se mais independente. A maior igualdade social gera maior liberdade intelectual.

Com a superação das amarras características do modo de produção feudal, surge uma consciência livre para pensar e agir. Não se está referindo a um ato de pura abstração, mas a um pensar que pressupõe um contínuo relacionar-se[12]. Na nova conjuntura, os homens destinam-se principalmente ao comércio e à indústria. Por esta via a distribuição da propriedade imóvel é incrementada e o conhecimento científico alargado. Tal superação foi um fato decisivo para que o homem investisse na ciência, no domínio da natureza e de si. Foi um fato decisivo para que a ciência se tornasse objeto da consciência. A construção das maravi-

---

[11] Ibid., p. 172.
[12] HEGEL, G. W. F. *Fenomenologia do Espírito*.

lhas humanas teve como prerrogativa a condição na qual o homem pôde inquietar-se, a condição de maior liberdade. Os homens estão livres para imaginar além do que vêem, para dominar e ultrapassar a natureza. Eles podem ousar, identificar e alterar o marco dos limites pessoais. Os olhos antes ocupados apenas com o presente, e sempre inspirados no passado, agora encontram-se inteiramente voltados para o futuro. Importa o que virá e não o pretérito.

Nos primórdios da sociedade burguesa, o homem é efetivamente mais livre que nas corporações. As profissões estão abertas a todos. Os indivíduos podem ingressar ou sair das mesmas quando lhes convêm. Cada um pode traçar e cuidar de seu destino, se autodirigir. A impaciência dos homens frente a seus desejos e necessidades, incitada pelo estado de maior liberdade, mantém-nos em constante movimento. Os contatos entre os habitantes das diferentes regiões são cada vez mais freqüentes; eles discutem, comercializam e se auxiliam mutuamente. Trata-se de um estado extremamente propício às idealizações criadoras. Para Tocqueville[13], a liberdade civil força as faculdades humanas a um exercício nobre. Consciente de si, de suas capacidades, o homem burguês tem no horizonte a perfectibilidade do gênero humano como fonte de inspiração. Os possíveis complicadores parecem advir unicamente da vontade, do interesse, da força de trabalho e das habilidades mentais de cada um. Esse é um período no qual a individualidade aflora, dando mostras de que pode realizar-se*. O indivíduo toma consciência de sua individualidade, descobre a si mesmo, e experiencia o preço dessa emancipação: se o sucesso é seu, o fracasso também o é. O indivíduo é fraco, porque isolado, e forte, porque ciente de si.

A individualidade autoconsciente se manifesta, outrossim, no campo da literatura. Os escritos, aos poucos, abandonam o rigor da erudição, preocupando-se menos com a inteira e exata coincidência entre a representação e o dado. Dentre tantas outras tradições, o espírito burguês rompe com as regras literárias, em nada flexíveis, da aristocracia. As gerações nascentes parecem ser um novo povo, uma nova cultura. Como o tempo para se dedicar às letras foi encurtado e esta espécie de prazer se tornou mais acessível, os escritos precisam ser facilmente localizados, de conhecimento rápido; então, devem ser simples, de

---

[13] TOCQUEVILLE, A. de. A Democracia na América.

* Um período curto, é verdade, porque as relações de produção emergentes não tardam a enquadrar os homens em novos e rígidos esquemas de pensamento e ação, como se verá adiante.

fácil compreensão. "A imaginação não se extingue, mas sua função principal é divisar o que possa ser útil, e representar o real. O princípio da igualdade não só desvia o homem da descrição da beleza ideal, como também diminui o número de objetos a descrever"[14]. A atenção de quem escreve, como a dos demais, fixa-se à terra, ou seja ao mundo real, ao mundo dos homens. Nesse processo de despadronização, de alheamento ao modo de ser precedente, a individualidade se atesta e se faz reconhecer.

Os indivíduos, ainda que livres das amarras feudais, sabem da necessidade de manter-se associados uns aos outros. Ao Estado compete garantir a lei e a ordem sociais. Donde se deduz que a ele, na qualidade de força reguladora, cabe prescrever os limites dentro dos quais a manifestação da individualidade há de ser mantida. Na obra *O Antigo Regime e a Revolução*, Tocqueville informa que, apesar dos inúmeros cargos tornados públicos, na maioria ocupados por pessoas de baixo nível social, toda a administração está subordinada a um controlador geral. Em meio aos destroços da sociedade feudal e sobre os alicerces da mesma, ergue-se "... um corpo único colocado no centro do reino que regulamenta a administração do país todo; um mesmo ministro dirigindo quase a totalidade dos negócios interiores"[15]. Aliás, a centralização administrativa é a parte da constituição política da monarquia que sobrevive à Revolução de 1789. Mesmo manifestando-se com pouca nitidez, mesmo sendo um poder controlador em vias de se definir, é este o embrião da estrutura de poder e de controle que se mantém, continuamente aperfeiçoada, não como característica exclusiva da França, mas, decididamente, como instrumento de sustentação da sociedade burguesa. A esta estrutura o indivíduo tem de se ajustar.

As transformações sociais geram novas necessidades, e estas, novos negócios, que incrementam o domínio e o poder do governo central. Está se constituindo um poder cada vez mais normativo, bem proporcionado, zeloso não em reprimir, mas em conduzir. No entanto, ao conduzir reprime e conforma a manifestação da individualidade. Os âmbitos dominados pelo Estado se estendem, favorecendo o estabelecimento de um certo consenso de que a ordem pública e o bom andamento dos negócios dependem, prioritariamente, da ação do governo. Este passa a ser visto como agente natural, único e indispensável à melhoria das con-

---
[14] Ibid., p. 207.
[15] TOCQUEVILLE, A. de. *O Antigo Regime e a Revolução*, p. 93.

dições de vida. No Antigo Regime, o homem, conscientemente, obedece sob coação; na sociedade burguesa, desenvolve-se um sentimento servil que disfarça a obediência em comportamento espontâneo. O indivíduo nem bem se livra do jugo do senhor e se depara com um poder centralizado mais forte que o derrotado. As delimitações na hierarquia e nas classes sociais perdem a precisão. Já não há posições fixas. Há um povo cujos indícios de semelhança mútua parecem aumentar a cada dia. Uma massa que se denomina soberana "... mas cuidadosamente privada de todas as faculdades que poderiam permitir-lhe dirigir e até controlar seu governo. Acima dela, um mandatário único, encarregado de tudo fazer em seu nome sem consultá-la. Para controlar este: uma razão pública sem órgãos; para pará-lo: revoluções e não leis; de direito, um agente subordinado, de fato, um senhor"[16]. A conquista da cidadania vai se confirmando como ilusória. A individualidade é sacrificada em nome do progresso social. Nesse momento, "... o destino dos indivíduos é ainda mais obscuro que o do povo"[17].

Com base na *Fenomenologia do Espírito*, de Hegel, é pertinente pontuar: na modernidade a consciência conhece a independência – parcial –, toma ciência de si. Em seguida, retorna a uma dependência pior que a anterior. Na condição servil, a consciência individual perde a si mesma, perde suas particularidades essenciais. Para se assentar, a ordem burguesa se vale de uma crescente tirania revestida de outras formas, diferentes das tradicionais. A autoridade do rei tem feição, tem identidade conhecida, controla as ações dos homens diretamente. Os grilhões e carrascos, empregados pela tirania, são instrumentos físicos, concretos. A civilização moderna aperfeiçoa o despotismo, dissimulando-o. A opressão, antes por assim dizer materializada, toma como objeto o espírito. E, os primeiros aspectos deste campo, dominados pelas novas formas de produção, são a vontade e os instintos. Junto com estes, os esforços dos indivíduos são dirigidos quase que invisivelmente. À medida que o sistema capitalista se instaura, o controle sobre o indivíduo é mediado diretamente pelas relações sociais de produção e indiretamente pelo Estado. A prática produtiva circunscreve a substância da individualidade, quer dizer, como e o que ela pode ser, com a competência que nenhuma lei teria.

---

[16] Ibid., p. 157.
[17] Ibid., p. 45.

Os artesãos de ofícios diversos e independentes, que até meados do século XVIII se reuniam nas oficinas, não tardam a perder por completo a capacidade para exercer seu antigo ofício. Aos poucos, a produção manufatureira deixa de ser uma combinação de ofícios independentes para ser um sistema composto por várias operações bem determinadas. Ela introduz a divisão do trabalho, dobra a vontade do homem e coopta, prioritariamente, sua força física. Coloca entre parênteses suas habilidades gerais e, em troca, propicia-lhe habilidades específicas, rapidez e segurança no manejo dos instrumentos de trabalho. O indivíduo, absorvido por uma função parcial, é privado da compreensão e da capacidade de análise do processo produtivo como um todo. Junto com a objetividade, a subjetividade humana é modificada. A consciência-de-si ou individual perde o parâmetro de auto-reconhecimento. Desarma-se a identidade formada no aprendizado e na prática do ofício.

O trabalho parcializado e repetitivo transforma o corpo do indivíduo em órgão automático, especializado em uma operação. Com o corpo, também a percepção, a sensibilidade, a concentração, a atenção, enfim, as faculdades humanas são moldadas de acordo com a tarefa a ser empreendida. No aperfeiçoamento das ferramentas subsumem-se as qualidades individuais do trabalhador.

> Em todo ofício de que se apossa, a manufatura cria uma classe de trabalhadores sem qualquer destreza especial, os quais o artesanato punha totalmente de lado. Depois de desenvolver, até atingir a virtuosidade, uma única capacidade limitada, sacrificando a capacidade total de trabalho do ser humano, põe-se a manufatura a transformar numa especialidade a ausência de qualquer formação. Todavia, (...) a estreiteza e as deficiências do trabalhador parcial tornam-se perfeições quando ele é parte integrante do trabalhador coletivo[18].

Em outros termos, o trabalho capitalista, ao mesmo tempo, invade e suprime capacidades individuais e cria capacidades sociais. No balanço geral, perde a individualidade, mas ganha o método de trabalho, a espécie humana – em conhecimento acumulado – e, ao menos em tese, ganha o bem comum.

Além de fazer avançar a divisão social do trabalho, a manufatura dissolve a

---

[18] MARX, K. O Capital, p. 400-1.

união entre o trabalhador e seus meios de produção. Individualmente ele não produz mais nenhuma mercadoria. A auto-suficiência do produtor individual vai desaparecendo e, com ela, a principal referência do eu. A individualidade, que se desenvolve através [da] e se expressa na atividade laborativa é cerceada e, no que resta dela, padronizada. Os conhecimentos, a sagacidade, a vontade e a astúcia pessoal, a que se refere Marx[19], desenvolvidos pelo camponês e pelo artesão independentes pertencem ao passado. As forças intelectuais são inibidas em tudo o que não se enquadre na unilateralidade da prática produtiva. Porém, com todos os prejuízos que a manufatura causa à individualidade, nela "... os trabalhadores são membros de um mecanismo vivo. Na fábrica, eles se tornam complementos vivos de um mecanismo morto que existe independente deles"[20]. O indivíduo não se subordina à labuta de um só golpe. Stuart Mill, em seu texto Sobre a Liberdade, recorda que não foi rápido nem tranqüilo, para as leis sociais, disciplinar um homem forte de corpo e espírito a normas, hábitos e habilidades que exigiam dele abdicação de suas vontades. A individualidade é transformada no compasso das necessidades socialmente engendradas. No início, o que ameaçava a humanidade era o excesso de espontaneidade. Hoje, o que ameaça o caráter humano da sociedade é, ironicamente, a deficiência dos impulsos e preferências pessoais.

A crescente dissolução da liberdade na não-liberdade evidencia-se na proporção do incremento das relações sociais de produção capitalista. A teoria burguesa se esforça no sentido de justificar esses antagonismos e, aparentemente, resolve-os concebendo o ser humano como pertencente a duas instâncias. É como se o sujeito integrasse dois reinos de natureza diferente: o da não-liberdade, material, externo, da vida prática, e o da liberdade, espiritual, interno à própria pessoa, da vida subjetiva. Se, de um lado, essa relativa liberdade interna, de pensamento, de crenças, de princípios, concorre para a manutenção do estado de não-liberdade efetivo, subsidiando-o, de outro, é preciso considerar o caráter progressivo que a idéia de liberdade ganha com o advento das relações sociais burguesas. Não obstante o governo absolutista, as instituições judiciárias – confusas e contraditórias em muitos aspectos – asseguram a liberdade de expressão. "Não houve um contribuinte lesado pela desigual repartição das talhas *

---

* Imposto recolhido dos camponeses pelo governo francês.
[19] Ibid.
[20] Ibid., p. 483.

que não se animasse com a idéia de que todos os homens devem ser iguais; não houve um pequeno proprietário devastado pelos coelhos do gentil-homem seu vizinho que não gostasse de ouvir dizer que a razão condenava indistintamente todos os privilégios"[21]. Além do que, a prática manufatureira ainda permite pensar e discutir a realidade social, os direitos primordiais do gênero humano, dentre tantas outras questões que interessam aos que se sentem prejudicados nessa conjuntura.

A doutrina cristã, herança do modo de produção feudal, posteriormente modificada por Lutero[**], também participa no estabelecimento da ordem burguesa. Ela transfere a liberdade do homem para um plano que transcende sua história de vida prática. Como ser interiormente livre, este projeta-se para além da realidade concreta, num mundo – o único possível naquele momento – onde a igualdade deixa de ser promessa e se torna fato. Essa liberdade cristã, mesmo restrita ao pensamento, representa uma forma de desvencilhar-se do jugo e da submissão reais. Com todos os limites do então precário desenvolvimento das forças produtivas, a liberdade interior pode ser entendida como representação da possibilidade de uma existência livre da opressão forçada pela labuta.

A liberdade exterior, por sua vez, é interpretada e difundida pela moral cristã como campo de motivos para a perversão, logo, não deve ser almejada. A luta pela propriedade incita a cobiça, a inveja, o egoísmo, corrói o espírito. O homem não pode se deixar promiscuir pelos sofrimentos e provações que lhe são impostos pelas condições de existência. Vivendo a liberdade cristã, o indivíduo acredita romper com toda e qualquer autoridade externa, submetendo-se, tão-somente, à autoridade divina, acima e, então, soberana em relação ao factual. Trata-se de um rompimento aparente, porque, assim procedendo, ele fica impedido de perceber as contradições sociais, aliena-se de possibilidades de superação das mesmas. Em outros termos, contribui para que o estado de não-liberdade reine sem maiores perturbações. O sujeito não percebe o autoritarismo implícito na liberdade cristã, o quanto ela o domina e o conforma à ordem social posta.

É o protestantismo luterano e calvinista que confere ao conceito de liberdade sua forma melhor acabada para a sociedade burguesa. A doutrinação, empreendida pelo cristianismo, reformado por Lutero, cumpre um papel significativo

---

[21] TOCQUEVILLE, A. de. *O Antigo Regime e a Revolução*, p. 145.
[**] As mudanças introduzidas na doutrina cristã pelo movimento luterano, que direta ou indiretamente fortalecem a sociedade burguesa, são analisadas por Herbert Marcuse em *Idéias Sobre uma Teoria Crítica da Sociedade*.

no processo de adaptação do homem ao modo de produção em andamento. Ela liberta a consciência, deixando-a inteiramente à mercê dos ditames da classe em ascensão. O protestantismo, que traz em si a tendência antiautoritária – indicada como fruto das transformações sociais em curso – é, na verdade, fator indispensável ao bom funcionamento de uma organização cujas relações são profundamente autoritárias, porém abstratas, por isso difícil de serem apreendidas em sua real identidade. O conceito burguês de liberdade é, desde a sua origem, burguês-protestante. Firma-se, aqui, uma relação de conveniência entre razão e crença, "...entre fatores racionais e irracionais"[22].

A força da cultura da alma – como a denomina Marcuse em sua obra *Cultura y Sociedad* – está no atendimento que ela dispensa, ainda que idealisticamente, às necessidades cotidianas. Socorrendo as aspirações de uma vida melhor – permeada de prazer, bondade, honestidade, igualdade e solidariedade – ela atinge o foco da carência; o foco das necessidades que não podem ser satisfeitas concretamente. Interiorizando essa cultura, o indivíduo poderá realizar, por seu intermédio, o que a sociedade viola, e portanto nega-lhe, no plano das relações externas. Muito embora a verdade, bela e pura, seja apresentada tão-somente no terreno idealista, ali ela conserva as necessidades humanas que a labuta faz esquecer. "Na verdade, a cultura afirmativa tem liberado as 'relações externas' da responsabilidade pelo destino do homem – desta maneira estabiliza sua injustiça –, porém ao mesmo tempo, lhe contrapõe a imagem de uma ordem melhor, cuja realização se encomenda ao presente"[23]. Referindo-se às pregações de Lutero sobre a liberdade interna, Marcuse diz que estas dão seus melhores frutos ao contribuírem para a explicitação da falta de liberdade externa, contrastando com ela. Se a religião contém a imagem da dominação, não se pode esquecer que ela contém igualmente a de libertação. É no plano espiritual que o sujeito experimenta, pela primeira vez, um estado no qual não se encontra submetido a outrem ou a algo. É preciso distinguir nas religiões de um modo geral seus conteúdos. E, a partir daí, apreender dos preceitos religiosos as passagens que subsidiam o projeto de superação das relações que funcionam como cativeiro.

Sobre a base da forma de produção burguesa, que se mostra como natural, quando comporta, isto sim, cálculos minuciosos, vai sendo gerada uma desor-

---

[22] MARCUSE, H. *Idéias Sobre Uma Teoria Crítica da Sociedade*, p. 59.
[23] MARCUSE, H. *Cultura y Sociedad*, p. 69.

dem social antes inimaginável. Vale dizer, a única ordem possível até que um determinado grau de desenvolvimento das forças produtivas não fosse alcançado. A conduta contemplativa apregoada pela doutrina cristã sofre uma tortura diária frente ao sucesso e ao lucro, que devem ser vistos como imprevisíveis. A racionalidade técnica penetra e rege o processo produtivo até os últimos detalhes e, na mesma proporção, dissemina condições de sobrevivência que começam a ser percebidas na sua irracionalidade. A família, a vida privada, as particularidades individuais, vão se conformando às novas necessidades sociais, oriundas do modo de produção que se institui.

O indivíduo, criado pela organização do trabalho nos moldes do capitalismo, é exaltado e dignificado na concepção protestante-burguesa enquanto pessoa autônoma, dona de seus atos; enquanto pessoa que deve ser reconhecida e valorizada por aquilo que ela é, na sua bondade, na sua capacidade de resignação, no seu espírito cristão – e não por aquilo que faz, pelo seu trabalho. "Agente e ato, pessoa e obra são separados"[24]. O autêntico ser do homem não é o sujeito que produz, mas o que se conserva humano a despeito das conseqüências sociais dessa produção. Eliminada a relação de equivalência ético-moral entre o ofício e quem o executa, não existe mais super ou subpessoa. Na dignidade interior todos se igualam. A realização neste mundo vem como a grande compensação pela não-realização no e através do trabalho. O trabalho, que já não contém o ser da pessoa, serve como meio de purificação do corpo pecador; é a negação do ócio, tido como estado que denigre a pessoa. Esta doutrinação ampara os que são obrigados – por uma questão de sobrevivência – a se submeter ao total despojamento dos bens materiais. Confortado pela crença na liberdade interior, o homem suporta o penoso processo de expropriação. Todo o sacrifício é compensado com a salvação da alma, com a idéia de felicidade eterna.

O conceito de liberdade, sistematizado pelo movimento luterano, bem demonstra a reunião de todos os elementos que fundamentam a autoridade nos moldes necessários à ordem burguesa. São eles,

> transferência da liberdade à esfera 'íntima' da pessoa, ao mesmo tempo em que se consagrava a submissão do 'homem exterior' ao sistema terreno; transcendência a esse sistema de autoridade terrena pela autonomia privada e a razão; separação entre pessoa e obra (pessoa e ofício)

---

[24] MARCUSE, H. *Idéias Sobre Uma Teoria Crítica da Sociedade*, p. 67.

com dupla moral; justificação da não-liberdade e inigualdade reais em conseqüência da liberdade e igualdade 'íntimas'[25].

O conceito traduz uma situação paradoxal: "... exatamente onde o homem é livre nada pode fazer, e onde é servo deve fazer toda a sorte de coisas"[26]. É sobre esta dualidade, equacionada com a cisão do sujeito em subjetividade e objetividade, que a burguesia sedimenta a liberdade e a não-liberdade.

Nesta perspectiva, apesar de a autoridade vigente não alcançar o plano espiritual, ela deve ser respeitada para que não se instaure a desordem, a mortandade e o derramamento de sangue. Este sistema de autoridade se mantém, particularmente, pela organização do trabalho em si. Mas, sem dúvida, próximo e intensamente subsidiado pela exclusão da justiça do poder dos homens. A justiça suprema é divina e não humana. Segundo seus ditames, compete a cada um, em seu posto, fazer o que deve, ainda que isso lhe custe uma vida inteira de renúncias. A separação entre ofício e pessoa revela a coisificação da autoridade, que se separa de seu portador. "O sistema de autoridade da ordem existente assume a forma de uma relação isolada dos contextos sociais factuais (dos quais ela é função), torna-se algo eterno fixado por Deus, se transforma em uma segunda natureza contra a qual não existe apelo possível"[27].

Contudo, com base na plenitude interior, o indivíduo se liberta da prática social ao ponto de poder lançar-se sobre ela, de poder desvendá-la em sua lógica. É precisamente no domínio da servidão a Deus que a idéia de igualdade começa a ser gestada. As injustiças vão sendo apreendidas e explicadas a partir de atos praticados pelos próprios homens, quer dizer, são incluídas no sistema de justiça terrena. Isto equivale a um passo significativo no sentido de perceber a si próprio nas leis vigentes, de apropriar-se desse sistema para si. Tocqueville[28] reforça a idéia de que a religião não serve puramente à inversão dos fatos. Ela eleva a existência humana acima dos sentidos. Através dela, o homem experiencia, ainda que simbolicamente, uma outra realidade. Isto concorre para alargar as fronteiras da consciência, permitindo pensar para além do estabelecido. A religião pode inspirar princípios muito diferentes, e até mesmo opostos, aos que

---

[25] Ibid., p. 60-1.
[26] Ibid., p. 60-1.
[27] Ibid., p. 66.
[28] TOCQUEVILLE, A. de. *A Democracia na América*.

os homens estão vivendo. É certo que essas elaborações são fertilizadas no campo espiritual, e é igualmente correto que as mesmas se apoiam em condições objetivas disponíveis na esfera tida como profana. A interiorização da liberdade cristã contrasta e, deste modo, ressalta a não-liberdade real.

Orientado pelo protestantismo luterano, o homem serve a Deus não mais por pura devoção, mas por acreditar que este caminho pode livrá-lo do sofrimento e das injustiças terrenas, ou seja, por necessidade de experienciar uma outra ordem. Essa nova espécie de religiosidade faz crescer, no homem, a confiança na sua capacidade interior, na sua consciência. A liberdade incondicional da pessoa, compensando os desméritos e sofrimentos do ofício, a independência entre dignidade e prática produtiva incentivam uma postura antiautoritária, impossibilitando-a de se rebelar. No entanto, nem todo o cerco estabelecido pelo trabalho de evangelização foi suficiente para relegar a discrepância entre o reino espiritual e o social. Ao contrário, os ensinamentos, pautados no amor, na igualdade e justiça, se defrontam com a materialidade, evidenciando a contradição.

A dialética entre a dissolução dos resquícios de liberdade e autoridade, característicos da velha forma de ser da sociedade (feudal), e a incorporação da nova forma de liberdade e autoridade (capitalista) desvendam situações que favorecem a apreensão do real estado de não-liberdade e, ainda mais, a apreensão de que o estado de liberdade ou não-liberdade é encaminhado na terra pelos próprios homens, muito embora não o seja de acordo com anseios e desejos de cada um. A programação do tempo e do espaço individuais, empreendida em proporção sempre maior e qualidade refinada, independentemente do indivíduo, é um forte testemunho contra o legado burguês. A problemática social, instituída pela produção capitalista, ameaça, a todo momento, este mesmo sistema. Tendências destrutivas, frente às quais o bloqueio imposto pela liberdade interior se torna cada vez mais vulnerável, se instalam no seio desta sociedade[29].

As transformações no modo de produção, bem como as relações sociais que delas decorrem, levam ao desmoronamento gradativo da transcendência cristã. A lei e a ordem emanadas de Deus, por isso naturais e inquestionáveis, vão perdendo a lógica. Em seus lugares cresce a consciência da necessidade de reformular a sociedade. Prova disso, destaca Marcuse[30], é "... a luta das monarquias

---

[29] MARCUSE, H. *Idéias Sobre Uma Teoria Crítica da Sociedade*.
[30] Ibid., p. 73.

locais contra o absolutismo". O estado de não-liberdade parece dotar-se de uma outra identidade, objetiva, material. Ela se expressa como um fenômeno engendrado [nas] e mantido através das relações sociais de produção. A autonomia do indivíduo, postulada pela ideologia protestante-burguesa, a chamada liberdade interior, fica cada vez mais difícil de ser sustentada, tendo em vista a crescente necessidade de livre-arbítrio. A liberdade que se restringe ao pensamento, a submissão voluntária e a resignação, mediante a possibilidade de maximizar o aspecto humano da vida dos homens, são postas em questão. O conceito de liberdade se modifica à medida que a materialidade histórica e social, advinda da produção capitalista, assume um perfil mais bem definido.

O homem já não é mais orientado pela razão divina e sim por sua própria razão. Como explicar, então, que ele se encontre completamente dominado em suas vontades e necessidades? Evidentemente, toda a positividade deste estado, como etapa inevitável da pré-história humana, mas que deve ter sua negatividade deposta, é negligenciada pelo discurso burguês. Nele, a necessidade de ser comandada é intrínseca à natureza humana. A ordem social capitalista transparece como a melhor possível, daí que todos precisam colaborar voluntária e passivamente para sua manutenção. O discurso é divisado pela igualdade e liberdade universais, pelo direito ao trabalho. Simultaneamente, a prática se encarrega da regularidade mecânica dos indivíduos. O corpo social absorve e consome a personalidade individual, que ousara manifestar-se no período de transição do Antigo Regime para o burguês.

Entre Fatos e Reflexões Delineiam-se Possibilidades de Sedimentar as Promessas Burguesas

Em *A Paz Perpétua*, Kant discute como deve ser a Constituição Civil em cada Estado, a fim de promover a liberdade e a igualdade, isto é, a cidadania. Sustenta que o comportamento autoritário no disciplinamento do homem é uma questão de sobrevivência para a ordem social estabelecida. Seu poder de coação, necessariamente, tem que ir além das ações do indivíduo, invadindo e dominando sua consciência. Como interpreta Crochík[31], "... o poder, se for racional, não impedirá o livre desenvolvimento e exercício da razão". Kant concilia a liberdade natural do homem com a ne-

---
[31] CROCHÍK, J. L. *Preconceito – Indivíduo e Cultura*, p. 85.

cessidade social de disciplina, colocando a primeira no plano do pensamento, circunscrevendo-a no âmbito da razão. Não se trata mais da razão divina, cristã, que encerra a liberdade no interior do sujeito e sim de uma Razão que deve tornar público o exercício da liberdade, de uma Razão liberta dos ditames sobrenaturais, pronta para se ocupar com os conflitos e necessidades dos homens.

Apesar da transformação conceitual, em Kant[32] o problema da liberdade permanece dualista. As categorias de entendimento, que possibilitam o conhecer, pertencem ao sujeito. Pois bem, para ele a liberdade privada consiste no emprego destas categorias, ou das capacidades que delas derivam, no e para o trabalho. Uma razão teoricamente livre, mas que na prática obedece; que deve se comportar de acordo com o ofício a ser desempenhado. Esta é a esfera da individualidade disciplinada, antes especialmente pela família, depois especialmente pela organização do trabalho. Nela os interesses individuais são subsumidos pelos sociais. A liberdade pública, ao contrário, refere-se ao uso destas capacidades na leitura crítica da sociedade, diz respeito à livre expressão de pensamento. Nesta esfera há espaço para diferentes formas de pensamento, convivem interesses contraditórios, porém sob regras coletivas.

Para não abdicar da liberdade individual, numa época em que o estágio de desenvolvimento das forças criadas pelos homens em sociedade não era suficiente para concretizá-la, Kant[33] busca tal realização no plano metafísico. Trabalha com um sujeito cindido. Há um ego transcendental e outro empírico. Adorno e Horkheimer[34] esclarecem:

> a razão contém enquanto ego transcendental supra-individual a Idéia de uma convivência baseada na liberdade, na qual os homens se organizem como um sujeito universal e superem o conflito entre a razão pura e a empírica na solidariedade consciente do todo. A Idéia desse convívio representa a verdadeira universalidade, a Utopia. Mas ao mesmo tempo, a razão constitui a instância do pensamento calculador que prepara o mundo para os fins da autoconservação e não conhece nenhuma outra função senão a de preparar o objeto a partir de um mero material sensorial para a subjugação.

---
[32] KANT, I. A Paz Perpétua.
[33] KANT, I. Crítica da Razão Pura.
[34] ADORNO, T. W.; HORKHEIMER, M. Dialética do Esclarecimento, p. 83.

A forma como o sujeito percebe a realidade é pré-condicionada pelo sistema conceitual que o orienta. Os sentidos humanos são educados para a seletividade. Esta passagem evidencia que em Kant a contradição está posta: o que liberta é o mesmo que oprime. A Razão, ciente da necessidade de emancipar o indivíduo das relações que o escravizam, não pode deixar de atender necessidades que imediatamente oprimem, mas mediatamente podem libertar.

Kant[35] toma a sociedade em geral como sinônimo de sociedade civil. A ela compete assegurar condições legais de liberdade, tanto para pensar quanto para agir. Só a legislação pública, enfatiza ele, pode dispor de uma estrutura que garanta a cada um o que é seu. Mas, como manter o discurso da liberdade individual, mediante a coação cada vez mais clara e universal com a expansão do capitalismo? Para Kant, a liberdade possível, pela qual é preciso lutar, é a liberdade política, pertencente ao campo da consciência, da Razão. Somente neste campo ela pode ser vivida em toda sua plenitude. O grande empecilho à universalização da liberdade e, por decorrência, à individuação auto-regulada, é a propriedade privada, devido ao modo como a mesma é regida. Na sua concepção, o privado deve reportar-se apenas ao usufruto. O sujeito pode desfrutar da terra, dos bens materiais, sem que estes sejam de sua posse individual. A idéia é a de uma propriedade originalmente comum; é a de uma comunidade alicerçada na vontade coletivo-universal. No consenso (universal) estaria, em princípio, a garantia de cada um.

Não se pode negar que esta postura representa um avanço, quer frente à idéia do direito teológico, quer do direito natural. A propriedade coletiva compreende a possibilidade do direito à propriedade privada. A universalidade, ainda que concebida formalmente, já aponta para transformações sociais imprescindíveis à objetivação do bom e do belo antevistos pela Razão teórica. É certo que isso não elimina a resignação kantiana. Contudo, vale observar a qualidade de consciência (consciência-de-si) que impregna este encaminhamento. Não é mais Deus quem garante a liberdade ou a não-liberdade, nem tampouco o sujeito individual, mas sim os homens unidos numa universalidade.

Sem negligenciar a relevância dos postulados kantianos, Marcuse[36] faz ver que a universalidade, tal como Kant a concebe, não existe como empiria. As condições materiais, que permitem o desenvolvimento das potencialidades hu-

---
[35] KANT, I. *Fundamentação da Metafísica dos Costumes.*
[36] MARCUSE, H. *Idéias Sobre Uma Teoria Crítica da Sociedade.*

manas de uma maneira menos repressora, estão disponíveis na sociedade que ele analisa, na forma de negação determinada. Como advoga Marcuse, a autoridade universalmente obrigatória da lei não garante, por si só, o estabelecimento de uma organização social que possibilite a ominilateralidade. No sistema kantiano, o fator decisivo no processo de realização individual - a propriedade - permanece privado, assim como permanecem contraditórios os interesses dos indivíduos. Esta contradição não foi diluída no interesse geral, podendo ser apenas equilibrada pela autoridade da lei. Os interesses particulares de determinada classe assumem o caráter de interesses socialmente partilhados, à medida que o Estado os encampa. "A causalidade da propriedade não é afastada pelo afastamento das condições empíricas da apropriação"[37]. Se, ao propor essa forma de legalização da propriedade, Kant exclui, legalmente, os expropriados do direito à cidadania; se, com ele, a liberdade não se objetiva como poder prático-social, não rompe as barreiras entre pensamento e ação, é preciso não esquecer que tais limites antes de estarem na filosofia kantiana, estão na ordem social que lhe serve de referência.

A racionalidade que impera, adverte Hegel[38], conduz a um indivíduo limitado em todos os sentidos, bloqueando sua livre expressão. Ele defende que a liberdade individual só pode se realizar na universalidade. Examinando, conceitualmente, em que consiste esse universal, reconhece que na sociedade de seu tempo a liberdade não se estende a todos os homens, a universalidade é particularizada. A realização da universalidade genuinamente social e, portanto, do indivíduo como tal está numa forma de organização para além da burguesa. Seguramente esta não é o lugar próprio da liberdade e da universalidade. O indivíduo tem sido resultado de arbítrio e dependência unilateral, determinada pela causalidade exterior. A liberdade, desde o direito à propriedade, só existe abstratamente. O que domina é uma ordem coercitiva, um jogo de poder e interesses político-econômicos na luta pela defesa e ampliação dos bens privados. Proporcionalmente ao aumento da riqueza social, avolumam-se o isolamento e a limitação do trabalho singular, a dependência e a miséria da classe que produz o excedente. É justamente esse quadro social, em particular, a contradição entre o excesso de riqueza, de um lado, e o excesso de miséria de outro, que o motiva a desvendar o movimento histórico dessa sociedade, e junto com ele, o da consciência.

---
[37] Ibid., p. 93.
[38] HEGEL, G. W. F. *Princípios de Filosofia do Direito*.

Hegel[39] desloca o conceito de liberdade do campo meramente subjetivo – onde habitam os impulsos, sentimentos, e inclinações tomados pelo senso do dever – para o terreno da existência real. Segundo ele, a vontade e a inteligência do homem são substancialmente determinadas pelo estado em que este se encontra: de liberdade ou de não-liberdade. Hegel captou, por trás da aparência estática, a transitoriedade existencial, quer dizer, os desdobramentos históricos da sociedade. Graças a essa percepção, ele pode analisar a sociedade de classes com otimismo, não como a eliminação cabal das propriedades, dos direitos e das potencialidades do indivíduo e sim como mais uma etapa a ser cumprida no processo de formação da consciência humana. Liberdade, assim definida, pressupõe uma realidade onde o homem possa agir livremente. Para isso é preciso que toda exterioridade causal seja superada. Por enquanto, a liberdade é pura necessidade.

A sociedade burguesa, organizada em classes sociais nitidamente distintas, já não serve como fundamento para a autoridade. Como Kant, Hegel[40] acredita que a questão da liberdade está associada ao conceito de universalidade. Entretanto, a universalidade expressa no e através do arbítrio unificado, como pensava Kant, não mais se justifica. Isto posto, a via sugerida por Hegel, no sentido de superar a forma de ser em que o homem se encontra, é a elevação do Estado acima da sociedade civil. A ele caberia garantir e defender o direito à propriedade e, por conseguinte, à liberdade. O Estado aparece, pois, como reduto da existência racional do homem, como meio que pode conferir-lhe condições de realização pessoal*. Se com o Estado está o poder de garantir o livre desenvolvimento das potencialidades do ser humano, a este resta reconhecê-lo como lei. A submissão dos indivíduos ao Estado, sem maiores resistências, se deve ao fato de este último ser constituído a partir da vontade dos primeiros. O Estado, na interpretação hegeliana, passa a ser o legítimo representante da vontade universal. Para revestir-se dessa autoridade, ele deve antes conquistar a credibilidade dos indivíduos. É preciso radicar-se na base psíquica do cidadão. Compete à família e demais instituições o aprendizado da convicção política e do patriotismo.

A ligação do indivíduo com a universalidade deve ser mediada pelo Estado, tendo como finalidade última a propriedade. O indivíduo isolado, entende He-

---

[39] HEGEL, G. W. F. *Fenomenologia do Espírito*.
[40] HEGEL, G. W. F. *Princípios de Filosofia do Direito*.
* Marcuse estuda esta questão em Hegel e a discute, com maior riqueza de informações, em seu texto *Razão e Revolução*.

gel[41], não pode continuar à mercê da arbitrariedade da propriedade privada. Ao Estado cabe intervir, para que se firme uma ordem de direitos socializados. Da propriedade há que se subtrair seu caráter privado. Mais uma vez, entra a família. A ela deve ser delegada a posse da herança e não aos indivíduos em particular. A posse e o gozo dos bens devem estender-se a todos os membros da família, de modo que a universalidade da propriedade vá sendo ampliada, rumo a uma socialização total. Hegel encontra, enfim, uma forma de moralizar o Estado e eternizar, em sua base, a família. No caminho que leva ao auto-reconhecimento do indivíduo, na qualidade de membro da universalidade erigida pelo Estado, a família desempenha um importante papel. Ela é o fundamento moral do Estado e o espaço privilegiado para o estabelecimento da consciência do eu. As primeiras relações propícias ao desenvolvimento das potencialidades individuais devem ser vivenciadas no âmbito da família. Além de núcleo formador a família incorpora a função de guardiã da propriedade.

A construção da nova ordem social tem como centro de referência e sustentação a família e o Estado. O dever de obediência às autoridades terrenas é, desde muito cedo, inculcado nos indivíduos. Quando esta relação se objetiva entre pais e filhos, ela se mostra e é interiorizada pelas novas gerações como obrigação indiscutível. Refere-se a uma autoridade digna de respeito, inteiramente respaldada pelo mandamento cristão que prescreve honra e temor ao pai. A eficácia da autoridade burguesa, sobretudo no período em que está se firmando, depende, antes, da eficácia da autoridade paterna na família. A ela compete contribuir para a estabilidade do Estado, manter – através da sucessão familiar – os bens materiais e despertar a consciência dos mais jovens para a continuidade da estrutura social (de classe). Como não é apenas possível mas legal garantir a sucessão dos bens materiais em família, a mesma constitui o lugar seguro de satisfação dos indivíduos isoladamente. Logo, esta instituição é um instrumento de manutenção física e moral da ordem vigente.

Antes de estar ao encargo da escola, é com o pai que está a incumbência de bloquear a vontade própria dos filhos, de moldar sua individualidade. As crianças precisam ser transformadas em criaturas dóceis, obedientes, prontas para se submeterem ao governo de outros. Nessa "preparação", a honra e o temor ao pai devem ser elevados acima do amor. São valores dos quais a sociedade bur-

---
[41] Ibid.

guesa não pode se abster. Todavia, vale lembrar que, na obediência aos pais e na introjeção de valores, o indivíduo se estabelece. É nesta convivência próxima, em família, que se define o espaço privado, o espaço para interesses pessoais. A noção de liberdade, elaborada nestas condições, ao mesmo tempo que oprime, carrega o germe da emancipação. A família é o primeiro e decisivo núcleo formador do indivíduo na sociedade burguesa. Valendo-se da flexibilidade e torção diárias, ela molda a base do ser submisso e, simultaneamente, do ser crítico, passível de entender os antagonismos entre o que é introjetado, o que representa a família, e a realidade para a qual, acredita-se, é preparado.

Marcuse[42] fornece elementos para que se perceba como a hierarquia cristã vai sendo reproduzida na família e, deste modo, vai perdendo seu caráter exclusivamente divino. Ao reproduzi-la o homem a humaniza. A autoridade de Deus é incorporada pelo pai de família que, assim fortalecido, se torna o responsável por aqueles que ainda não podem responder por si, devendo prepará-los para uma vida social cristã. A autoridade suprema desce do céu à terra e se aloja nas autoridades terrenas: no pai de família e nos detentores do capital. Estes últimos, por extensão, transformam-se em "pais", a cuja autoridade os indivíduos prestam uma obediência aceita como naturalmente necessária. A autoridade ingênua do pai de família é recriada nas relações capitalistas com um sentido bem definido.

A autoridade paterna está sempre referida e referendada pela autoridade social. Os pais que formam seus filhos foram, antes, formados de acordo com valores e princípios burgueses. E, ainda, "... o pai de família por si mesmo não está em condições de conduzir sozinho a educação e doutrinação de seus filhos. Juntamente com os pais a escola recebe a tarefa de educar os futuros governantes em todas as esferas da vida social"[43]. A educação haveria de ensinar ao homem como conter suas vontades, suas fantasias, como submeter-se às necessidades sociais, doar-se ao outro e priorizar os deveres em detrimento dos gostos. É imperioso que o homem se guie pela bondade, complacência e modéstia. Como indica Marcuse[44], por trás da formação ética e moral é mister educar, para não dizer domar, a vontade e os sentimentos do homem. A expressão da individualidade, mesmo precária, incomoda, porque ameaça a integração social. Para que a

---

[42] MARCUSE, H. *Idéias Sobre Uma Teoria Crítica da Sociedade*.
[43] Ibid., p. 80.
[44] MARCUSE, H. *A Ideologia da Sociedade Industrial*.

consciência individual não se desvie do curso dominante, precisa ser formada dentro dos princípios que norteiam esse domínio.

No texto *Dos Nomes e Das Proposições*, Stuart Mill se pronuncia sobre esse momento em que a sociedade se volta para o indivíduo, a fim de educá-lo. A individualidade não pode dispor de seu desenvolvimento, simplesmente, porque isso é incompatível com as relações sociais de produção burguesa. É preciso conhecer o indivíduo, como ele pensa, sente, aprende e se comporta. Dentre os vários aspectos de sua formação, as atenções se fixam, especialmente, no comportamental e no cognitivo. Na era da razão, é grande o esforço para desvendar os segredos da mente, do processo de conhecimento, o que se evidencia, por exemplo, nas inúmeras teorias – elaboradas no século XX, mas plantadas no século XIX – que versam sobre essa problemática. Muito embora as relações sociais de produção se valham, predominantemente, da força física do trabalhador, o pensamento não se reduz ao comportamento. A interioridade permanece como fator de interesse. A crença é a de que centrando-se no indivíduo é possível responder [sobre] e, se necessário, controlar suas particularidades. Discordando de tal tendência, Mill lembra a seus interlocutores introspeccionistas que consciência é sinônimo de conhecimento. O conteúdo da consciência não se esgota no pensamento. Ele é também o que se vê, sente, fala e faz. É para isto que os homens devem atentar. Sève[45] vai além ao mostrar que conhecer a própria essência significa, antes, o homem indagar sobre suas condições de existência, sobre as relações sociais de produção.

Na Idade Média prepondera a consciência social, formada nas relações de trabalho. O conhecimento, que deriva da atividade prática, é, concomitantemente, uma propriedade de todos e de cada um. Ele é suficiente para entender e reproduzir a vida nas condições da sociedade feudal. Apesar de não saber de si, essa consciência basta a si mesma. Com a sociedade burguesa o indivíduo ganha o atestado de independência e, por conseguinte, a consciência também se individualiza, passando a ser associada ao conhecimento que cada um detém. Ocorre que as relações de produção logo substituem o conhecimento geral – herança que os núcleos familiares deixam aos mais jovens, num processo de assimilação esmerado e paciente – por um conhecimento parcial. Deste feito advém que,

---

[45] SÈVE, L. *Marxismo e a Teoria da Personalidade*.

mesmo ciente de si, o indivíduo não basta mais a si próprio. O conhecimento individual só tem lógica, só cumpre um determinado fim, em sociedade. O conteúdo da consciência individual é a tal ponto reduzido que, nas primeiras décadas do século XX, muitos dos que se lançam a estudá-lo terminam tratando, em última análise, das faculdades ou processos mentais.

Com base no que vem sendo inscrito na história dos homens, deduz-se que, do culto à liberdade celebrado pelas lições burguesas, às condições que podem tornar real o projeto que visa emancipar o homem do trabalho heterônomo, há um longo e sofrido percurso a ser vencido. Note-se que toda essa proferição seria desprovida de sentido e desnecessária caso o homem se encontrasse em efetivo estado de liberdade. É inegável que a sociedade moderna traz a possibilidade de conjugar autonomia e submissão*. E, é igualmente verdade que as evidências imediatas falam a favor de uma desrealização progressiva do indivíduo em prol da autonomia de sua espécie.

Com a Revolução Industrial é chegado o momento em que o homem poderia se libertar de parte da jornada de trabalho, para se dedicar a outras criações. Segue que a maquinaria se constitui, dominantemente, em um meio para aumentar a obtenção de mais-valia. Amplia-se de maneira significativa a capacidade social de produção e, contraditoriamente, limita-se a individualidade. Agora, o indivíduo não mais comanda diretamente sua ferramenta, senão apenas indiretamente, servindo à máquina. Esta dita às mãos e à atenção humanas o que e quando fazer. Nem o plano, nem o ritmo de trabalho pertencem ao indivíduo. A subjetividade, ainda impregnada no processo de trabalho manufatureiro, cede à objetividade. Trata-se de uma condição material de produção menos dependente das forças física e mental do trabalhador. Ao renunciar às decisões pessoais e ao gozo, ao fazer algo que não compreende, a consciência é privada da liberdade exterior e interior, é expulsa do seu eu[46]. Tornando supérflua a força muscular, a maquinaria permite e emprega – porque lhe convém financeiramente – mulheres e crianças. Com isso, aumenta o número de assalariados e, empregando cri-

---

* No período feudal predomina uma autoridade teórico-prática que implica renúncia à autonomia e inteira subordinação do homem – volitiva e racional – a conteúdos predeterminados. O conceito moderno de autoridade traz a possibilidade de pensar a autonomia e a liberdade, tanto ideologicamente, como na realidade material. Para os homens, a autoridade havia sido a força indispensável à manutenção da ordem social, até que surge o pensamento burguês, tendo como centro de referência a autonomia do indivíduo.

[46] HEGEL, G. W. F. *Fenomenologia do Espírito*.

anças, a sociedade industrializada educa a seu favor os instintos, a vontade, os sentimentos e as capacidades desde a mais tenra idade. Para trabalhar com máquinas dá-se preferência aos mais jovens, dado que esses se adaptam muito facilmente ao movimento uniforme e contínuo de um autômato. "A obliteração intelectual dos adolescentes, artificialmente produzida com a transformação deles em simples máquinas de fabricar mais-valia, é bem diversa daquela ignorância natural em que o espírito, embora sem cultura, não perde sua capacidade de desenvolvimento, sua fertilidade natural"[47].

Ao substituir trabalhadores por máquinas, ao recrutar para o trabalho crianças e mulheres, a indústria moderna cria uma população trabalhadora excedente e com isto compele os trabalhadores de um modo geral a sujeitaram-se às leis do capitalismo. Em nome da sobrevivência há que se suprimir quaisquer traços de individualidade que não convenham às relações sociais de produção. Homens, mulheres e crianças passam por uma degradação humana nunca antes vista. Além de sua força física, o trabalhador dispõe de outras duas mercadorias para vender: mulher e filhos. As condições materiais em que se realiza o trabalho nas fábricas são extremamente aviltantes. O indivíduo é consumido por inteiro: seus movimentos, seu tempo livre, sua atividade física e espiritual são confiscados com vistas ao progresso e ao bem-estar social. O fato de os trabalhadores – sobretudo nas primeiras décadas do século XIX – atacarem e destruírem as máquinas, ou seja, os meios materiais de produção, ao invés de atentarem para a forma social em que são explorados, bem demonstra que a consciência individual não ultrapassa a imediaticidade[48].

Com o emprego da maquinaria no processo produtivo passa-se de um trabalho complexo para um trabalho simplificado, o que conseqüentemente afeta o valor de troca da força de trabalho. Sempre que necessário, o trabalhador é posto à margem do mercado sem delonga e sem complacência. Sua degradação chega ao ponto de reduzi-lo a uma mercadoria descartável. Individualmente, ele não funciona, não mais se reconhece, nem é reconhecido. A individualidade encontra-se sob o poder e o controle da sociedade industrial. O indivíduo vale pouco dentro do âmbito da esfera produtiva e menos ainda fora dela. Quando poderia confirmar toda a positividade da vitória do homem sobre as forças naturais, a industrialização

---

[47] MARX, K. O Capital, p. 456.
[48] Ibid.

gera resultados opostos: intensifica o trabalho, toma conta do, até então, tempo livre, pauperiza aqueles que verdadeiramente produzem.

Na retaguarda da indústria constitui-se o trabalho em domicílio. Um novo campo de exploração do capital atuando no pouco espaço que resta à individualidade: o espaço em família. O feitio da renda de bilro, do qual fala Marx[49], levado a termo por mulheres e crianças em suas próprias casas, é um bom testemunho do que ora se afirma. Para enfrentar a concorrência, apela-se ao trabalho domiciliar e este tem que explorar, ao máximo, as forças de trabalho baratas, fazendo da casa uma extensão da fábrica. O espaço do indivíduo, mesmo aquele em família, antes de ser para ele, é para um outro. A indústria moderna dissolve, por completo, a base econômica da família antiga e, por conseguinte, a formação que crianças e jovens recebiam neste núcleo. Em lugar do trabalho em família, instaura-se a labuta em e, inclusive, na família.

A labuta resulta em maravilhas sociais e privações individuais. "Quanto mais o trabalhador se esgota a si mesmo, tanto mais poderoso se torna o mundo dos objetos, que ele cria perante si, tanto mais pobre ele fica na sua vida interior, tanto menos pertence a si próprio"[50]. A alienação do indivíduo não se revela apenas no resultado do trabalho, senão também na atividade produtiva. O trabalho é externo a ele, no sentido de que não lhe diz respeito. Transforma-se em fonte de negação da individualidade. A labuta aliena o homem até mesmo de sua espécie. Toda a genericidade da vida humana é simplificada a um meio de sobrevivência. A atividade, em função da qual ele vive, visa manter – para a grande maioria – precariamente a existência física. A propriedade privada imprime no homem o sentido do ter, do possuir, como absoluto. Todos os demais sentidos encontram-se definhados.

Ao longo das transformações da sociedade burguesa, a individualidade é tão minimizada e enquadrada que só restam duas categorias: ou se é trabalhador ou se é capitalista. Com isto, não se está dizendo que este último, o capitalista, não tem seu eu invadido. Como parte integrante do processo, também ele não é livre. A síntese comparativa entre o mito e o trabalho racional, elaborada por Adorno e Horkheimer[51], contribui na explicitação do cativeiro em que se encontra o burguês. O Décimo Segundo Canto da *Odisséia* noticia que Ulisses tapa as

---

[49] Ibid.
[50] MARX, K. *Manuscritos Econômico-Filosóficos*, p. 158.
[51] ADORNO, T. W.; HORKHEIMER, M. *Dialética do Esclarecimento*.

orelhas de seus companheiros com cera para que os mesmos pudessem remar com toda força, sem se deixar levar pelo canto das sereias; enquanto ele pôde ouvir o canto, desfrutar de sua beleza, porque fez a travessia atado ao mastro da embarcação. A condição de Ulisses é comparável à da burguesia, que vê a possibilidade de libertação da humanidade, mas segue presa a relações de produção obsoletas, que a oprime desnecessariamente. Os vínculos pelos quais o capital está atrelado às relações de trabalho são estreitos e fortes o suficiente para manter à distância qualquer tentativa de mudança na práxis. O capital não consegue fugir ao seu papel social de dominador. A consciência, sabedora desse fato, sofre o martírio de estar atada ao mastro, quando os pré-requisitos para desfrutar do canto – quer dizer, das riquezas socialmente produzidas – em liberdade encontram-se mais que desenvolvidos.

O trabalho organizado nos moldes capitalistas amesquinha os que se encontram nos dois pólos sociais: tanto o trabalhador como o patrão. "Os chefes, que não precisam mais se ocupar da vida, não têm mais outra experiência dela senão como substrato e deixam-se empedernir integralmente no eu que comanda"[52]. Ao interpor o operário entre si e o objeto, o patrão perde a capacidade para visualizar outras formas de desfrute da objetividade. Ele permanece preso à forma que o consagrou nessa posição. Das relações de produção de orre uma autoridade absoluta do capital sobre os homens, da qual ninguém consegue furtar-se, independentemente da hierarquia social. A submissão é destino geral; é condição indispensável para que o processo de trabalho se molde à mercantilização. As massas não são as únicas vítimas do poder econômico. Os capitalistas, inclusive eles, tornam-se função do aparelho produtivo que detêm. Em A Ideologia Alemã, Marx e Engels afirmam que a propriedade privada aliena a individualidade em geral, ou seja, tanto a dos homens – sem distinção de classe – como a das coisas. Nem o sujeito nem o objeto mantêm-se os mesmos. Tal como no mito, a vida para os homens lhes ocorre como destino.

A contrapartida do aumento do poder do homem sobre a natureza e sobre si é a alienação. Quanto mais o homem se apropria daquilo que era mistério, mais lhe escapam por entre os dedos o produto do processo de dominação e a relação consigo e com seus pares.

---

[52] Ibid., p. 46.

A dominação universal da natureza volta-se contra o próprio sujeito pensante; nada sobra dele senão justamente esse eu penso, eternamente igual que tem que poder acompanhar todas as minhas representações. Sujeito e objeto tornam-se ambos nulos. O eu abstrato, o título que dá o direito a protocolar e sistematizar, não tem diante de si outra coisa senão o material abstrato, que nenhuma outra propriedade possui além da de ser um substrato para semelhante posse[53].

À proeza de submeter todo ente ao formalismo lógico, a razão paga o preço da subordinação ao imediatamente dado. A alienação dos indivíduos parece ser proporcional ao aumento da capacidade das forças produtivas para emancipá-los física e mentalmente da miséria. O indivíduo se forma, no corpo e no espírito, segundo as prescrições e necessidades da sociedade que toma a técnica como fim e não como meio.

O indivíduo, coisificado no processo de industrialização da prática produtiva, livrou-se de um pensamento mitológico, mas incorreu em outro, ao livrar-se igualmente de toda significação em geral. A razão se torna, prioritariamente, um auxiliar da aparelhagem econômica. Domada, ela contribui para que a civilização continue sendo resignação, obediência e trabalho. O brilho da satisfação individual é um brilho de superfície. Todo aquele que quiser vencer na vida, ensina a sociedade burguesa, não deve se deixar envolver pelo chamado sedutor do prazer. Os trabalhadores têm de se manter concentrados em seus quefazeres imediatos e esquecer, ou no mínimo ignorar, o que lhes é tirado. Os séculos de formação burguesa dão resultado: o trabalhador já não pode enxergar nenhuma outra beleza que não a permitida pelo seu papel social, nem ouvir nenhum outro canto que não o entoado por esse mesmo papel. Seus sentidos –como os sentidos dos remadores de Ulisses – foram embotados.

Mas, ainda que sob duras contradições e de forma alienada, a sociedade capitalista desenvolve os pressupostos, objetivos e subjetivos, necessários a uma individualidade menos regulada por interesses que lhes são estranhos e impostos. Se, de um lado, o indivíduo alienado eterniza a forma de relações sociais vigentes, de outro, o mesmo processo que oprime e aliena é condição para que, posteriormente, o indivíduo aproprie-se das forças sociais e, através delas se realize. O custo humano da privatização da propriedade e do aperfeiçoamento

---

[53] Ibid., p. 38.

da indústria é uma etapa necessária à produção universalizada. Só, então, o homem pode ir da pré à história verdadeiramente humana, a que se refere Marx.

A indústria moderna, com suas próprias catástrofes, torna questão de vida ou morte reconhecer como lei geral e social da produção a variação dos trabalhos e em conseqüência a maior versatilidade possível do trabalhador, e adaptar as condições à efetivação normal dessa lei. Torna questão de vida ou morte substituir a monstruosidade de uma população operária miserável, disponível, mantida em reserva para as necessidades flutuantes da exploração capitalista, pela disponibilidade absoluta do ser humano para as necessidades variáveis do trabalho; substituir o indivíduo parcial, mero fragmento humano que repete sempre uma operação parcial, pelo indivíduo integralmente desenvolvido para o qual as funções sociais não passariam de formas diferentes e sucessivas de sua atividade[54].

O desenvolvimento das forças produtivas atingiu o grau que permite reverter o quadro de degradação humana. O processo produtivo pode, doravante, existir para o trabalhador, pode romper com a situação inversa, na qual o homem existe para o trabalho. Em Marx, a ressurreição tem um sentido concreto, é obra do próprio homem. Dar-se-á quando o mesmo conseguir eximir-se do trabalho imposto, forçado, abstrato, que se traduz em labuta.

A abolição da propriedade privada é apontada como forma de o homem alcançar a liberdade real, quer dizer, como forma de apropriar-se de sua individualidade e da produção social para si. Este fato marcaria "... o retorno do homem a si mesmo como ser social, quer dizer, verdadeiramente humano, retorno esse pleno, consciente, que assimila toda a riqueza do desenvolvimento anterior"[55]. Só assim os conflitos entre liberdade e necessidade, entre indivíduo e espécie podem ser, senão resolvidos, amenizados. Para tanto, a consciência precisa transcender o Ser imediato, recobrar a capacidade de ler as contradições sociais e, igualmente, o potencial contido nesta sociedade. Somente com a consciência teórico-prática, com a práxis genuína, se garante a formação de uma individualidade menos padronizada. A libertação do indivíduo é um ato histórico. Demanda determinadas condições históricas, quer dizer, um certo grau de desenvolvi-

---

[54] MARX, K. O Capital, p. 558-9.
[55] MARX, K. Manuscritos Econômico-Filosóficos.

mento da indústria, do comércio, da agricultura e do intercâmbio que permite aos homens, em se livrando da labuta, associarem-se por espontânea vontade. A produção social há que ser transformada em patrimônio comum, subordinada [aos] e controlada pelos indivíduos. Conforme Marx[56], ao empreenderem relações de dependência mútua, os homens deram o primeiro passo rumo à multilateralidade individual. O segundo passo é marcado pela conquista da independência pessoal, seguida pela dependência de capacidades e necessidades que se universalizaram. E, o terceiro implica justamente submeter toda a riqueza produzida em coletividade a necessidades, deveras, sociais.

No século XIX as condições materiais para a organização consciente da prática social estão disponíveis. O grau de desenvolvimento alcançado pelas forças produtivas permite aos homens, livremente associados, estabelecer intercâmbios mais racionais; permite o salto para uma ordem onde a igualdade passe de conceito a fato, onde a formação do indivíduo em todos os sentidos – desde o início da sociedade burguesa posta como uma finalidade maior – seja, enfim, concretizada. A necessidade da labuta está superada. Doravante, em princípio, o trabalho permaneceria, porém, transformado e regido por um novo contrato sócio-individual. O reino das necessidades, nesse caso individuais, poderia ser suprido a partir de relações sociais livremente contraídas. Se o reino da liberdade ainda consiste num além, já não é mais um além transcendental. A redução da jornada de trabalho, mesmo depois desta ter passado de doze para onze horas diárias, é apontada como o primeiro passo a ser dado em direção à nova sociedade. O tempo diário de trabalho, há muito considerado um dos principais fatores repressivos, torna-se um incômodo por demais exaustivo com a intensificação do ritmo de trabalho. Atua diretamente sobre o princípio do prazer, limitando-o e subjugando-o ao de realidade. Nota-se, por assim dizer, uma consciência social sensibilizada para a necessidade de abreviar a labuta, a fim de não paralisar por completo a capacidade individual de criação, o desenvolvimento humano[57].

No entanto, os rumos tomados pelas relações produtivas frustram os ideais revolucionários elaborados há mais de um século. Ao invés de se encaminhar para eximir o indivíduo das imposições e restrições capitalistas, a prática social assume formas cada vez mais antiliberais. Stuart Mill explica que na segunda

---
[56] MARX, K. *Elementos Fundamentales Para La Crítica de La Economia Política (Grundrisse)*.
[57] MARCUSE, H. *Idéias Sobre Uma Teoria Crítica da Sociedade*.

metade do século XIX os prejuízos para a humanidade, advindos da manutenção do sistema de compra e venda da força de trabalho, são desastrosos o suficiente para serem percebidos por muitos. Aos homens não mais

> ... sucede ter inclinações, a não ser a inclinação para o costumeiro. Dessa forma o espírito se dobra ao jugo; mesmo no que se faz por prazer o conformismo é a primeira coisa em que se pensa; as pessoas desejam em grupo; exercem a escolha apenas entre coisas comumente feitas; fogem da peculiaridade de gosto e da excentricidade de conduta como de crimes; até que, à força de não seguirem a própria natureza, não têm mais natureza a seguir; as suas capacidades humanas mirram e morrem; tornam-se incapazes de desejos fortes e de prazeres naturais; e não apresentam, em regra, opiniões e sentimentos brotados do íntimo, propriamente seus[58].

O individual desvanece na uniformidade. Na visão de Mill, o que sufoca a individualidade é o despotismo, independentemente se está sendo cometido em nome da vontade divina ou das necessidades dos homens.

A autoridade burguesa tem sua identidade configurada pelo trabalho na forma capitalista. Uma autoridade que se origina e se mantém na relação social de dependência entre capital e trabalho. Nesta relação, ela inclui duas faces: "autoridade como condição da produção e a autoridade como exploração"[59]. A primeira vem ao encontro da necessidade de dar direção ao trabalho – desde o sistema de cooperação até a indústria –, a fim de garantir que as tarefas parcializadas com a divisão do trabalho sejam devidamente reintegradas no produto final. Esta espécie de autoridade é uma exigência para que a produção se concretize. A segunda preenche a necessidade de obtenção da mais-valia. Não basta fazer o produto, é preciso fazê-lo com uma certa margem de lucro. À autoridade, como exploração, compete aumentar a concentração e valorizar o capital. Quanto maior o crescimento da concorrência entre as concentrações de capital que vão se formando, mais despótica se torna a autoridade e mais desumano o processo de trabalho. As formas de organização, bem como os instrumentos de trabalho, constituem uma aparelhagem coercitiva que assegura a ordem neces-

---
[58] MILL, J. S. *Sobre a Liberdade*.
[59] MARCUSE, H. *Idéias Sobre Uma Teoria Crítica da Sociedade*.

sária à reprodução do capital. Com o contínuo aperfeiçoamento da indústria, as relações de autoridade e de dominação se expressam não mais, prioritariamente, a partir da figura do Estado. Para além deste, está objetivada e, portanto, se expressa como razão dominadora. O Estado não consegue mais esconder a teia de forças factuais que determina a existência humana.

Torna-se evidente a contradição entre o referencial teórico no qual a burguesia se apóia para ascender e seus interesses enquanto classe assentada. "A teoria verdadeiramente burguesa da sociedade só existe antes do domínio real da burguesia, e a teoria da burguesia dominante não é mais uma teoria burguesa"[60]. O processo produtivo sofre constantes transformações frente à necessidade de garantir a acumulação de capital. Nessa dinâmica, a classe burguesa é compelida a adotar meios e modalidades de dominação antiliberais. Com isso, a doutrina do Estado, fundada nos princípios e valores liberais, se reveste de uma crescente abstração. A teoria burguesa, mediada pelo poder de grupos financeiros menores e mais fortes, se equilibra no poder em meio a agudas crises econômicas. Por volta da Primeira Guerra Mundial, tornam-se bastante evidentes os apelos ao indivíduo psicológico*, na tentativa de situar nele a causalidade que explicaria as incoerências de uma ordem que proclama a igualdade, mas mantém as classes e a relação de servilismo. São os primórdios da Teoria do Estado Autoritário que se impõem na sociedade industrial, contribuindo sobremaneira para que a proclamada cidadania fosse relegada.

Não é difícil para esse discurso reformado ocultar as verdadeiras relações de produção – que a burguesia se esmera em preservar – condicionantes da precarização das condições de sobrevivência, posto que o trabalho, na forma capitalista, se encarregou de alienar o homem; de anular nele o conhecimento que poderia facilitar-lhe a compreensão do real. A individualidade, ao mesmo tempo que emerge da divisão do trabalho, nela se desagrega, quando esta última assume uma forma extremista. Gradativamente, a razão instrumental domina a consciência e a ação, domina o homem em sua totalidade sócio-individual. A sociedade industrializada regula e conforma o indivíduo com tanta eficiência que até a opinião pública se mostra cada vez mais intolerante para com manifestações singulares, que denotam originalidade.

---

[60] Ibid., p. 147.

* Maiores informações sobre o assunto podem ser encontradas na obra de Marcuse *Idéias Sobre uma Teoria Crítica da Sociedade*, na qual ele analisa inclusive o pensamento de Sorel e Pareto, que colaboram de maneira especial na fundamentação da referida teoria.

A autoridade e a dominação já estão de tal modo impregnadas nas relações sociais, no conteúdo e na forma de trabalho, que passam a ser vistas como naturais, próprias desse estágio de vida em coletividade. Há, por assim dizer, um reconhecimento "espontâneo" da autoridade e uma submissão "voluntária" à mesma. Por este ângulo, a autoridade é entendida como uma propriedade inata, característica de determinadas pessoas e desenvolvida na formação de berço. Esta espécie de autoridade não está fundamentada em Deus, mas na condição de "igualdade" entre os homens. Se todos gozam de liberdade, prescreve o pensamento dominante, os que se encontram em posição de mando é porque são naturalmente mais bem dotados e isto deve ser motivo o bastante para merecerem o reconhecimento e o respeito dos demais. Sem dúvida, está-se diante de um fato que fortalece o autoritarismo do Estado.

Todo o trabalho no sentido da transformação social, encampado pelo movimento socialista, é deturpado e re/apresentado ao povo como sinônimo de destruição. A revolta dos proletários contra a ordem burguesa é despida de seu conteúdo econômico-social, de seu significado, ficando reduzida à autoridade em si. Nestes termos, ela não consegue se justificar em detrimento da autoridade posta. Afinal, por quais razões a "violência" proletária haveria de ser preferida à burguesa? A classe dominante conquista o mérito social e dirige a população respaldada em uma hegemonia moral. Os determinantes econômicos da produção e reprodução social permanecem subtraídos do conceito de autoridade. A sociedade, "naturalmente" heterogênea, está organizada em dois conjuntos: o da elite econômica e o dos trabalhadores. O primeiro se constitui e se conserva como classe dominante "... com base no grau de 'capacidade' com que o indivíduo se distingue em sua profissão"[61]. Concordando com Marcuse, as propriedades pseudo-individuais servem, portanto, como ancoragem à ideologia do êxito.

A divisão material da sociedade em classes é substituída por uma divisão formal segundo as "capacidades" de cada um. Trata-se de uma concepção de autoridade cujo perfil é caracterizado pelo viés psicológico. Os fundamentos da autoridade são desviados para este campo, onde se cultiva a obediência, a disciplina, sentimentos de afeição, respeito e temor, indispensáveis ao provimento do trabalho capitalista. Quesitos estes que se desenvolvem nas relações sociais de produção e que, desde muito cedo, são assimilados pelo indivíduo no convívio familiar. Aos mecanismos psíquicos, elaborados no interior do sistema de domínio afluente, imputa-se a guarda da ordem.

---

[6] MARCUSE, H. *Idéias Sobre Uma Teoria Crítica da Sociedade*, p. 154.

A personalidade é o local privilegiado de reprodução da cultura burguesa, é o seu depositário. A personalidade tem que lidar com o real sublimando-o, sem se deixar abater por ele. Para tanto, atua sempre mediada pela idéia de felicidade, de realização pessoal, quando, objetivamente, a privacidade de cada um vai ficando à mercê do público. O indivíduo é abatido em sua individualidade e, ao mesmo tempo, convocado a comandar a ordem social. Em linhas gerais, é a partir dos elementos moral e psicológico que se busca justificar a autoridade nesse contexto.

Com o estabelecimento dos monopólios, a conservação da forma vigente do processo de trabalho requer o domínio inclusive da privacidade que, de certa forma, ainda estava sob o controle da família burguesa. Faz-se necessária uma mobilização completa. O domínio do Estado Totalitário deve se estender por todos os aspectos da vida dos homens. A burguesia entra em conflito com seus postulados: mobilização total não combina com o caráter progressista proclamado pela cultura, apoiado na idéia de personalidade independente. Protegida por uma estrutura econômica e política suficientemente forte, a burguesia quer atestar a ordem social vigente como um sistema de dominação aberto, quando a mesma, há muito tempo, já havia sido fechada em classes sociais bem distintas. Toma como fato a idéia de que a liberdade para ascender socialmente é igual para todos, porque todos são livres para produzir e vender. Se existem homens cuja única mercadoria da qual podem dispor é sua força de trabalho, isso depende da capacidade, do empenho, das habilidades de cada um. Sobretudo, as capacidades individuais, nesse momento subsumidas pela prática produtiva, aparecem como critério explicativo para o sucesso ou o fracasso. O indivíduo passa a ser diretamente responsabilizado pela sua vida. No entanto, apesar de a autoridade figurar no ideário burguês como um poder ao alcance de todos – dado que ela está ancorada em variáveis psíquicas –, o autoritarismo é reforçado, obstaculizando as organizações partidárias e assegurando os meios para que as relações sociais de trabalho sejam mantidas. O indivíduo, marchando obediente no ritmo da labuta e sob a "proteção" do Estado Autoritário, não pode tomar consciência do processo de autodestruição do qual participa. Nesse ambiente social, a função da cultura da alma não está encerrada, porque, como escreve Marcuse[62], "... o indivíduo com 'alma' se submete mais facilmente, se inclina com mais humildade ante o destino, obedece melhor a autoridade".

---

[62] MARCUSE, H. *Cultura y Sociedad*, p. 73.

Sobre a Constituição do indivíduo burguês

O indivíduo burguês é portador de uma nova exigência de felicidade. Ele não representa nem pode ser representado por generalidades superiores. Como indivíduo particular, deve cuidar da sua existência; deve ser auto-suficiente. Se ele não pode mais contar com o apoio, com as mediações sociais, políticas e eclesiásticas do feudalismo, também não está mais preso às suas prescrições, o que lhe outorga um espaço para aspirações em muito ampliado. Embora de maneira contraditória, a liberação burguesa do indivíduo sinaliza para a possibilidade de uma espécie de felicidade ainda pouco divisada. A burguesia ascendente fundamenta na razão essa exigência de uma nova liberdade sócio-individual. Contudo, a razão, que floresce no contexto capitalista, não identifica outras necessidades que não a de atender ao dominante. "À penúria do indivíduo isolado responde com a humanidade universal, à miséria corporal, com a beleza da alma, à servidão externa, com a liberdade interna, ao egoísmo brutal, com o reino da virtude do dever"[63]. O pensamento burguês funciona como um manto encobridor da atrofia psicofísica do indivíduo. A cultura da alma sublima a resignação e, com este feito, concorre no sentido da preservação do ideal burguês, daí porque, malgrado todo o empenho da razão em vencer a fé, a idéia de alma é mantida. Seu conteúdo, antes ditado pelo catolicismo, vai sendo invadido pela cultura burguesa. Não obstante, a alma permanece como essência da vida, o que contribui para que os homens renunciem aos sentidos, ao prazer, entregando-se à labuta e ao sistema conceitual que a sustém.

Tentando fazer com que a felicidade saia do plano sobrenatural e seja desfrutada na terra, o homem reduz sua vida ao trabalho, curvando-se frente à autoridade das forças econômicas e às gratificações imediatas que lhes são permitidas. A cultura burguesa busca dignificar o indivíduo sem tirá-lo da submissão real. Para que sua liberdade não mais se refira a um além imaterial, e se estabeleça concretamente a ordem necessária à liberdade para a qual o desenvolvimento das forças produtivas apontam, a economia não pode continuar decidindo acerca da vida dos indivíduos. A necessidade de realização do capital tornar secundária a possibilidade de superação da cultura da alma e da divisão técnica do trabalho, contradizendo a Razão otimista. A sociedade burguesa se firma, mas não confirma nem a igualdade social nem a liberdade individual. As condições para tanto estão virtualmente desenvolvidas. A questão é tornar real o que existe em potencial.

---

[63] Ibid., p. 52.

CAPÍTULO II

DO PROJETO QUE ABSOLUTIZA À PRÁTICA QUE RELATIVIZA A INDIVIDUALIDADE

> *Escravo e não rei de tudo o que me rodeia, comprimido em um ponto e envolvido pela imensidão, começo procurando a mim mesmo.*
>
> François M. A. de Voltaire

A história da sociedade capitalista é marcada por contradições que levam a constantes recuos e avanços. O que move esta sociedade é justamente o esforço desmedido para enfrentar e resolver suas crises. Um esforço capaz de engendrar profundas transformações no conteúdo e na forma de trabalho, na cultura e, mais que isso, na civilização. Em pouco mais de um século, o capitalismo amplia-se, concentra-se e impõe-se com o vigor de uma ordem implacável, que tudo domina. Num espaço de 150 anos, os homens promovem três revoluções no modo de produção. Em cada uma delas descobrem e empregam fontes de energia até então desconhecidas ou desconsideradas, alterando não só a forma de produzir, mas os fundamentos objetivos/subjetivos da civilização. A lógica em andamento, que se realiza na e através da práxis, rompe com os limites geográficos dos países que lhe serviram de berço, conquistando o que se "escondia" depois dos mares.

À crise que se estende de 1873 a 1895 – período denominado, pelos historiadores, de "Grande Depressão"* –, a sociedade responde investindo em duas frentes: na colonização e na re/organização do trabalho com base em parâmetros científicos. A crise traz consigo a necessidade imperiosa de conquista de outros espaços. Os monopólios vêem na arregimentação de novas colônias sua força expansiva. As expedições, principalmente britânicas, francesas e alemãs, abençoadas pela boa consciência civilizada e religiosa, imbuídas da certeza da superioridade e impelidas por interesses político-econômicos inadiáveis, não recuam nem mesmo quando, para levar a termo seus propósitos, têm que chegar ao massacre de homens ou até de populações. A exploração, antes local/nacional, se organiza em escala nacional/mundial. De fôlego renovado, ela faz recuar os operários em seus sonhos e fantasias[1].

O capitalismo industrial ganha os continentes, tornando-se uma genuína economia. O mundo já está suficientemente mapeado e conhecido para o impulsionamento das trocas, das exportações/importações. As redes ferroviárias se estendem por caminhos nunca antes percorridos. Os inúmeros novos troncos ferroviários são ostentados como feitos sensacionais da engenharia. E, a construção dos mesmos é uma verdadeira tropa de choque da industrialização. O panorama material e espiritual passa por significativas transformações. Com uma regularidade espantosa, patenteiam-se descobertas de grande impacto, como a do petróleo, aço, energia elétrica, motor a explosão, dentre outras. Porém, a mais estupenda, nesse período, é, segundo Hobsbawm[2], a comunicação de mensagens através do telégrafo elétrico. Forma-se a intrincada rede de economia internacional.

Nas últimas duas décadas do século XIX, a sociedade industrial entra na sua segunda idade. Além da onda de colonização e expansão, que termina na partilha do mundo, mais incisivamente na Primeira Guerra, a segunda idade se identifica pelo incremento de técnicas industriais, profundamente diferençadas das precedentes e, ainda, pelo re/vigor do movimento operário – especialmente nos primeiros decênios do século XX – que, onde a industrialização se encontra mais

---

* Designa tempos em que as fundações do liberalismo pareciam não estar mais tão fortemente estabelecidas. Do ponto de vista econômico, a "Grande Depressão" se caracteriza pela falta de demanda dos produtos industrializados. Para evitar o colapso da ordem posta, capital e Estado aliam-se, viabilizando novos mercados e uma nova concepção produtiva (Harvey, D. *Condição Pós-Moderna*). Segundo Hobsbawm, a era do triunfo liberal teve início "... com uma revolução derrotada e terminou numa depressão prolongada" (*A Era do Capital*, p. 311).

[1] BEAUD, M. *História do Capitalismo*.
[2] HOBSBAWM, E. J. *A Era do Capital*.

avançada, arranca apreciáveis concessões. É mister atingir e ultrapassar a organização que está obstando a reprodução do capital; reunir e combinar elementos, a fim de agilizar o sistema produtivo. E mais,

> O trabalho que apresenta a particularidade de se basear no ofício, ou seja, no saber e no 'saber-fazer' operários dá azo a que a resistência operária se desenvolva com eficácia. O 'saber é para o operário seu bem mais precioso' diz, com razão, Taylor. É aí que reside o essencial da sua relação de força e de saber ou, mais precisamente, de relação de força no saber[3].

Este é um sério problema no qual a sociedade capitalista não pode continuar esbarrando. O sindicalismo de operários, cuja qualificação continua calcada no ofício, precisa ser quebrado. A reorganização do processo produtivo é, portanto, também uma tentativa de equacionar os duros embates entre classe operária e patronal.

A produção, assentada sobre uma base moderna, quer dizer, técnico-científica, converte a força de trabalho em capital com uma agilidade muitas vezes acrescida. Os movimentos e os tempos de trabalho são planejados com extremo rigor metodológico. O processo de trabalho, dividido em partes que beiram o indivisível, é sistematicamente estudado e classificado para que, ao final, se retenha tão-somente o modo mais rápido e eficaz de executá-lo. O unitário, ou seja, o ofício é estilhaçado em tarefas microparcelares. É o trabalho em migalhas, como postula Friedmann[4], distribuído em postos ilusoriamente especializados. Especializados em que, vale indagar, se a aprendizagem de uma tarefa demanda, no máximo, três meses, o que é raro, pois o corriqueiro é a aprendizagem que se efetiva em poucas horas. Em alguns ramos da produção industrial a fragmentação do trabalho é menos intensa, noutros mais. A despeito de variações, o intento é único: repetir o milagre da multiplicação, não apenas de pães e peixes, mas de tudo quanto a ordem estabelecida julga necessário. Se isto compromete o conhecimento do trabalhador individualmente, se leva à degradação, sem paralelo na história, do aprendizado, tal fato é um detalhe insignificante frente às riquezas que esse procedimento pode acumular.

Fracionando-se a atividade prática, fraciona-se o saber, o pensamento. O saber-fazer do operário, transmitido de uma geração à outra no decurso da aprendi-

---

[3] CORIAT, B. O Taylorismo e a Expropriação do Saber Operário, p. 87.
[4] FRIEDMANN, G. O Trabalho em Migalhas.

zagem prática, é igualmente atacado e decomposto. Mediado pelo adestramento dos gestos e dos tempos de trabalho, esse saber é reduzido aos seus elementos mais simples. A qualificação, que nos ofícios tradicionais aumentava com a idade, tende a conservar-se com poucas alterações. O exercício da função, bendizendo a repetição da tarefa, não assegura nem tampouco amplia o conhecimento sobre o processo de trabalho como um todo. A aprendizagem vai-se amesquinhando. Os operários, individualmente, estão embrutecidos, não dominam mais nenhum conhecimento que se baste por si. A situação de trabalho, na sua totalidade, se apresenta ao indivíduo como um conjunto abstrato. De concreto restou a tarefa – fracionada e repetitiva – que lhe cabe executar. Diga-se, um concreto tão estreito e desconectado que poucos elementos pode oferecer à consciência. A máquina universal, polivalente, é substituída por máquinas especializadas, que efetuam operações parciais. O mesmo se verifica com o trabalhador. Enquanto parte dessa realidade fragmentada, o indivíduo a assimila e a interpreta, não desde as forças essenciais de que a mesma dispõe, isto é, desde o que elas representam em termos de possibilidades de emancipação humana, mas sim com base no que lhe permite sua atividade prática, tomada em separado[5].

Como método de dominação do capital sobre o trabalho, o sistema taylorista* maximiza a exploração da capacidade produtiva do indivíduo, alcançando, não raro, o esgotamento de sua resistência física e psíquica.

> A produção em série tradicional (...) implica para o operador três causas latentes de perturbações. A atomização do trabalho, reduzido a um único movimento, aumenta a fadiga, conduz a danos fisiológicos e nervosos (tiques, dores de cabeça, surdez, neurites). Em segundo lugar, o operário fica sujeito a seguir a cadência do operador mais lento da cadeira, sem poder trabalhar segundo seu ritmo pessoal, do que resultam, ainda aqui, fadiga, irritabilidade, explosões e nervosismo. Enfim, o operário não efetuando jamais um trabalho completo com o qual possa identificar sua atividade pessoal, se acha privado de interesses e frustrado[6].

---

[5] TOURAINE, A. *O Trabalho Operário e a Empresa Industrial*.
* Frederick Taylor descreve "... *como a produtividade do trabalho pode ser radicalmente aumentada através da decomposição de cada processo de trabalho em movimentos componentes e da organização de tarefas de trabalho fragmentadas segundo padrões rigorosos de tempo e estudo do movimento*" (Harvey, *Condição Pós-Moderna*, p.121). Maiores informações sobre o assunto podem ser encontradas na obra *Princípios da Administração Científica*, do próprio Taylor.
[6] FRIEDMANN, G. *O Trabalho em Migalhas*, p. 65.

Ele tem de obedecer à máquina, levando a efeito a parte que lhe compete numa regularidade de movimentos simplesmente desumana, sem embargo, um atentado às suas capacidades mentais. Com tal procedimento, ganham as forças produtivas, perde o indivíduo, compelido à robotização. A inteligência vai sendo minada das fábricas, corrobora Beaud[7], ficando nelas corpos sem cérebros, "... autômatos de carne adaptados a autômatos de ferro e de aço".

A intervenção dos operários no processo de trabalho é dissipada. Estes são selecionados e adestrados para ocuparem postos interligados. Ao invés de o indivíduo escolher seu trabalho, ele é, isto sim, escolhido e treinado pela indústria. Constata-se uma repartição do trabalho entre operários e direção. Os primeiros sujeitam-se a desenvolver planos de atividade prática, de cuja elaboração não participam. Elaborá-los compete à direção. É o momento privilegiado da separação entre trabalho manual e intelectual. A industrialização requer e, concomitantemente, demonstra uma complexificação do conhecimento, o que não se generaliza como propriedade de todos e de cada indivíduo.

> Progredindo, a mecanização reduz cada vez mais o papel do operário a gestos sem significação, determinados pelas exigências da máquina. (...) O parcelamento das tarefas suscita um sentimento de monotonia, que é pesadamente lançado no passivo das máquinas. Monotonia que, nesse quadro de pensamento, não se deve a uma qualidade objetiva do trabalho, porém se instala na consciência do operador como impossibilidade vivida de realizar as suas tendências profundas na própria atividade. Em suma, o trabalhador já não tem relações diretas com o produto e não reconhece claramente a utilidade social do seu ato[8].

A máquina – substituindo o instrumento muitas vezes construído sob medida, isto é, de modo personalizado – passa a mediar as relações homem/natureza e homem/homem. A máquina adentra todos os campos da atividade humana: da produção ao consumo, do trabalho ao lazer, do físico ao psíquico. Penetra no âmago da existência. A noção e a ocupação do tempo e do espaço, induzidas pela lógica produtiva, encontram-se imbricadas nas relações sociais, numa teia de determinações mútuas indissociáveis.

---
[7] BEAUD, M. *História do Capitalismo*, p. 244.
[8] FRIEDMANN, G.; NAVILLE, P. *Tratado de Sociologia do Trabalho*, p. 408.

O ritmo acelerado de trabalho aumenta assustadoramente a produção e diminui, chegando a quase eliminar, o tempo que o indivíduo tinha, durante o trabalho, para conversar, fazer planos, pensar, enfim, para ir além do imediato. A prática em equipe, a solidariedade de grupo estão destronadas. Em seus lugares instaura-se o individualismo no trabalho. E, o individualismo caminha atrelado à crise de identidade. É uma força contrária à individuação. As trocas, as interações entre trabalhadores, restringem-se ao indispensável para a produção. Observando o trabalho em cadeia em várias indústrias americanas, Friedmann[9] relata que não havia aí um só indivíduo com espaço para manifestar e desenvolver suas tendências, exigências pessoais, gostos, sua necessidade de compreender o que acontece antes e depois da estreiteza da sua ação. Trata-se de um trabalho privado de sentido. Para os operários, o trabalho perde a razão global. Por ser técnico, é inteiramente social, não demanda nem se reverte em prol de particularidades individuais. Os motivos, o sentido, os valores, a finalidade do trabalho são socialmente prescritos. O indivíduo desconhece tais referências. Em sua obra *Crítica da Modernidade*, Touraine[10] pontua: as cadências e comandos, envoltos no manto dito científico, "... não são mais do que instrumentos a serviço do lucro, indiferentes às realidades fisiológicas, psicológicas e sociais do homem no trabalho".

Na produção em séries homogêneas a responsabilidade do trabalhador está afeta apenas ao exercício – dominantemente físico – que ele tem de repetir, dias, semanas, às vezes anos a fio. No trabalho dividido em unidades mínimas, o indivíduo não conhece a finalidade imediata nem a mediata de suas ações. Elas se mostram desvinculadas de um fim. Daí que o trabalhador precisa ser obrigado a cumprir tal rotina. Ele é coagido – pela sinalização da máquina – a permanecer o tempo todo curvado sobre sua tarefa, sem influir nos seus movimentos e, menos ainda, nos afazeres de seus companheiros. A sociedade industrial faz exigências em demasia à personalidade humana, submetendo seus mecanismos adaptativos a provas extremamente rudes. Touraine[11] constata que a distância entre as mudanças incessantes da produção e do consumo e o reconhecimento de uma personalidade individual é cada vez maior. Referindo-se a essa problemática, Friedmann[12] destaca: "entre os indivíduos considerados 'normais', numerosos são os

---

[9] FRIEDMANN, G. *O Trabalho em Migalhas.*
[10] p. 99.
[11] Ibid.
[12] FRIEDMANN, G. *O Trabalho em Migalhas*, p. 198.

que camuflam sua inadaptação sob toda espécie de fugas, de 'distorções', de 'diversões' prodigalizadas pela vida urbana". As queixas sobre o sentimento de insatisfação que esta forma de trabalho desperta são inacobertáveis. Ao operário, individualmente, não é possível analisar a qualidade do seu trabalho, uma vez que não tem contato com o produto pronto. A despersonalização do trabalho é acompanhada "... pela consciência de não poder jamais acabar uma tarefa, de jamais poder, dando um recuo, dizer a si próprio que realizou alguma coisa, por si mesmo, e que a fez bem feita"[13]. Um trabalho inacabado é desprovido de significação, sobretudo, para quem não o conclui. Nele, o indivíduo pode destacar-se pela sua resignação, pela sua capacidade de suportar o sofrimento, a opressão, nunca pelas suas potencialidades criadoras. Aqui, o que conta é a resistência física e psíquica do homem.

Vai longe, muito longe, o tempo em que os instrumentos produzidos pelo homem continham as marcas de suas aptidões individuais, desenvolvidas em sociedade. O manuseio da ferramenta é um campo fértil à expressão da subjetividade. Os movimentos de trabalho, o gesto, reproduzem, mas simultaneamente modificam, a significação que lhes é socialmente conferida. O próprio profissional regula sua função, conhece o que está sendo produzido. Tudo isso se esvai com o arraigamento da indústria moderna. Esta não carece de individualidade, ou seja, subsiste sem ela. O trabalho técnico requer obediência a normas precisas. A margem de tolerância é quase nula. Os homens constróem as máquinas, que padronizam o produto e eles próprios. O tamanho, o formato, a consistência, a durabilidade, em resumo, as características do produto são, tanto quanto possível, padronizadas, exibindo poucas variações de um modelo para outro. Com a produção em massa, não é mais o objeto – como o sapato, a roupa, a máquina, etc. – que se adequa ao indivíduo, é, ao contrário, o indivíduo que se adequa ao objeto. A uniformidade está na produção e nas relações sociais, isto é, nas condições de existência. O ritmo de vida (até o caminhar), os hábitos (como os de vestuário, alimentação, lazer, etc.), as habilidades cultuadas, o pensamento, crenças, valores, os afazeres diários estão, todos eles, em conformidade. Nada escapa à batuta da racionalidade capitalista. E, a estandardização lhe permite um controle maior do processo de trabalho. A sociedade da produção em grande escala tem motivos de sobra para ensinar que o que é bom para um é

---

[13] Ibid., p. 206.

bom para todos. Assim, se o âmbito do trabalho não é lugar de realização da individualidade, fora dele, do mesmo modo, não o é. O indivíduo está perdido na multidão. A modernidade livra o homem do círculo da cultura local, promove, no indivíduo, a consciência de si e, depois, o arremessa à cultura de massa.

Em *O Trabalho Operário e a Empresa*, Touraine faz ver que o processo de racionalização do trabalho teve início nas fábricas de armamento de guerra. Acentua-se especialmente durante a Primeira Guerra Mundial, prosseguindo depois do seu término. A guerra não é o único, mas é um forte estimulante das invenções. "A produção em massa está ligada ao recrutamento em massa e à guerra nacional. A procura de uniformes durante a Guerra de Secessão, por exemplo, e os métodos empregados para satisfazê-la criaram nos Estados Unidos a indústria das roupas 'feitas' para homens"[14]. O mesmo sucedeu com muitas outras indústrias. Já no século XIX exércitos de guerra proporcionaram a especialização da capacidade para administrar vastos empreendimentos, como projetos de ferrovias, instalações portuárias, serviços cartográficos, meteorológicos e estatísticos, dentre outros. Ainda que com o objetivo imediato de destruir, a guerra solicita organização e administração – aprendizagens transferidas com sucesso para a produção em massa. Os investimentos nas estratégias e instrumentos bélicos são, igualmente, investimentos nas forças produtivas. A organização do trabalho na indústria, de um modo geral, guarda muita semelhança com à de origem militar. Ambas surgem como fruto de uma tendência geral da sociedade moderna. Tanto a técnica civil como a militar têm por base a fabricação e a condução de ferramentas e máquinas. Acionada, a guerra impõe necessidades à indústria que precisam ser supridas a curto prazo, faz avançar a tecnologia, envolve e mobiliza os cidadãos, modificando profundamente a sociedade. O conflito entre beligerantes requer armas e outros serviços essenciais refinados. Sem dúvida, este é um fator determinante no processo de transformações sociais, dentre elas, as tecnológicas.

A guerra funciona, outrossim, como um atenuante da sensibilidade humana para se comover com o sofrimento. Hobsbawm[15] percebe que os 54 milhões de mortos na Segunda Guerra não chocam tanto os homens como a cifra bem inferior, de dez milhões, da Primeira Guerra. Ele justifica: os sacrifícios cotidianos, as

---

[14] FRIEDMANN, G.; NAVILLE, P. *Tratado de Sociologia do Trabalho*. p. 369.
[15] HOBSBAWM, E. J. *Era dos Extremos*.

condições desumanas de vida e as atrocidades da Primeira Guerra deixam os homens imunes ao horror. A tecnologia torna o barbarismo impessoal. O matar, o estropiar são, cada vez mais, conseqüentes do apertar de um botão ou virar de uma alavanca. As vítimas simplesmente desaparecem, já que diante dos canhões ou sob bombas não estão indivíduos nominados, estão estatísticas (quase sempre aproximadas). Os homens acostumam-se à matança compulsória em escala astronômica. As informações sobre quem morre e por que morre, ou seja, sobre o indivíduo, se perdem nas expressões "*genocídio*", "*chacina*" e outras do gênero.

Sobre a intensa divisão do trabalho que se verifica nos fins do século XIX e início do século XX, Friedmann[16] assim se posiciona:

> O capitalismo industrial (...) via-se obrigado a procurar, sem cessar, os meios para produzir sempre mais a preço de custo sempre mais baixos, a fim de satisfazer, ao mesmo tempo, às exigências do capital investido e às crescentes necessidades de um mundo sempre mais extenso de consumidores.

Instaura-se o dogma que prescreve uma rentabilidade maior em decorrência de maior divisão das operações. A demanda pelo alargamento da escala de produção introduz a esteira automática com postos de tarefas fixos. Com este feito, o sistema em pauta atinge uma espécie de perfeição: incorpora os tempos e os movimentos no maquinismo; fragmenta os gestos demandados do trabalho vivo; energiza a produção e aprofunda a submissão do processo de trabalho ao capital. O taylorismo/fordismo* remata um movimento que vinha sendo inscrito nas relações sociais, favorecendo a acumulação de capital de acordo com novas modalidades[17]. O princípio da produção segundo o qual ao trabalhador não compete pensar, compete fazer, atravessa oceanos, contagiando todo o mundo. As mudanças tecnológicas permitem melhorar a manufatura de itens preexistentes, como também industrializar espécies totalmente novas, muitas delas impensáveis antes das Guerras. O plástico, a energia nuclear, os *lasers* etc., entram em cena. Trata-se de uma revolução que modifica o modo de viver e de ser, altera culturas

---

[16] FRIEDMANN, G. *O Trabalho em Migalhas*, p. 27-8.

* H. Ford objetiva os princípios da gerência científica sistematizados por Taylor. Introduzindo a esteira rolante/linha de montagem, ele leva o trabalho ao homem, potenciando a produção. No texto *Os Princípios da Prosperidade*, descreve seu sistema de organização industrial.

[17] CORIAT, B. *O Taylorismo e a Expropriação do Saber Operário*.

e, por conseguinte, re/molda a individualidade. O rádio chega às mais remotas aldeias; surgem a televisão e os discos de vinil; o hábito de comida desidratada, congelada; os tecidos de náilon adentram continentes como se fossem adequados a qualquer clima; a indústria de materiais de higiene é pródiga tanto para produzir como para sedimentar hábitos que lhe convém; as sandálias de plástico, disponíveis a um preço acessível, educam muitos pés descalços para, doravante, usar vários tipos de calçados. A produção industrial farta o mercado, entra na consciência e em todos os caracteres humanos, do mesmo modo que deles se imbui.

Quando o sistema produtivo incorpora as idéias de Ford, a concepção já está separada da execução em diversos ramos industriais, tidos como avançados. O que há de especial no fordismo – tendo-se, evidentemente, considerado antes o ápice da desabilitação do indivíduo – é, primeiro, uma redobrada racionalização tecnológica; segundo, o reconhecimento formalmente expresso de que a produção em massa equivale a consumo de massa. Como sugere Harvey[18], o fordismo apela para um tipo de sociedade democrático-populista. A produção em grandes séries homogêneas, que nos anos vinte experimentou seu apogeu, permite não apenas aumentar inigualavelmente a produção como também faz decrescer o valor unitário da mercadoria. Está-se diante de um fato que agrada a todos: mesmo temporariamente, amplia o mercado de consumo e torna o produto mais acessível ao trabalhador. O carisma da produção e do consumo mantém os homens encantados com a sociedade industrial. Poder-se-ia conjecturar que esta ordem confunde por ser, a um só tempo, destrutiva e criadora. Mas, ocorre que, no embate das contradições, as artimanhas do mercado, tendo como pivô os meios de comunicação de massa, acobertam a destruição, desempatando, na aparência, em favor de seu poder criativo. É a consciência regulada pelas leis do consumo. O *status* social, outrora advindo da capacidade de fazer coisas, é agora representado pela capacidade de comprá-las. Em seu clássico *Manuscritos Econômico-Filosóficos*, Marx já demonstra que a razão instrumental está estreitamente ligada ao egoísmo possessivo, distante das forças da vida, do corpo e do desejo. A consciência encontra-se inspirada no ter e não no ser. Touraine[19] acrescenta: "o desaparecimento dos fundamentos metassociais da moral ocasiona o triunfo da moral social, do utilitarismo e do funcionalismo". Bom é tudo aquilo que é útil à sociedade de consumo.

---

[18] HARVEY, D. *Condição Pós-Moderna*.
[19] TOURAINE, A. *Crítica da Modernidade*, p. 102.

Dentre os traços que identificam o homem moderno figuram, em bom lugar, a obediência a instruções e a disciplina na execução do trabalho. Recursos como: livro ponto, relógio ponto, supervisores, multas, ameaça de dispensa são diariamente empregados para "educá-lo". A organização científica se impõe como um fato de civilização. Sem desmerecer sua importância social, é notório que as esperanças de esses homens – no âmbito do trabalho ou fora dele – exercitarem a independência de espírito são ínfimas. "A alienação do trabalho está incluída na própria essência das sociedades industriais. O número de pequenos produtores autônomos, capazes de tomar iniciativa, não cessa de diminuir"[20]. A adaptação do operário à indústria se processa ao preço de alterações significativas na sua personalidade. A labuta, prosseguem os autores, obsta a maturação das capacidades individuais. A estrutura administrativa, rigorosamente centralizada e autoritária, que a manutenção desta forma de trabalho requer, é outro pesado fator de bloqueio sobre o indivíduo, deixando-o vulnerável aos determinantes sociais. Entregue ao poder político-econômico, suas insatisfações permanecem em estado de latência. Ao indivíduo convém manter-se conformista, contente, sob pena de a sociedade conferir-lhe o rótulo de desajustado. Aos ajustados, ela oferece uma enorme variedade de opções de melhoria do bem-estar material. São deveras muitos os que desfrutam dessas melhorias, o que não significa realização individual. A infelicidade humana é sufocada no consumo.

Por onde o fordismo adentra – seja em busca de mão-de-obra mais barata, de trabalhadores politicamente menos organizados e ou de novos mercados –, deixa no rastro uma verdadeira expatriação: os hábitos de consumo são disseminados; modifica conceitos, como os de estética, funcionalidade e eficiência; empreende uma mercadização dos valores; destrói culturas locais. O homem troca suas habilidades, hábitos e valores por ganhos bastante pífios em termos de padrão de vida. O novo sempre se mostra como a melhor alternativa[21]. As nações, que vão sendo conquistadas, perdem, conscientes ou não disso, a condição que lhes assegurava o direito de decidir sobre seus destinos. O mundo se dobra àqueles cuja superioridade econômica e política é inquestionável e, ao menos aparentemente, indestrutível. O modo capitalista de produção compele toda a sociedade a compor um grande mercado. "Recebe a totalidade do indivíduo, da família e

---

[20] FRIEDMANN, G.; NAVILLE, P. *Tratado de Sociologia do Trabalho*, p. 439-40.
[21] HARVEY, D. *Condição Pós-Moderna*.

das necessidades sociais e, ao subordiná-las ao mercado, também os remodela para servirem às necessidades do capital"[22]. Contudo, não se pode negar as vantagens sociais incontestáveis das transformações que a segunda revolução industrial imprime ao processo de trabalho. Devido à simplificação e à mecanização dos movimentos, a sociedade chega à abundância. O emprego racional dos meios de trabalho, a ocupação planejada dos tempos mortos, permitem um aproveitamento total da capacidade produtiva, donde resulta uma redução da jornada de trabalho *. O lamentável é que, na luta por uma vida minimamente digna, o tempo subtraído de uma jornada é normalmente ocupado com mais trabalho numa segunda jornada. O curso dos acontecimentos não tem confirmado as possibilidades em potencial de se negar a labuta e salvaguardar o efetivo desenvolvimento individual.

Apesar do caráter desumano dessa forma de trabalho, é difícil para a sociedade recusar racionalizações que melhoram a eficiência do processo produtivo, numa época em que a Guerra exige esforços desmedidos exatamente nesta direção. Mesmo assim, não são poucas as vezes que o capital tem de barganhar ganhos reais nos salários pela regularidade na disciplina. Fazer com que o trabalhador permaneça submisso à rotina e à degradação é um problema constante para a ordem posta. Há, segundo Harvey[23], uma gama enorme de dificuldades: as pressões religiosas, políticas, sindicais, as propensões psicológicas – às quais a labuta não consegue pôr termo e que a cada geração precisam ser "reeducadas" –, como o impulso de realização pessoal, a necessidade de auto-expressão, a busca de segurança e identidade, de independência e respeito próprios. O disciplinamento do indivíduo, da força de trabalho para os propósitos da sociedade capitalista "... envolve alguma mistura de repressão, familiarização, cooptação e cooperação, elementos que têm de ser organizados não somente no local de trabalho como na sociedade como um todo. A socialização do trabalhador nas condições de produção capitalista envolve o controle social bem amplo das capacidades físicas e mentais"[24].

Nos fins do século XIX, adentrando as primeiras décadas do XX, constata-se um intenso deslocamento de povos europeus para outros continentes, principalmente para a América do Sul. Os homens migram, nesse período, por razões

---

[22] BRAVERMAN, H. *Trabalho e Capital Monopolista*, p. 231.

* Sabe-se, no entanto, que tal redução – de onze para oito horas – tem por finalidade deixar os trabalhadores com um certo tempo livre para consumir o que se produz em quantidade cada vez maior.

[23] HARVEY, D. *Condição Pós-Moderna*.

[24] Ibid., p. 119.

dominantemente econômicas, para escapar às condições degradantes do trabalho, porque encontram-se expropriados dos meios de produção e dos bens produzidos. Hobsbawm[25] informa que 40% da classe trabalhadora vivem em condições miseráveis, sem nenhuma decência. São vítimas do excesso de trabalho físico, comendo mal, dormindo pouco e em acomodações precárias. Longe de ser tomada como força do destino, a partida representa uma perspectiva de vida melhor. No interstício entre as Guerras, quando a economia capitalista parece desmoronar, o desemprego em massa nos países industrializados faz engrossar a "fila da sopa", a "marcha da fome" e acelera a corrida em busca de novos ares. A sociedade liberal vê ruir seus princípios sagrados. É difícil mascarar a realidade social com discursos sobre cidadania quando, ao filho pródigo, a alternativa que resta é a fuga para terras desconhecidas. Um protesto silencioso.

Muito embora a máxima do trabalho fragmentado seja clara e, em princípio, irrefutável ao prescrever: ao trabalhador não cabe pensar, cabe fazer, os movimentos operários, as greves, ainda que constantemente reprimidas, persistem, demonstrando que os homens não perderam de todo a noção do que é dignidade humana. A vontade do indivíduo de ser um ator social autônomo não foi completamente subsumida pela modernidade. A despeito de estar inserto numa organização implacável para com suas capacidades, ele conserva alguma plasticidade na percepção e interpretação do real, conserva um coeficiente de virtualidade e de exigências psicossociais. A consciência crítica – na clandestinidade, é certo – sobrevive. Concordando com Touraine[26], a história da modernidade é uma história de ruptura lenta entre o indivíduo, a sociedade e a natureza. No entanto, essa não é uma ruptura inelutável. Se, de um lado, quanto mais o capitalismo avança no tempo mais desumaniza, mais oprime o indivíduo, de outro, as transformações operadas na e através da sociedade industrial – justamente as que desumanizam – aumentam, espantosamente, as possibilidades de humanização. A modernidade é opressão do indivíduo, mas é sinônimo também de ampliação magnífica das possibilidades de livrar-se dela.

Os movimentos trabalhistas não foram completamente eliminados nas revoluções de 1848 e pela subseqüente expansão econômica. Depois disso, algumas décadas de industrialização foram suficientes para multiplicar os operários, que

---

[25] HOBSBAWM, E. J. *A Era do Capital*.
[26] TOURAINE, A. *Crítica da Modernidade*.

formam uma categoria com papel definido na política. Vivendo as desgraças imediatas da otimização do processo produtivo, os operários ativam seus mecanismos de enfrentamento, tais como, manifestações de rua, greves, sindicatos, cooperativa e partido político. A burguesia se vê diante de uma classe operária disposta a medir forças, que não recua facilmente ao embate. Uma classe que interfere na tomada de decisão, nos investimentos, nos negócios, obtendo respeitáveis conquistas, a saber, elevações reais dos salários, redução da jornada de trabalho, aposentadoria, aprovação de leis sobre seguro-doença, seguro-acidente, melhorias no ambiente físico de trabalho, dentre outras. Os trabalhadores organizados levam o capital a fazer inúmeras concessões. Entretanto, nenhuma suficientemente grande e forte para desedificar sua estrutura. As inovações tecnológicas dão à sociedade capitalista as armas de que necessita para melhorar a qualidade do produto, atender à demanda, enfrentar concorrências e, não menos importante, calar a voz – mesmo não sabendo por quanto tempo – do operariado[27].

Os trabalhadores lutam contra o método taylorista/fordista. À recusa não foi posto um ponto final. Mas, a necessidade de manter e até ampliar as riquezas acumuladas fala mais alto. Eles continuam produzindo intensamente até que, como diz Beaud em *História do Capitalismo*, um desgaste prematuro faça deles um não-valor, atirando-os para fora do mercado. Enquanto isso não acontece, as tensões persistem, à medida que acentuam-se as desigualdades sociais, bem como as expectativas engendradas e alimentadas pela produção em série. Os aumentos de salário restringem-se, no mais das vezes, a determinados segmentos da classe trabalhadora, geralmente os de primeiro e segundo escalões. A sociedade industrial cria, diariamente, novas necessidades. Não obstante, são muitos os que não têm sequer as necessidades básicas satisfeitas. Daí os movimentos operários, com menos ou mais força, estarem sempre presentes. Se o percurso de luta registra recuos, por parte desses movimentos, não se pode esquecer que suas ações têm provocado constantes modificações, sobretudo na estrutura política da sociedade.

Contra as lutas dos trabalhadores por um salário-base digno, os empregadores se valem do pagamento por peça produzida. Esta estratégia, pensada pela gerência científica, na perspectiva de que tempo é dinheiro *, acirra a competi-

---

[27] BEAUD, M. *História do Capitalismo*.
* O espaço, o tempo e o dinheiro são fontes interligadas de poder social. O valor está afeto ao tempo de trabalho. A economia que a produção em massa persegue é a economia de tempo (Harvey, D. *Condição Pós-Moderna*).

ção entre os trabalhadores, dividindo-os. Num esquema de remuneração que gera insegurança, dado que o trabalhador não sabe quanto levará para casa no final da semana, vigora o "cada um por si". Portanto, se o domínio da tecnologia não é absoluto, também não o é o otimismo em relação a dias melhores. A margem de ação para a consciência operária é pequena. Os trabalhadores, desde os mais bem pagos até os miseráveis, para os quais a próxima refeição é incerta, estão reduzidos a um denominador comum: são operários segregados pela produção capitalista. Num contexto onde o aumento da riqueza contrasta com o igual aumento da pobreza, "... os trabalhadores foram empurrados por uma consciência comum não apenas pela polarização social mas (...) por um estilo comum de vida, (...) por um estilo comum de pensamento"[28].

Em *Era dos Extremos*, Hobsbawm deixa entrever que junto com o século XX desponta, entre os trabalhadores, uma consciência do nós, de classe, em detrimento do eu. Cientes de sua identidade – operários, logo pobres –, eles têm claro que a melhoria da sorte de cada um está na ação coletiva, de preferência por intermédio de organizações, não no trabalho individual. Essa consciência, que promove coesão e impõe respeito, alcança o auge por volta da Segunda Guerra Mundial. Depois, nas décadas de ouro do capital, os movimentos operários são postos entre parênteses, na prática e na consciência. "A combinação de *boom* secular, pleno emprego e uma sociedade de autêntico consumo de massa transforma totalmente a vida dos operários"[29]. A lógica de mercado tudo modifica. Como a ilusão de ótica informa que o progresso é algo que está sempre para a frente e para o alto, o homem inclina-se a considerar e a contentar-se com a idéia de que a felicidade está por vir, está no desconhecido.

Na tentativa de preservar a ordem social, o Estado assume inúmeras obrigações públicas que, em última instância, são empreendimentos no sentido de subsidiar as relações produtivas. Investe pesadamente em capital fixo, com vistas à estabilidade da demanda; combina políticas fiscais e monetárias, para controlar ciclos; investe em transportes e outras benfeitorias públicas; complementa salários, instaurando sistemas de seguridade social, como saúde, educação, moradia, etc.; participa de acordos trabalhistas, como a conquista de segurança no

---

[28] HOBSBAWM, E. J. *A Era do Capital*, p. 235.
[29] HOBSBAWM, E. J. *Era dos Extremos*, p. 301.

emprego. Mesmo que o grau de envolvimento do Estado, nas questões trabalhistas, varie de nação para nação, em nenhuma ele se omite[30]. Sempre que o capital encontra obstáculos para colocar o produto no mercado, isto é, quando a produção excede a capacidade de consumo, desembocando em crises mundiais (como a de 1929), o Estado intervém em nome da estabilidade, o que quer dizer, em nome da reestruturação do capital. Não se está tratando aqui de qualquer Estado, mas do Estado capitalista. Daí ser compreensível que se, de um lado, ele não esmaga de vez os atores sociais, até porque ele os "representa", de outro, pouco tem feito – e pouco pode fazer, desde a sua ótica – pela liberdade de realização desses atores.

Uma via que a sociedade capitalista perscruta para aumentar seu escopo exploratório é a cooptação de novos domínios. Ela toma para si e reinventa muitas das atividades antes feitas pela família. Industrializando as tarefas domésticas, sujeita esses trabalhadores às condições do modo capitalista de produção. Com a proposta de abreviar e facilitar os afazeres domésticos, desenvolve uma gama enorme de aparelhos, cujo desfrute passa pelo pagamento de tributo ao capital. As relações sociais se encaminham no sentido de o indivíduo depender do mercado para adquirir e consumir alimento, vestuário, habitação, instrução, assistência psicofísica, mecanismos e objetos de recreação, entretenimentos; em síntese, a dependência deve ultrapassar as necessidades materiais e de serviços, atingindo as necessidades emocionais, afetivas e sexuais. O problema não está na disponibilidade de serviços, está nas relações que mediam os mesmos. A exploração do indivíduo se dá desde o processo de trabalho, que torna esses serviços disponíveis, até o modo, formatado, de adquiri-los e consumi-los.

> O primeiro passo na criação do mercado universal é a conquista de toda a produção de bens sob forma de mercadoria; o segundo passo é a conquista de uma gama crescente de serviços e sua conversão em mercadorias; e o terceiro é um 'ciclo de produto', que inventa novos produtos e serviços, alguns dos quais tornam-se indispensáveis à medida que as condições da vida moderna mudam para destruir alternativas. Desse modo, o habitante da sociedade capitalista é enlaçado na teia trançada de bens-mercadoria da qual há pouca possibilidade de escapar[31].

---

[30] HARVEY, D. *Condição Pós-Moderna*.
[31] BRAVERMAN, H. *Trabalho e Capital Monopolista*, p. 239.

Após a Primeira Guerra o repúdio pela ortodoxia do trabalho parcelado chega a níveis preocupantes. O desgaste físico e mental do indivíduo pela permanência em um mesmo posto de trabalho, dia após dia, é tamanho que a indústria se vê obrigada a ajustes constantes entre indivíduo e postos de trabalho*. A apatia, o absenteísmo e as faltas vão se tornando insustentáveis, devido aos prejuízos que causam. "O absenteísmo é um ótimo sinal objetivo de um defeito de adaptação do homem ao meio"[32]. Quanto mais se fragmentam as tarefas mais aumenta a monotonia que, por sua vez, aumenta a vigilância sobre o operário, elevada ao insuportável. Fica a impressão de que a divisão do trabalho, enfurecida, ultrapassou o patamar necessário a uma produção eficiente.

> O talhe da 'unidade administrativa' se torna demasiado grande; o trabalho perde toda significação para o operador especializado que, em conseqüência, tende a se sentir pouco responsável em relação à sua tarefa elementar; diante da apatia resultante disso, a Direção torna mais pesada a pressão de sua supervisão o que, em contrapartida, suscita tensões e resistências passivas ou ativas no pessoal, e exige toda uma enxurrada de inspetores, escalonados e hierarquizados[33].

Vai ficando evidente que a segmentação extremada do trabalho acarreta sérios inconvenientes práticos à produção. A sociedade burguesa descobre o limite da capacidade do homem para suportar a degradação, o sofrimento, sem prejuízo de seu desempenho.

O sistema de corte taylorista/fordista contorna a resistência e o desgaste do operariado – bem como afasta outros fantasmas que acompanham a superprodução – com deslocamentos espaço-temporais. Mas, essa opção geográfica se esgota. Adota-se, então, a intermutabilidade nos postos de trabalho, ou seja, o rodízio dos operários pelas diferentes tarefas. Isso, no entanto, não indica uma recomposição do conhecimento. O todo não é igual a uma soma de partes que perderam o sentido. Como adverte Friedmann[34], não se pode pensar que "...

---

* A Psicologia é uma ciência que participa próxima e intensamente na perseguição desse ajuste, desenvolvendo testes de aptidão, testes com o objetivo de selecionar melhor os candidatos e mecanismos de adaptação do operário ao trabalho.
[32] FRIEDMANN, G.; NAVILLE, P. *Tratado de Sociologia do Trabalho*, p. 196.
[33] FRIEDMANN, G. *O Trabalho em Migalhas*, p. 70.
[34] Ibid., p. 67.

tapar uma dezena de buracos numa cadeia de talhos de porcos, se converte, por isso, num trabalhador identificável a um salsicheiro profissional". Síntese não é junção de particularidades. É certo que tais mudanças minimizam a rotina, elevam o *status* profissional e, em muitos casos, melhoram a remuneração, o que não pode ser interpretado como medidas tomadas devido a preocupações com a individualidade. O *"utility-man"*, pondera Friedmann, surge em função das exigências da cadeia de montagem. Há que se impedir que o processo pare.

O que cura, em parte, a embriaguez da prosperidade às custas da divisão do trabalho é a Guerra. Para atender urgências, deixa-se de lado o que prescreve a organização científica do trabalho, confiando-o à experiência prática de um único homem.

> Iniciativas tomadas sob a pressão das circunstâncias mostraram que o rodízio e a ampliação das tarefas, o aumento da iniciativa, da responsabilidade, da liberdade na repartição do trabalho no interior de uma equipe, eram praticamente rendosos, e, além disso, melhoravam o 'moral', a cujo respeito os técnicos se preocupavam cada vez mais como um elemento que já é preciso levar em conta em seus cálculos e previsões econômicas[35].

A Segunda Guerra reforça essa tendência. Sob o efeito de suas prementes necessidades, a indústria tem de admitir, para a produção armamentista, uma mão-de-obra tida como inexperiente. Nas situações em que um operário produz sozinho peças, até de alta precisão, constata-se uma relevante diminuição de acidentes de trabalho, um envolvimento e interesse bem maiores por parte do operário, fato que levou à transposição desta perícia a outros setores.

A produção nos moldes do fordismo passa por vários e distintos re/arranjos até alcançar sua maioridade, nos meados da década de 40, sempre desafiando a sociedade capitalista a regulamentar sua produção. À Segunda Guerra segue-se um período de reconstruções e prosperidade. Assiste-se a uma excepcional avalanche de industrialização no Terceiro Mundo. Aos poucos, a estrutura produtiva encoraja o operário a dominar mais de uma operação, a assumir maior responsabilidade. Mostra-lhe um pequeno espaço para iniciativas, aliviando o controle exercido pelos gerentes e supervisores. A progressiva integração das ta-

---

[35] Ibid., p. 67.

refas agrada a capitalistas e operários, agrada a toda a sociedade: a empresa conta com "... mão-de-obra mais satisfeita, gastos gerenciais da produção diminuídos, qualidade melhorada do produto"; o operário com "... aumento simultâneo do salário e da satisfação no trabalho"; o consumidor com "... progressos da qualidade do produto"[36]. Todavia, não há que se ter ilusões quanto a este tipo de "liberdade" nascente. O controle não está desaparecendo, está, isto sim, sendo transferido para um sistema computacional com capacidade para controlar os homens e as máquinas. No trabalho automatizado, a espontaneidade individual segue não tendo voz nem vez. A retomada do crescimento deve muito ao sobretrabalho.

Os sinais mais evidentes do início de uma intensa transformação na forma e no conteúdo do trabalho são: o reagrupamento das operações, a complexificação das instalações, a diminuição relativa de operários especializados, o deslocamento progressivo da mão-de-obra dos trabalhos de fabricação para os de manutenção e uma notória preocupação em re/qualificar trabalhadores[37]. É como se a sociedade estivesse reconhecendo que a devassa, por ela mesma produzida, no conhecimento, nas capacidades do indivíduo foi profunda demais. De um lado, reavivam-se as expectativas em relação ao fim da labuta; de outro, o automatismo, que nos anos 50 começa a ser reconfigurado, é extensivo a todos os campos, inclusive o das funções mentais. Porque o trabalho está deixando de ser manual, o trabalhador não está a salvo da alienação. "Ainda lhe é preciso escapar (...) ao sistema de organização, em que a sua subordinação, a sua passividade, a sua não-participação são exigidas e até fortalecidas (na medida em que o caráter científico da produção se acentua por cima de sua cabeça)"[38]. O indivíduo se submete aos sistemas de comando. Contraditoriamente, as forças produtivas libertam e as relações sociais aprisionam. A sociedade capitalista se transforma, mas continua impedindo a consciência capaz de problematizar o real.

Quanto mais o processo produtivo incorpora ciência, tecnologia, menos o trabalhador o compreende e mais é expulso do circuito. A parcela de trabalhadores ocupando posições que requerem algum conhecimento especializado é muito pequena diante do contingente que vai sendo excluído do processo, nas pegadas da automação. O decréscimo nos postos de trabalho é acompanhado

---

[36] Ibid., p. 86.
[37] FRIEDMANN, G.; NAVILLE, P. *Tratado de Sociologia do Trabalho*.
[38] Ibid., p. 444.

pelo aumento das exigências em termos de escolaridade, para o preenchimento de vagas restantes. Isto nem sempre se deve ao fato de o trabalho estar se tornando mais complexo. É, antes, um meio de selecionar candidatos num contexto onde a procura é superior à oferta. Os que ficam são, em geral, submetidos a uma reciclagem, onde adquirem um conhecimento marcadamente técnico, indispensável e apenas o suficiente para responder às demandas imediatas da produção. Friedmann e Naville[39] afirmam que essa qualificação não passa de um papel profissional, a saber, um conjunto de atividades determinadas pelo lugar que o trabalhador ocupa no processo produtivo. Aliás, o indivíduo nada tem feito, senão cumprir papéis sociais. É como se ele tivesse sido projetado para fora de si. O que prevalece, por todo o lado, é a subordinação do homem ao trabalho, ao consumo do supérfluo.

O que inviabiliza a organização do trabalho em séries homogêneas é justamente sua rigidez. A produção em massa dá margem ao que inicialmente aparece como fantasias ou caprichos de consumidores. Para satisfazer essas necessidades "personalizadas", o sistema carece de flexibilidade. O padronizado tem que ceder a variações. Como que por ironia do destino, são as contradições suscitadas e acalentadas pelas próprias relações de produção e consumo que inviabilizam o modelo que lhe dá sustentação. É oportuno sublinhar: quando a individualidade está reduzida a quase nada, quando o indivíduo é mero ponto de referência da força de trabalho em abstrato, o mercado, na disputa pelo comprador, apela para necessidades, gostos, interesses, para o "tipo de cada um". Apela, isto sim, para a velha, mas viva, necessidade de realização do indivíduo. Mesmo coisificado, ele não se esgota na racionalidade objetiva. Agora, são as profecias sobre a automação, com suas imensas virtualidades que, mais uma vez, enchem os homens de esperanças. Porém, não basta se livrar das tarefas física e psicologicamente vis. Para que o homem se erga em toda sua estatura e floresça em todo o seu ser é preciso, pois, que cesse de respirar utopias técnicas e elabore utopias sociais. Não se trata de rejeitar a técnica, mas de levar a fundo a crítica da dominação social.

---

[39] Ibid.

A Consciência Individual Sob o Signo do Princípio de Realidade

A história da individualidade tem sido dominantemente uma história de renúncia em favor do coletivo. A divisão do trabalho, demonstram Marx e Engels[40], implica em não-coincidência entre os interesses do indivíduo singular e os interesses sociais. Na ordem burguesa, a satisfação da vontade arbitrária de cada um não promove a acumulação de capital. O indivíduo, que se constitui e sobrevive somente em sociedade, renuncia a si mesmo em favor desta última. Seu poder é subsumido pelo poder da coletividade. Nas mãos dela ele entrega – não sem coação – o governo de suas necessidades. O sacrifício imposto ao eu consiste em negar a si a natureza. A irracionalidade implícita nesse sacrifício, que a sociedade impõe ao indivíduo, subjugando-o, não desaparece no decorrer das formações sociais, apenas se modifica. Ela perdura justamente porque não é de todo irracional, contém uma certa logicidade – a tendência à passagem a uma outra ordem social superior, porque mais humana – que a justifica.

Nas formações sociais antigas, o indivíduo não estava em condições de defender sua individualidade, posto que não tinha consciência de si. Dos males, o menor: a própria sociedade se encarrega de descortinar a consciência em toda sua dimensão, mostrando-lhe que a história da espécie humana vai muito além das cenas já vividas. Os homens só não contavam com a possibilidade de a trajetória que leva à auto-realização, conscientemente orientada, ser tão longa e penosa. A renúncia à individualidade tem sido maior, quanto mais os homens avançam em suas conquistas. Referindo-se à produção industrial rígida, Gramsci[41] diz que "... a racionalização do trabalho e o proibicionismo estão indubitavelmente ligados". O deus da modernidade, a razão, decerto é menos poderoso do que se imaginou. Só um milagre, que não ocorreu, poderia ter libertado o indivíduo antes da libertação da sua espécie.

É verdade que os antepassados mais remotos do homem viviam em estado de maior liberdade, de menos opressão. Como informa Freud, em *Totem e Tabu*, o domínio se restringia, praticamente, ao âmbito do relacionamento sexual. Todas as demais atividades empreendidas no sentido de preservar a espécie eram incomparavelmente mais livres. A civilização tende a ser cada vez menos instintual

---
[40] MARX, K.; ENGELS, F. *Textos Sobre Educação e Ensino.*
[41] GRAMSCI, A. *Maquiavel, a Política e o Estado Moderno*, p. 396.

e cada vez mais racional. Nos conflitos entre Eros e Logos, o que é negado, a saber, a natureza instintiva do homem, é irracional e, se seguido, inviabiliza a própria individuação[42]. A defesa dos interesses sociais, ao mesmo tempo que nega os interesses individuais, possibilita que o indivíduo se constitua. Todavia, é igualmente verdade que se os antepassados não tinham consciência da liberdade de cada um para programar seu tempo e seu espaço, tampouco dispunham de meios para preservá-la. Isso não significa que se o homem não tivesse dominado e transformado a natureza e a si mesmo seria mais feliz. O pensamento há que projetar a felicidade prospectivamente. A possibilidade de uma vida de equilíbrio consciente entre o individual e o social não está nas formas de organização pretéritas, mas no ser em potencial que faz morada no seio da modernidade.

O homem teve de aprender a renunciar, a esperar, a postergar a completa satisfação de suas vontades, de seus desejos, de suas necessidades. A *Odisséia* confirma que "... a dignidade de herói só é conquistada humilhando a ânsia de uma felicidade total, universal, indivisa"[43]. Na história da introversão do sacrifício, o indivíduo dá mais de si do que lhe é restituído. "Mas é por uma necessidade social que quem quer que se furte à troca desigual e injusta, que não renuncie, mas agarre imediatamente o todo inteiro, por isso mesmo há de perder tudo, até mesmo o resto miserável que a autoconservação lhe concede"[44]. Apesar de a civilização não existir sem os impulsos espontâneos dos indivíduos, ao longo de sua história, os tem enquadrado e rebaixado a meros executores e partícipes menos da riqueza que das lutas sociais. A atividade prática, apoiada na representação ideológica da realidade social, apropria-se do campo de desejo*, dobrando-o em seu benefício. O elemento pulsional da individualidade passa a ser administrado pelo afã do lucro. Os homens são desacostumados ao amor e à felicidade em benefício do trabalho. "Da destruição do particular brota o universal"[45].

A implantação dos métodos de trabalho taylorista/fordista gera a necessidade de um tipo humano particular, em conformidade com a produção de bens estandardizados para o consumo de massa. O processo de civilização tem sido

---
[42] CROCHÍK, J. L. *Preconceito – Indivíduo e Cultura*.
[43] ADORNO, T. W. HORKHEIMER, M. *Dialética do Esclarecimento*, p. 63.
[44] Ibid., p. 61.
* Entendidas enquanto necessidades que, no decurso das relações de trabalho, se transformam de biológico-primárias em sociais.
[45] ADORNO, T. W. *Dialética Negativa*, p. 326.

uma luta contínua contra a "animalidade" do homem, uma ininterrupta e dolorosa sujeição dos instintos. Mas, só uma coerção de brutalidade ímpar pode sedimentar hábitos e normas de ordem, exatidão e precisão tão rígidos como os requeridos pela industrialização. Os operários são os portadores, em primeira mão, de cada exigência que brota nas entranhas das formas de produzir. E, aos poucos, as mudanças de hábitos e costumes afetam todas as camadas da população, à medida que, como sentencia Gramsci[46], "... os novos métodos de trabalho estão indissoluvelmente ligados a um determinado modo de viver, de pensar e de sentir a vida; não é possível obter êxito num campo sem obter resultados tangíveis no outro". Dito de outro modo, na organização científica do trabalho está implícito um princípio de realidade que em parte rompe e em parte apenas modifica o velho nexo psicofísico do trabalho, criado pela sociedade capitalista.

Ao desenvolver os mecanismos de dominação, a sociedade ao mesmo tempo oprime e cria as condições para que a opressão seja abolida. Os homens apropriam-se do espaço e do tempo, submetem as forças da natureza às suas necessidades – efetivando um anseio deveras antigo –, e nem por isso se tornam mais felizes. Como se pode ter convicção da felicidade de homens que continuam vendo a morte como representativa da libertação, do descanso eterno?[47]. Logo, o domínio sobre a natureza não é o único pré-requisito para a felicidade. Tal estado requer o equacionamento do domínio do homem sobre ele mesmo. Em nome do progresso abdica-se à satisfação das necessidades instintivas e individuais. O indivíduo cede para escapar à morte, uma vez que no isolamento ele não existe. É sob a pressão do instinto de vida que o princípio do prazer se transforma em princípio de realidade. A consciência, antes movida por necessidades instintivas, se racionaliza. Malgrado milênios de civilização, o princípio de realidade não conseguiu apropriar-se da vida psíquica em seu todo. O Id prossegue elaborando e empregando mecanismos que asseguram um mínimo de satisfação, ainda que seja através de sonhos. Nesse embate, prevalece o Ego, ou seja, o domínio do social, que efetua o adiamento da satisfação; que exige a tolerância do desprazer[48].

O trabalho – não aquele executado como um fim em si mesmo, livremente escolhido, mas o trabalho enquanto labuta – toma o lugar da felicidade e do

---
[46] GRAMSCI, A. *Maquiavel, a Política e o Estado Moderno*, p. 396.
[47] FREUD, S. *O Mal-Estar na Civilização*.
[48] FREUD, S. *Além do Princípio de Prazer*.

prazer, constituindo-se, ele mesmo, em fonte de prazer pervertido. Basta recordar que, no período de assentamento da burguesia, a idéia de que o trabalho enobrece é ponto pacífico. A sociedade industrializada demanda sacrifício metódico e intenso do indivíduo. A libido deve sempre sujeitar-se à atividade prática, produtiva. E, a renúncia, daí resultante, se ampara na crença de que "... o contínuo incremento da produtividade torna cada vez mais realista, de um modo constante, a promessa de uma vida ainda melhor para todos"[49]. Entretanto, os fatos insistem em mostrar o contrário. Para enfrentar e resolver suas crises, a sociedade capitalista desenvolve e faz uso de recursos tecnológicos que recrudescem o domínio do homem pelo homem em extensão e eficiência. No momento em que os feitos materiais e intelectuais da humanidade são mais que suficientes para permitirem a sociedade livre da superimposição, a barbárie e o aniquilamento cometidos sobre o indivíduo deixam de ser recaídas esporádicas para se tornarem acontecimentos diários. A modernidade se identifica, simultaneamente, com o utilitarismo e a subordinação do indivíduo aos interesses sociais, em particular, os de cunho econômico. Ao seguir as regras de moralidade socialmente impostas, a razão triunfa sobre o desejo.

Libertar o prazer é um passo demais ousado para se esperar que seja dado pela razão instrumental. Pressionado no e através do trabalho, o homem aprendeu a desprezar o prazer, a odiá-lo. Na sociedade burguesa adulta o prazer, mutilado, vulgarizou-se. Esta potência de abundância e de miséria requer que o prazer e, mais que isso, a vida como um todo seja sacrificada. "A humanidade teve que se submeter a terríveis provações até que se formasse o Eu, o caráter idêntico, determinado e viril do homem, e toda infância ainda é de certa forma a repetição disso"[50]. A tentação de perdê-lo sobrevive, porém fragilizada pela determinação irracional de conservá-lo.

O progresso irrefreável na produção material contrasta com a desgraça do indivíduo. Da imaturidade deste se nutre a hipermaturidade da sociedade; assim, quanto mais a sociedade se fortalece mais o indivíduo se enfraquece. À medida que a aparelhagem social, econômica e científica se complexifica, a possibilidade de o mesmo experenciar vivências diferenciadas, operar com o diferente, diminui. O corpo e a mente estão ajustados ao sistema social de produção. As rela-

---

[49] MARCUSE, H. *Eros e Civilização*, p. 27.
[50] ADORNO. T. W. HORKHEIMER, M. *Dialética do Esclarecimento*, p. 44.

ções homem/natureza e homem/homem são mediadas pelo poder político-econômico, pelas leis e necessidades do mercado. O que o indivíduo vê, ouve e faz é predeterminado. Mediando os comportamentos, as emoções, o pensamento, em uma palavra, todas as relações, a sociedade industrial transforma o indivíduo em um simples eu, sempre igual. Essa impotência do indivíduo que, em princípio, deveria ser transitória, consistindo numa conseqüência lógica da sociedade que precisava industrializar-se para libertá-lo da labuta e do servilismo, perpetua-se em um sistema de relações que perdeu a razão de ser quando o desenvolvimento das forças essenciais humanas o superou. A práxis social conserva-se a si própria na irracionalidade "... e esta inversão continuará dominando a vida humana enquanto a produção social se efetive somente de um 'modo natural' e não seja realizada e compreendida como uma tarefa social consciente dos indivíduos que produzem e agem em sociedade"[51].

Numa linguagem freudiana, é oportuno indagar: será que o princípio do prazer e o princípio de realidade são irreconciliáveis? No texto *O Futuro de Uma Ilusão*, Freud expressa sua crença na possibilidade de uma sociedade não repressiva, e mais, acredita que os meios para extinguir a repressão engendram-se na própria sociedade repressiva. Ele vê na subordinação à disciplina do trabalho o meio através do qual o homem pode mitigar seu sofrimento, dar conta dele, a fim de autopreservar-se. À ciência compete indicar aos homens o caminho para se reorganizarem sob um novo tratado político-social. Adorno e Horkheimer concordam que o esclarecimento é uma via promissora, no sentido de evitar que os homens sejam completamente traídos na promessa de liberdade, na promessa de uma individualidade independentizada das contingências capitalistas. Todavia, com uma ressalva: para não deixar morrer a esperança, que já foi muito mais forte, mais confiante, o esclarecimento precisa desvencilhar-se da teia ideológica que o neutraliza. "Ele só se reencontrará consigo mesmo quando (...) tiver a ousadia de superar o falso absoluto que é o princípio da dominação cega"[52].

No início da modernidade, ganha novo vigor um anseio que prefigura entre os homens desde a Grécia antiga: tudo o que eles querem é vencer a superstição, elevar-se à posição de senhores do céu e da terra, dominar e submeter a natureza a si. Nessa época, o homem ainda não contava com a possibilidade de

---
[51] SCHMIED – KOWARZIK, W. *Pedagogia Dialética*, p. 44.
[52] ADORNO, T. W. HORKHEIMER, M. *Dialética do Esclarecimento*, p. 52.

ele próprio – e, por conseguinte, seu saber – ser dominado nesse mesmo e único processo; não imaginava que a sociedade, tendo alcançado um alto grau de cientificidade, pudesse incorrer e manter-se num estado de calamidade ignominioso. No processo de transformação do homem e da natureza, o conhecimento que haveria de iluminá-lo também se modifica. O pensamento que dava vida a coisas inanimadas desencanta-se. Em seu lugar vai sendo elaborado o pensamento factual, que triunfa sobre a metafísica. O prazer que o conhecimento em si pode proporcionar torna-se estéril. Seu sentido está ligado, doravante, à operação prática, ao procedimento eficaz. O que proporciona deleite não está mais no bem falar, está no bem fazer, no trabalho. A matéria deve ser tomada "... sem o recurso ilusório a forças soberanas ou imanentes, sem a ilusão de qualidades ocultas. O que não se submete ao critério da calculabilidade e da utilidade torna-se suspeito para o esclarecimento"[53]. A grande arma do pensamento no processo de desmitologização é a lógica formal, capaz de calcular o mundo. O esclarecimento se estrutura e se move com base nela. As mesmas equações e cálculos que fazem a mediação na troca mercantil medeiam a política, a justiça, a educação, enfim, a sociedade burguesa. "O animismo havia dotado a coisa de uma alma, o instrumentalismo coisifica as almas"[54]. Os valores que decidem sobre o comportamento dos homens estão impregnados nas relações sociais, nas mercadorias. A civilização vence o poder imediato da natureza sobre os homens. O que está por ser vencido é o poder destes sobre si mesmos.

Ainda que em determinados pontos de vista, como na concepção do Id, Freud incorra no impasse dos modelos substanciais, dissolvendo aspectos da individualidade concreta num modelo de homem em geral, ao procurar entender quem é o indivíduo, ele faz acusações irrefutáveis à civilização moderna, sem, contudo, deixar de apreender toda sua positividade em termos de condições indispensáveis ao desenvolvimento da individualidade. Freud[55] define a história do homem como história de sua repressão social e, portanto, mediada pelas pulsões. Os instintos e as necessidades têm suas formas desenhadas pela realidade sócio-histórica. Nela e em função dela, o indivíduo inibe ou desvia seus instintos e anseios; sublima a necessidade de gratificação integral. Sob o princípio de realidade, a satisfação das necessidades, gradativamente, deixa de ser imediata; o

---

[53] Ibid., p. 21.
[54] Ibid., p. 40.
[55] FREUD, S. O Mal-Estar na Civilização.

prazer sofre cada vez mais restrições; a atividade lúdica dá lugar ao trabalho; a receptividade à produtividade; a ausência de repressão à repressão em prol da segurança do grupo. Essas mudanças correspondem em grande parte à elaboração dos processos conscientes. O Ego, que inicialmente busca o equilíbrio entre a necessidade de prazer e a moral social, é pouco a pouco inteiramente conduzido por forças sociais, até porque o prazer também se socializa. Os versos de Orfeu e as imagens de Narciso já retratam o processo de transformação dos traços da psique. Contrariando a necessidade de prazer, o Ego é transmutado em razão. A forma de ser do indivíduo que é negada vai ficando guardada no inconsciente. Coagido pelo instinto de vida, como foi dito, e regulado pelas relações sociais de produção, o homem supera sua simples condição de animal, convertendo-se num Ego organizado. "O ser humano desenvolve, assim, a função da razão: aprende a examinar a realidade, a distinguir entre bom e mau, verdadeiro e falso, útil e prejudicial. O homem adquire as faculdades de atenção, memória e discernimento"[56]. Torna-se um sujeito consciente, que pensa, equipado por e para uma racionalidade que, a despeito de lhe ser imposta pela cultura, então subordinada ao princípio de realidade, o contém. Em sendo um produto humano histórico, a cultura é passível de mudança.

O indivíduo burguês e a consciência da razão humana surgem a um só tempo, no percurso da dominação da natureza e do próprio homem. A autoconsciência passa por um processo de elaboração que, como demonstra Hegel, em sua obra *Fenomenologia do Espírito*, vai da Certeza Sensível à Razão e coincide com o processo de transformação da sociedade, que vai da servidão à liberdade. Consciente de si, na sociedade burguesa madura do início do século XIX, o homem ainda desfruta de uma relativa autonomia para pensar sobre seu próprio Ser, sobre suas condições de vida. O trabalho coopta os instintos e a força física. As tarefas fracionadas e repetitivas deixam, em parte, a consciência livre para, com base nas conquistas sociais, projetar a existência numa outra ordem qualitativamente diferente da estabelecida. O capitalismo industrial nascente depende menos da razão individual e mais do trabalho individual.

O protocapitalismo trazia consigo o promissor movimento de racionalização, enquanto a grande indústria, a sociedade do taylorismo, do nazismo e do

---

[56] MARCUSE, H. *Eros e Civilização*, p. 35.

stalinismo é arrastada por interesses materiais que corroem o espírito. A capacidade de análise e síntese do indivíduo se perde no esfacelamento da atividade prática. É certo que essa capacidade ressurge como riqueza socialmente acumulada, porém, o indivíduo não mais se reconhece nela. O sujeito individual, despido do conhecimento que pode facilitar-lhe a compreensão do real, e encantado pela sociedade do consumo, é dominado pelo poder político e econômico. A cultura do consumo reduz o Ego a um ponto, menos de equilíbrio que de conflito, entre o Id e o Superego. "O Ego, que foi a presença da alma, isto é, de Deus no indivíduo, tornou-se um conjunto de papéis sociais. Ele não triunfou, portanto, senão no início da modernidade, quando ele aparecia como um princípio de ordem, associado ao triunfo da razão sobre as paixões e à utilidade social"[57]. A existência a serviço do lucro faz os particularismos predominarem sobre o universal, impede os homens de considerarem os danos, desnecessários, que as relações sociais de produção vigentes lhes causam. Desnecessários, porque já se construiu mais que o suficiente para o trabalho deixar de ser labuta, pura opressão. A sociedade capitalista, com a instrumentalidade e a genialidade de que dispunha na época, era quantitativa e qualitativamente capaz de suplantar-se, de liberar a espécie humana e, por conseguinte, o indivíduo para experienciarem a coincidência entre o trabalho social e a manifestação de si.

O campo da repressão inclui tudo quanto a civilização tem que negar no indivíduo. Um campo que tão bem se manifesta no sofrimento e na miséria, na materialidade degradada e degradante que a forma assumida pela produção na sociedade industrial acarreta. O caminho para explicar o conteúdo repressivo parece ser o mesmo através do qual o homem pode apropriar-se dessa situação com o intuito de revertê-la. O problema consiste em superar a necessidade, estreita e crescente, de vinculação entre "... civilização e barbarismo, progresso e sofrimento, liberdade e infelicidade"[58]. Em outras palavras, consiste em encontrar o equilíbrio entre a ordem da razão e a ordem dos sentidos. Toda cultura tem implicado repressão. Mesmo tendo presente que escravidão e coação são tributos à liberdade, a renúncia ao princípio do prazer não é um processo harmonioso, é, isto sim, extremamente traumático. Os indivíduos, desde a mais tenra idade, são forçados a internalizarem e submeterem-se à moralidade social.

---

[57] TOURAINE, A. *Crítica da Modernidade*, p. 281.
[58] MARCUSE, H. *Eros e Civilização*, p. 38.

A substituição do princípio do prazer pelo princípio de realidade é algo que se repete - não sem se diferenciar, na forma e no conteúdo, de uma sociedade para outra - ao longo da história dos homens, e em cada um deles. Impondo a submissão à consciência social, os pais, os educadores, os meios de comunicação de massa, as relações de produção, garantem a ontogenia desse processo nas novas e sucessivas gerações. O princípio de realidade precisa ser continuamente restabelecido, porque a civilização não consegue pôr termo, de uma vez por todas, ao princípio do prazer.

A repressão, desde os instintos, que a formação social burgues objetiva, resulta menos do esforço laboral a ser empreendido, e mais da organização do trabalho imposta pelos interesses de dominação. A opressã e a expropriação progressivas atingem um nível tal que parece não haver mais nenhuma chance de sobrevida humana coletiva. As evidências históricas e sociais levam a pensar que Eros, ou o instinto de vida, está inteiramente a serviço do instinto de morte. A luta pela singularidade, desviando do traçado que lhe confere o pensamento freudiano, é travada no campo da divisão do trabalho, entre necessidades sociais e fragmentos de necessidades individuais. Como interpreta Hegel[59], é uma luta de vida ou morte. Para que a coincidência, entre a realidade e o conceito, se efetive, para que a forma de individualidade em potencial se realize é preciso negar o estado aparente, superá-lo. Um empreendimento que tem início com a percepção daquilo que atrofia. O indivíduo se fortalece vencendo a inconsciência, que deita raízes - não nas pulsões internas, tal como o inconsciente freudiano -, mas na forma concreta de trabalho e das relações sociais capitalistas. A inconsciência tem a ver com a impotência do indivíduo frente a essas relações.

As regulações exercidas pela família, pela educação sistemática, pelo Estado e, num sentido mais amplo, pela sociedade são incorporadas pelo indivíduo, constituindo-se no referencial que orienta sua conduta. O ponto a ser destacado aqui é que, uma vez estabelecida esta consciência predominantemente moral, a individualidade não só é punida por forças externas e subjugada às necessidades socialmente estabelecidas, como o indivíduo mesmo se encarrega da autopunição. Ele exerce sobre si o poder da severidade, com o fim de adequar-se tanto às necessidades presentes como às futuras. Os caracteres da individualidade são,

---

[59] HEGEL, G. W. F. *Fenomenologia do Espírito*.

como se percebe, desenvolvidos em conformidade com as necessidades práticas. Nesses termos, apagam-se na memória os traços de unidade entre liberdade e necessidade. A não-liberdade, uma contingência histórica e, nesta medida, possível de ser revertida, se apresenta como necessidade incessante[60].

A civilização coíbe e domina o instinto agressivo, torna-o inócuo, desenvolvendo a moral social, um mecanismo que, apoiado na divisão do trabalho, desarma a agressividade. Para Freud*, o principal recurso na educação do instinto é o sentimento de culpa. Para se livrar deste sentimento, ou, no mínimo, reduzi-lo, o homem suporta a infelicidade, a insatisfação de suas necessidades, a submissão e o autoritarismo. Primeiro ele abre mão da satisfação do instinto por medo da autoridade externa; depois internaliza essa autoridade, desenvolve um Superego e, então, renuncia ao prazer devido às punições provenientes da autoconsciência. A consciência da autoridade se universaliza, existindo tanto no plano externo como no interno. Daqui por diante, o instinto passa a ser duplamente reprimido: pelo indivíduo e pela sociedade. "Renunciava-se às próprias satisfações para não se perder o amor da autoridade. Se se efetuava essa renúncia, ficava-se, por assim dizer, quite com a autoridade e nenhum sentimento de culpa permaneceria"[61].

Na sociedade capitalista, a passividade dos espíritos é um princípio de ordem. Nela, a autoridade externa que impõe limites, re/educando instintos e sentimentos, não é outra coisa senão as relações de trabalho. A individuação é, por excelência, um processo relacional, quer dizer, ocorre na e através da atividade de trabalho. Vendendo seu trabalho ao capital, o indivíduo deixa de ser dono do próprio desenvolvimento, perde o poder de decisão sobre ele, de experienciar suas capacidades, sentimentos e instintos fora das contingências burguesas. Subordinada à economia capitalista - no interior da qual a atividade concreta assume uma forma abstrata - a personalidade individual torna-se uma categoria social[62]. De maneira que, na contemporaneidade, a renúncia instintiva não tem mais um efeito libertador. O trabalho compulsivo permanece, ainda que sua necessidade tenha sido superada e, com ele, a infelicidade, a despeito de estar o prazer renegado.

Desde o assentamento da sociedade burguesa, o trabalho ocupa todo o tem-

---
[60] MARCUSE, H. *Eros e Civilização*.
* Que se reporta à infância da civilização e do indivíduo, situando ali princípios explicativos tanto para comportamentos da sociedade capitalista, como para comportamentos da personalidade adulta.
[61] FREUD, S. *O Mal-Estar na Civilização*, p. 179.
[62] SÈVE, L. *Marxismo e a Teoria da Personalidade*.

po diário de um sujeito adulto e, com freqüência, também de crianças e adolescentes. A necessidade de prazer, de satisfação, é sempre arregimentada em favor da produção útil, do lucro. Como o trabalho toma o lugar do prazer, o trabalhador precisa agradar, com sua atividade prática, não somente o patrão, mas também a si. Para que o trabalho permita o mínimo de realização, carece ser bem feito, o que evidentemente beneficia e satisfaz o empregador. Um dia justo de trabalho por um dia justo de pagamento, diz o refrão burguês[63]. O nó que as relações sociais capitalistas não permitem desatar encontra-se, mais precisamente, na segunda parte do refrão. Da labuta empreendida, o que ainda prevalece para um imenso contingente é o sofrimento e a escassez, no mundo da produção em massa. Vale destacar que o sofrimento não se restringe aos trabalhadores e excluídos. Mesmo para os que desfrutam plenamente da abundância há opressão, ainda que de modo diferenciado. A ordem capitalista direciona os homens para o que fazer e para o como fazer. Portanto, nas relações vigentes nenhum homem é livre. Nos *Grundrisse*, Marx advoga que, ao adquirir competência para dominar uns aos outros, ao colocar a força criadora do seu trabalho à disposição do capital, os homens, e cada um deles, perdem a própria liberdade.

A distribuição desigual da riqueza, produzida em conjunto, tem sido assegurada cada vez menos com violência explícita e mais através da utilização da autoridade racional. A civilização moderna não pode prescindir desta espécie de autoridade. Ocorre que a racionalidade tecnológica, indispensável para que os homens possam pensar uma sociedade na qual o desenvolvimento dos valores humanos não seja secundário, só se mantém por ser ela mesma dominação, daí ter se tornado irracional. A percepção deste fato indica que

> O momento da autonomia da espécie pode não ter chegado ainda; mas já chegou o momento da autonomia parcial, pela qual os homens acedem à consciência das relações de poder que impõem ao processo cognitivo uma limitação injustificada. O Ego autônomo é aquele capaz de reconhecer o caminho que ainda resta percorrer até que a humanidade como um todo atinja o estágio da autonomia plena, que tornaria redundante todo controle cognitivo não decidido pela própria razão; mas é também aquele capaz de identificar heteronomias supérfluas, e de for-

---

[63] HOBSBAWM, E. J. *A Era do Capital*.

mular uma política da razão possível contra a política, formulada pelo poder, da irracionalidade programada[64].

Se, de um lado, a civilização, em particular no modo de produção capitalista, reprime e oblitera os instintos, alarga o domínio do controle social, que precisa ser cada vez mais castrador, de outro lado, não se pode ignorar o fato de que historicamente esta civilização opera progressos significativos enquanto dominação organizada. Progressos esses que permitem antever o homem liberto da forma - mercadoria.

Há que se prestar atenção à espécie de princípio de realidade que a sociedade capitalista estabelece em cada indivíduo. Nela, o trabalho, ao invés de visar à satisfação das necessidades individuais, visa assegurar e potenciar o lucro, o capital; a propriedade, longe de ser coletiva, concentra-se cada vez mais nas mãos de poucos. Estes, assim como outros fatores de menor relevância, culminam na necessidade de mais repressão, qualitativamente modificada, no sentido de que o controle repressivo não pode deixar brechas para o desacato. "O princípio de prazer foi destronado não só porque militava contra o progresso na civilização, mas também porque militava contra a civilização cujo progresso perpetua a dominação e o trabalho forçado e penoso"[65]. A repressão transcende o plano das restrições necessárias à convivência dos homens em coletividade e alcança o estado denominado por Marcuse de "*mais-repressão*", isto é, uma forma de repressão que objetiva manter a dominação. A sociedade burguesa tem necessidade de uma ordem moral universalizada que acoberte suas injustiças e contradições. Não se está referindo aqui a uma moralidade em abstrato, mas a regras, valores, princípios, em resumo, a um sistema objetivo capaz de controlar o processo produtivo e, com igual eficiência, os homens, a sociedade, no sentido da manutenção dos imperativos do capital.

Sob os princípios da lógica capitalista todos os instintos se modificam, sobretudo o sexual. A civilização afeta a sexualidade, concentrando-a nos genitais e reduzindo-a à função procriadora. A libido é desviada para um corpo do sexo oposto. A gratificação dos demais instintos libidinosos, considerados secundários, é envolvida em meio a muito tabu. Estes instintos puderam preservar-se graças à sublimação e à repressão direta. A institucionalização da monogamia –

---

[64] ROUANET, S. P. *A Razão Cativa*, p. 291-2.
[65] MARCUSE, H. *Eros e Civilização*, p. 54.

regra para quase todos os povos que constituem a civilização ocidental – é outro fator que concorre para a restrição da sexualidade. Por trás de toda repressão sexual está a idéia de que a manifestação irrestrita destes instintos impede a manutenção da ordem social civilizada, donde deriva a justificativa para pesadas e constantes restrições à vida sexual. O prazer genital por si só é repressivo. Limitando-se tanto o tempo como a forma de satisfação sexual, a consciência acaba sendo represada mesmo naquilo que é liberado. A libido canalizada para uma parte deixa o restante do corpo livre para ser explorado como instrumento de trabalho. Entretanto, nem com toda a repressão administrada tem-se evitado conflitos entre a necessidade de prazer, de realização pessoal e as imposições e limites advindos do trabalho social. Nesta perspectiva, Marcuse[66] pontua: "as restrições perpétuas sobre Eros enfraquecem, em última instância, os instintos vitais, e, assim, fortalecem, e liberam as próprias forças contra as quais eles foram mobilizados – as de destruição". Mediante o grau de controle que os homens desenvolveram sobre si mesmos, pode-se indagar se Eros será capaz de descobrir suas forças e vencer a luta contra seu inimigo maior, o instinto de morte; se os caracteres remanescentes da necessidade de gratificação integral, somados à consciência da escravidão que se tornou desnecessária, são fortes o bastante para hostilizar o modo como a sociedade está organizada.

Na sociedade da produção em massa, o trabalho não coincide com as faculdades, desejos e necessidades de quem o executa, a não ser excepcionalmente. O indivíduo é posto à margem do que ele produz: do conhecimento necessário ao processo produtivo, do controle desse mesmo processo, bem como do que dele resulta. O desempenho padronizado, o cumprimento de funções preestabelecidas iguala os indivíduos, minando as particularidades de cada um. A consciência não escapa à degradação. O indivíduo como um todo, corpo e mente, passa a ser objeto do trabalho alienado e, nesta medida, é moldado a sua imagem e semelhança. Para sobreviver ele tem que despersonalizar-se. Como a renúncia ou sublimação de necessidades outras que não as capitalistas tem, em contrapartida, a sustentação e o enriquecimento da vida dos homens de um modo geral, essa renúncia não é entendida em sua essência, ou seja, como algo engendrado e mantido pelas relações de produção. É, isto sim, percebida como caminho natural, mais correto, para se viver dignamente.

---

[65] Ibid., p. 57.

As restrições impostas à libido parecem tanto mais racionais quanto mais universais se tornam, quanto mais impregnam a sociedade como um todo. Atuam sobre o indivíduo como leis objetivas externas e como uma força internalizada: a autoridade social é absorvida na consciência e no inconsciente do indivíduo, operando como seu próprio desejo, sua moralidade e satisfação[67].

Devido aos bloqueios impostos ao prazer pela sociedade, desenvolvem-se as fantasias. Considerando que os elementos prazerosos, ligados aos instintos, sobrevivem, embora no inconsciente, a fantasia é uma forma objetivada da revolta do Id contra a padronização e enquadramento de desempenhos. As fantasias ameaçam os alicerces da sociedade repressiva, à medida que lidam com representações de liberdade e gratificações integrais. Elas bem representam o que o homem teve de suprimir em nome do domínio da natureza e de si mesmo. O atendimento integral e imediato aos apelos do Id, por certo, põe em risco a reprodução ordeira da capacidade de trabalho e, mais que isso, da civilização. É desviando toda a força destrutiva primária do Ego para a realidade externa que a ordem estabelecida não apenas permanece, como é implementada. "Ao atacar, dividir, mudar, pulverizar coisas e animais (e, periodicamente, homens também), o homem dilata o seu domínio sobre o mundo e progride para fases cada vez mais ricas da civilização"[68]. Em síntese, o mesmo intelecto prodigioso, que faz maravilhas, comete os mais terríveis barbarismos. Na dialeticidade das relações sociais instituídas estão as duas capacidades: de libertar e de oprimir. Todo o empenho por vencer as crises e manter as relações de produção capitalistas, intensifica as forças ofensivas e impeditivas à individuação capaz de se auto-orientar.

A repressão instintiva concentra-se particularmente na primeira idade. Desde cedo é preciso direcionar as manifestações pré-genitais que fogem ao padrão e às finalidades socialmente postas. O comportamento adulto é um desdobramento de conceitos, atitudes, valores, hábitos, enfim, das formações obtidas na infância. Mas, para além da infância, o impacto da repressão social na individualidade remete, de um lado, a heranças filogenéticas da espécie humana, às predisposições que se renovam a cada geração; de outro lado, à sua ontogenia, mais

---

[67] Ibid., p. 59.
[68] Ibid., p. 63.

especificamente às relações de trabalho, que no industrialismo controlam, mais que os instintos e as vontades, a vida do indivíduo. De modo que a dominação instintual e volitiva não se extingue na infância de cada geração, nem é exclusiva do capitalismo. É, antes, um fato impregnado no gênero humano. A novidade, própria da sociedade capitalista, é que nela controla-se com igual competência o processo produtivo e o que antes era intimidade de cada um; nela o poder formador da cultura de massa sobre os indivíduos se integraliza. "A autoconsciência e a razão, que conquistaram e deram forma ao mundo histórico, fizeram-no à imagem e semelhança da repressão, interna e externa. Atuaram como agentes de dominação; as liberdades que acarretaram cresceram no solo da escravização e conservaram essa marca de origem"[69]. Esta afirmação, cujos fundamentos encontram-se na obra de Freud, abala uma das mais sólidas fortificações ideológicas da modernidade, a saber, a idéia de um indivíduo autônomo, capaz de pensar por si mesmo. Para conhecer o que os indivíduos realmente são não basta seguir pelas estruturas do inconsciente. A análise há que se pautar nas e através das relações sociais constitutivas tanto do inconsciente como da individualidade no seu todo.

Parece oportuno pensar em investir no fortalecimento dos instintos sexuais como meio de revigorar as forças contra a agressão ao homem, posto que um Eros forte é capaz de sujeitar os instintos destrutivos. No entanto, sobre esta alternativa, Marcuse[70] escreve: "... isso é, precisamente, o que a civilização desenvolvida é incapaz de fazer, visto que depende, para a sua própria existência, da arregimentação e controle intensificados e ampliados ". Assim, a capacidade de Eros está bloqueada pela forma que assume a produção no quadro do industrialismo. A racionalidade tecnológica estabelece, ela própria, o padrão mental e comportamental para o desempenho do indivíduo. A destrutividade mentalmente útil não precisa ser sublimada, uma vez que justamente o desvio da destrutividade do Ego para o mundo externo concorre para o avanço da civilização. As relações sociais em pauta, extremamente contributivas e necessárias até um determinado momento da história da modernidade – também porque absorvem e modificam em seu favor os instintos destrutivos –, agora violam inteiramente o direito à individualidade. O trabalho é cada vez mais fonte de negação do indivíduo e, junto com ele, da consciência individual.

---

[69] Ibid., p. 67.
[70] Ibid., p. 85.

Nesta linha de raciocínio, civilização implica relações de trabalho e, na mesma medida, supressão ou, quando menos, educação dos instintos. O trabalho não é prazerozo, ao contrário, é labuta, esforço, alienação. É certo que nem todo trabalho possui estas características na mesma intensidade. O artístico, por exemplo, muito embora seja, também ele, capitalista, permite um grau elevado de satisfação libidinosa. Todavia, as relações de trabalho dominantes são as relações capitalistas. Exatamente o que transformou e ampliou – como nunca se viu antes – as bases materiais da sociedade; o que deu uma identidade consciente ao indivíduo, o aprisiona e o oprime. Concordando com Touraine[71], para continuar se reproduzindo, essa sociedade nega uma parte de si, criada por ela, a saber, o indivíduo. O trabalho capitalista pôs por terra a tese de livre escolha sustentada pela ideologia burguesa. A "escolha" se dá a partir de alternativas pré e rigidamente estabelecidas. As necessidades e inclinações individuais não contam, nem tampouco chegam a ser desenvolvidas.

Poder-se-ia pensar que os tempos de ócio são propícios à manifestação das potencialidades individuais. O que não é verídico. Primeiro, porque estas são pouco a pouco sufocadas e recriadas conforme necessidades sociais, mais diretamente da organização do trabalho. Segundo, porque os "tempos livres" são reduzidos ao mínimo necessário para a recomposição da força de trabalho. Num estágio mais recente da produção industrializada, até mesmo estes curtos espaços de relaxamento são invadidos e manipulados pela indústria de entretenimentos. Nem nessas poucas horas se pode deixar o indivíduo entregue a si mesmo. Uma inteligência "desocupada" pode apreender as condições bem como articular os meios de realização da liberdade no sentido marxiano, já que esta existe em potencial. Isto confirma a hipótese de que o indivíduo tem internalizada uma racionalidade que se contrapõe à dominante. O convívio com as contradições desenvolve um tipo de experiência que contraria a ideologia introjetada. O próprio pensamento ideológico dá margem a percepções que podem levar à sua negação. Por mais que a sociedade tente dar conta de cada suspiro do homem, ela deixa entrever a infelicidade subjacente à Consciência Feliz. De algum modo, ainda é possível apreender o que pode libertar naquilo que escraviza.

Na alternância entre dominação e rebelião, que Freud[72] analisa retroceden-

---
[71] TOURAINE, A. *Crítica da Modernidade*.
[72] FREUD, S. *O Futuro de Uma Ilusão*.

do até os embates entre o pai primeiro da civilização humana e seus filhos, esses estados vão incorporando novos elementos, vão sendo alterados em seu conteúdo e forma. Interessa, nesse processo, o fato de que, na sociedade burguesa, a autoridade institucionalizada cria e alimenta uma espécie de dominação, como a define Marcuse[73], "... cada vez mais impessoal, objetiva, universal, e também cada vez mais racional, eficaz e produtiva". A lei e a ordem estão de tal modo impregnadas no processo produtivo, na vida da sociedade, que a necessidade do pai austero, capaz de garantir a continuidade da organização, e nela a da espécie, unicamente por ser o "possuidor da ou das mães", pertence ao passado. O que confere ao pai autoridade para arregimentar os instintos básicos do filho, preparando-o à repressão imposta pela sociedade, é, tão-somente, por representar a família na divisão social do trabalho.

Ao reduzir o indivíduo a mero instrumento de trabalho e retê-lo nesta condição, o âmbito da dominação já não se restringe a campos privilegiados, mas compreende a sociedade como um todo, sustentando sua forma de ser. É como se o domínio do "pai primevo" tivesse se expandido, tornando-se domínio da sociedade. Libertá-la desse jugo não é tarefa fácil, dado que as leis sociais, aparentemente, afiançam a liberdade. Os instintos de rebeldia estão duplamente contidos: pelo próprio modo de produção e pelas leis que lhe dão cobertura. Lutar contra essa racionalidade é lutar contra uma ordem que se reconhece sábia, capaz de potenciar a satisfação das necessidades humanas. Contudo, as transformações que vêm ocorrendo na capacidade produtiva da sociedade capitalista tendem a tornar espúria essa racionalidade. "A desculpa da escassez que tem justificado a repressão generalizada desde o seu início, enfraquece à medida que o conhecimento e controle do homem sobre a natureza promovem os meios de satisfação das necessidades humanas com um mínimo de esforço"[74]. É sabido que a causa do empobrecimento humano, que se vê por toda parte, está na forma como esses recursos são apropriados e distribuídos.

A razão capitalista reprime em nome da tão propalada desproporção insuperável entre os desejos humanos e os meios para satisfazê-los. Argumento que não mais se sustenta. Os recursos disponíveis – a riqueza produzida pelos homens – são suficientes para suprir as necessidades fundamentais de todos. A

---

[73] MARCUSE, H. *Eros e Civilização*, p. 91.
[74] Ibid., p. 93.

automação, em tese, permite superar o trabalho alienado, permite que o homem se liberte para a consecução de objetivos fixados pelo livre jogo de relações entre faculdades individuais. O emprego da tecnologia tende a reduzir ao mínimo o tempo requerido à produção que visa satisfazer necessidades básicas, liberando tempo em favor do atendimento de necessidades situadas além do reino daquelas consideradas vitais. O grau de desenvolvimento das forças produtivas acena com a possibilidade real de humanizar a formação do indivíduo. Apesar disso, tal possibilidade continua sendo vista como ameaça à "ordem" estabelecida. Usar a crescente capacidade produtiva para suprimir a repressão implica rever e até subverter a hierarquia do *status quo*, motivo pelo qual a produtividade tem se voltado tanto mais contra o indivíduo, quanto mais o privilegia, apresentando-se como instrumento inegavelmente eficaz de controle universal.

Em meio a essa trama de relações submissas, mantida fundamentalmente pelo sistema econômico, sinais de mudança tornam-se cada vez mais nítidos. Mudanças devidas, em boa parte, ao esfacelamento da família constituída no molde cristão-burguês, sem dúvida, uma poderosa instituição em favor da constante e persistente adaptação das novas gerações a normas, valores conceitos e hábitos postos. Vivendo os conflitos culturais na família é que o indivíduo constituía-se como tal. Desde o século XIX a centralidade da família, enquanto pivô de unificação do sistema social, vem sendo lentamente corroída. A sociedade industrial incorpora a função que antes era sua.

> Sob o domínio dos monopólios econômicos, políticos e culturais, a formação do superego maduro parece, agora, saltar por cima do estágio de individualização: o átomo genérico torna-se diretamente um átomo social. A organização repressiva dos instintos parece ser coletiva, e o ego parece ser prematuramente socializado por todo um sistema de agências e agentes extra familiares. Ainda no nível pré-escolar, as turbas, o rádio e a televisão fixam os padrões para a conformidade e a rebelião; os desvios do padrão são punidos não tanto no seio da família, mas fora e contra a família[75].

Os meios de comunicação se encarregam de transmitir os valores, a formação, o treino, os comportamentos necessários. A família não tem como compe-

---

[75] Ibid., p. 97.

tir com a comunicação de massa. O princípio de realidade do pai rapidamente torna-se obsoleto. Quando a consciência é dominada diretamente pelo controle imposto na e através da organização do trabalho, o indivíduo já não se confronta com o todo, só se conforma a ele.

As imagens e discursos que norteiam o processo de formação e a atuação da conduta individual já não partem, predominantemente, deste ou daquele interlocutor, na corporação, na fábrica e/ou na família. Com o sistema de controle capitalista em expansão, tais orientações se despersonalizam. Anteriormente, a conduta individual, em formação, espelhava-se no pai, no senhor, no chefe, no diretor, que representavam o princípio de realidade concreta e imediatamente tangível, independente do fato de essa realidade ser punitiva ou gratificante. Este modelo vivo e presente aos olhos de todos tende a desaparecer por trás de instituições e, sobretudo, por trás de um sistema de controle, para a grande maioria, abstrato, incompreensível. Aparentemente houve um afrouxamento da opressão sobre o indivíduo. Porém, trata-se de uma pseudolibertação. Segundo Marx e Engels[76], "... na imaginação, os indivíduos parecem ser mais livres sob a dominação da burguesia do que antes, porque suas condições de vida parecem acidentais; mas, na realidade, não são livres, pois estão mais submetidos ao poder das coisas".

Marcuse observa um sentimento de culpa coletivo, cujas razões podem estar no desperdício de recursos capazes de tornar a sociedade mais humana. O que falta, segundo ele, é um sistema de uso mais racional dos meios de produção e dos bens produzidos; falta a consciência da contradição entre dominação e liberdade impregnada no progresso. O homem segue preso a um estado de empobrecimento da individualidade. Qualquer melhoria na qualidade de vida é contrabalançada com ampliação e aprofundamento do controle sobre a vida. Para sobreviver, numa sociedade onde a força de trabalho a cada dia vale menos, o indivíduo vende inclusive seu tempo, supostamente livre. Nesse contexto, só tem espaço para individualidades espúrias.

> As pessoas residem em concentrações habitacionais e possuem automóveis particulares, com os quais já não podem escapar para um mundo diferente. Têm gigantescas geladeiras repletas de alimentos congelados. Têm dúzias de jornais e revistas que esposam os mesmos ideais. Dis-

---

[76] MARX, K.; ENGELS, F. A Ideologia Alemã, p. 119-20.

põem de inúmeras opções e inúmeros inventos que são todos da mesma espécie, que as mantêm ocupadas e distraem sua atenção do verdadeiro problema – que é a consciência de que poderiam trabalhar menos e determinar suas próprias necessidades e satisfações[77].

O pensamento burguês justifica a dominação, que ultrapassa o terreno do trabalho na indústria e invade a vida como um todo, em nome do que identifica como ganhos reais para a população. O trabalho industrializado, ainda que altamente repressivo, amplia excepcionalmente as perspectivas de comodidades materiais, facilita o atendimento às necessidades (até mesmo as consideradas secundárias), torna o conforto e o luxo mais acessíveis. A sociedade da superprodução enche os olhos dos indivíduos, fartando-os de esperanças, que não são outras senão as de consumo. Em contrapartida, o indivíduo não é mais dono do tempo e do espaço; não é mais dono da sua consciência, nem do direito a fazer projetos de vida. As promessas de liberdade, justiça e paz para todos desfalecem mediante a supremacia do poder do mercado produtivo. "A discrepância entre libertação potencial e repressão real atingiu a maturidade: impregna todas as esferas da vida no mundo inteiro. A racionalidade do progresso agrava a irracionalidade de sua organização e direção"[78]. O poder político e administrativo, na tentativa de resolver o problema da agressividade acumulada – o que não lhe tem sido possível –, toma medidas que afetam diretamente o contingente populacional que se encontra à margem das relações de produção. O grau de opressão e destrutividade do ser humano, na sociedade do século XX, só pode ser avaliado a partir das potencialidades que essa sociedade desenvolve.

As barreiras à transformação radical do quadro de miséria parecem complexificar-se mais e mais. Os milhares de massacrados diariamente, os extermínios barbaramente praticados e exibidos como sendo eventos naturais de uma época, os milhões que buscam refúgio em outros países ou em campos de concentração, a ignorância reproduzida pelas doses diárias de informações distorcidas, não são suficientes para conter o "progresso". Qualquer resistência contra a dominação é imediatamente dissolvida. Além do que, a forma de organização que prepondera no cenário produtivo, nos últimos cem anos, não deixa margem,

---

[77] MARCUSE, H. *Eros e Civilização*, p. 99.
[78] Ibid., p. 100.

nem de tempo nem de conteúdo, para que a consciência se rebele. Reina a razão instrumental, que conduz os homens à busca incansável de riqueza e poder. Razão que já não pode ser tomada como atividade de conhecimento, cuja finalidade última é a realização do homem como indivíduo, mas que designa, antes, atividade ao inteiro dispor de determinados meios, de particularismos[79]. No processo de dominação da natureza, o Logos grego se transforma. Na contemporaneidade, esta expressão equivale a uma razão ordenadora, que classifica e reprime. Sua lógica de dominação, suportada na crença de que no horizonte está o território da ominilateralidade, não se rende, mesmo tendo alcançado as condições para tanto.

A organização do trabalho, as relações de compra e venda, o processo produtivo como um todo superam em ritmo acelerado suas dependências para com as potencialidades individuais. Nas relações de trabalho, as pessoas figuram como objetos perfeitamente trocáveis, estando à mercê do que convém às leis do mercado. Os resquícios de individualidade são percebidos apenas na sua dimensão de excentricidade, tanto positiva – aos olhos da sociedade –, como o artista de cinema, de televisão, o corredor de Fórmula I, as "estrelas" em geral; quanto negativa, como terroristas, líderes de tráfico de entorpecentes, etc. A individualidade se reduz a características de excentricidade socialmente construídas. O esquema de pensamento, no que se refere à individualidade, é o mesmo que medeia a concorrência no mercado de trabalho. As variedades de cor, sabor, forma, utilidade, dentre outras, precisam ser combinadas e enquadradas em conjuntos específicos. A necessidade de, senão eliminar, ao menos minimizar a miséria humana é subsumida pela necessidade de manutenção do capital. Os instrumentos de manipulação da consciência são tão eficientes e chegam a um tal grau de desenvolvimento que a infelicidade, no todo, parece decrescer, quando a realidade social atesta o contrário. A padronização industrial e a comunicação de massa se encarregam de dissolver qualquer vestígio de individualidade que ainda possa haver.

Marcuse entende que a felicidade, como estado que suplanta as satisfações efêmeras proporcionadas pelo consumo, tem como prerrogativa o conhecimento. O declínio da consciência individual – enquanto conhecimento da sua condi-

---

[79] HORKHEIMER, M. *Eclipse da Razão*.

ção de existência –, o elevado controle de informações pela comunicação de massa, as relações de trabalho e a crescente exclusão social alienam o indivíduo, desprovendo-o da capacidade de problematizar. "A máquina esmagadora de educação e entretenimento une os indivíduos num estado de anestesia do qual todas as idéias nocivas tendem a ser excluídas. E como o conhecimento da verdade completa dificilmente conduz à felicidade, essa anestesia geral torna os indivíduos felizes"[80]. Marcuse prossegue dizendo que se a ansiedade é um estado de existência, está-se vivendo a "idade de angústia". Embora, aparentemente o homem esteja mais livre que em quaisquer outros tempos, ele nunca esteve tão aprisionado. Há décadas se pode ver por toda parte o individualismo, não mais o indivíduo. Este já não se reconhece na sua cultura, na sociedade, à qual se entrega e da qual depende cada vez mais.

O homem não se realiza no e através do seu trabalho. Conforme Marx[81], nas suas formas históricas - escravista, servil e assalariado -, o trabalho nunca deixa de ser repugnante, porque é forçado, imposto do exterior e perante o qual o não-trabalho é liberdade, é felicidade. O processo de produção capitalista e os produtos daí advindos assumem uma forma e incorporam um poder independentes do indivíduo em si. A positividade da labuta é que, alienando as potencialidades humanas do mundo do trabalho, ela objetiva as condições materiais indispensáveis à sua superação; indispensáveis para que o desenvolvimento destas mesmas potencialidades se concretize. Essa espécie de liberdade, na qual é preciso investir, se situa fora do campo do trabalho heterônomo, mas se origina nele. Para que a atividade laborativa se constitua em fonte de realização do indivíduo, é mister despojá-la de seu caráter natural, de suas finalidades particularistas, para, então, tomá-la enquanto fim que o indivíduo fixa para si mesmo.

A desindividualização é psicossocial. Se expressa no bloqueio à necessidade de prazer e nas transformações que a sociedade opera sobre as coisas e sobre os homens. Transformações levadas a termo pelas relações de trabalho, pela cultura, pela moral social, em resumo, pelo princípio de realidade capitalista. É porque o homem está despido de sua individualidade que não consegue mais agir como ser social. O protesto inconsciente dos indivíduos, contra o reducionismo a que são obrigados, tem se manifestado nas múltiplas formas de re-

---

[80] MARCUSE, H. *Eros e Civilização*, p. 102.
[81] MARX, K. *Elementos Fundamentales Para La Crítica de La Economia Política (Grundrisse)*.

gressão das quais eles se utilizam. Se, de um lado, o princípio de desempenho sufoca a necessidade de gratificação libidinal, convertendo-a em força de trabalho, de outro, a progressiva falta de satisfação das finalidades vitais revigora no indivíduo um sentimento oposto, qual seja, o de necessidade de sobreviver. Mais que voltar-se contra o não-ser, são forças que buscam um outro modo de ser. O homem toma consciência do caráter histórico do princípio de realidade, de seus limites e das possibilidades técnico-científicas para que se institua uma nova ordem, sem escravidão. Possibilidades essas geradas no seio do velho e humanamente insuficiente sistema de vida em sociedade.

O trabalho alienado define as necessidades a serem satisfeitas – que, portanto, deixam de ser individuais –, define o modo e o tempo para satisfazê-las. A materialidade social, que informa a consciência, encontra-se esfacelada pela divisão do trabalho, perpassada por interesses contraditórios e mascarada por uma estrutura de ocultação socialmente condicionada. O eu se elabora em meio a relações que precisam eliminar ou camuflar fatos para se manter. Na consciência massificada, a faculdade do entendimento atrofia-se. Atingida em sua imperiosa necessidade relacional, a consciência opera com elementos recolhidos – pela percepção, também enviesada – do imediato. Assim, excluída do processo de comunicação que dá conta da concretude histórica do sujeito e do objeto, ela não sabe mais de si, nem do todo[82]. À Razão atribuiu-se a responsabilidade de iluminar as transformações e exploração da natureza, a fim de potenciar o atendimento das necessidades humanas. Mas, na consecução desse projeto só os meios são combinados, ou seja, a exploração e domínio da natureza pelo homem, que alcança níveis antes inimagináveis. A segunda parte do projeto, que se refere à realização das potencialidades humanas, teve seu curso desviado e sua finalidade subvertida. A lógica vitoriosa é a de dominação, que mutila e suprime tais potencialidades. "Quando a lógica reduz as unidades de pensamento a sinais e símbolos, as leis do pensamento convertem-se, finalmente, em técnicas de cálculo e manipulação"[83].

Na aurora do século XIX, Hegel[84] postula que a estrutura da razão é uma estrutura de dominação e, ao mesmo tempo, que essa estrutura pode ser supe-

---

[82] ROUANET, S. P. A Razão Cativa.
[83] MARCUSE, H. Eros e Civilização, p. 108.
[84] HEGEL, G. W. F. Fenomenologia do Espírito.

rada. A Razão com competência para pensar por si mesma depende de condições teórico-práticas: de uma nova forma de organização da sociedade e de uma consciência capaz de decifrar, nessa ordem, a possibilidade de constituição e expressão da individualidade. A liberdade do indivíduo demanda a negação consciente do real. A máxima da Filosofia Ocidental é a idéia de que a verdade coincide com a negação do princípio que governa a civilização, e adverte: a soberania do Ego só será proclamada por um sujeito autoconsciente. Nesta ótica, o processo de libertação do homem é um embate que envolve morte, tendo em vista a vida. Explicando: se a realização de todos e de cada homem enquanto ser humano depende de uma autoconsciência universalizada, então, há que serem recriados tanto o Ego, que para satisfazer-se precisa dominar um outro, como o que só se move no terreno da submissão.

Os estágios de desenvolvimento da consciência são, em última instância, os estágios de desenvolvimento da civilização. Ao final da pré-história da vida verdadeiramente humana, é chegado o momento de a consciência ser em-si e parasi. Nessas condições, "... a razão é quase o oposto da forma predominante: é realização atingida e mantida, a unidade transparente de sujeito e objeto, de universal e individual – uma unidade mais dinâmica do que estática em que todo o devir é uma livre auto-externalização, libertação e 'desfrute' de potencialidades"[85]. Com o advento da indústria moderna, da produção abundante, que requer prospectivamente menos a participação direta do homem, acreditou-se ter chegado, enfim, a hora do triunfo da Razão, e por decorrência da liberdade nos termos a que se refere Marx. Mais uma vez, a confirmação da correspondência entre a emancipação do indivíduo das relações de servilismo e o progresso histórico das condições técnicas e científicas não veio. A síntese entre a absoluta forma de pensamento e a absoluta forma de existência fica no plano das idéias. A empiria prossegue na negatividade. Pactuando com Touraine[86], quando os ideais revolucionários são frustrados, toda beleza do racional se transforma em pura irracionalidade.

Mesmo discordando de que a concretização dos ideais de individualidade autodirigida passe, tão-somente, pela via da vontade política, continua irrefutável a tese segundo a qual a má-consciência – historicamente associada à manifesta-

---

[85] MARCUSE, H. *Eros e Civilização*, p. 112.
[86] TOURAINE, A. *Crítica da Modernidade*.

ção de instintos perversos e à rebelião contra a ordem posta – consiste, isto sim, na manifestação dos ideais e mecanismos repressivos. Todos os esforços devem centrar-se no discernimento do princípio de realidade capitalista. Importa desvendar a identidade do Logos na sociedade burguesa, o que o determina, bem como as possibilidades desta razão tomar ciência de sua irracionalidade e reverter-se em benefício dos homens. Mas, como romper a união fatal entre produtividade e cerceamento da individualidade? Como operacionalizar uma distribuição mais igualitária da riqueza socialmente construída? Apesar de todo otimismo semeado pelo desenvolvimento tecnológico, deixando claro que as relações de dominação já não se explicam logicamente, estes grandes e conhecidos desafios persistem. E mais, os fundamentos da sociedade capitalista são constantemente reforçados com uma sofisticação cada vez maior do aparato de controle. Uma espécie de controle capaz de dissimular a si próprio e o custo humano dos benefícios advindos deste sistema de produção e consumo. Sob seus auspícios, o indivíduo torna-se convicto de sua liberdade, o que só faz aumentar sua ignorância e impotência ante o domínio social.

O poder de cooptação dos mecanismos de controle, impregnados principalmente nos meios de comunicação de massa – além, evidentemente, de serem antes parte fundamental do processo de trabalho –, refina-se a tal ponto que a servidão passa a ser vista e praticada "voluntariamente" como algo indispensável ao progresso. Nesse quadro social, postular mudanças que objetivem o gênero de liberdade virtual é complicado no mínimo por dois motivos: primeiro, porque os homens e, sobretudo, os detentores do capital se consideram livres, uma vez que liberdade aqui diz respeito ao livre consumo; segundo, porque a grande maioria entende que uma luta nesse sentido é perversão contra a ordem estabelecida e, portanto, absurda. Uma ordem capaz de conquistas sem precedentes na história não encontra grandes dificuldades para iludir os desencantos.

Apesar de toda a riqueza social que especialmente a organização científica do trabalho permite construir, apesar do poder de convencimento dessa sociedade quanto aos direitos e condições de individualidade, nela o indivíduo

> ... precisa cada vez mais recorrer a normas externas e aos estereótipos para agir.(...) A regulamentação excessiva que caracteriza a sociedade da administração, que a tudo deve administrar, entre coisas e pessoas, reflete a dificuldade de os indivíduos agirem de acordo com a sua pró-

pria consciência; esta necessidade de se voltar para fora para saber como se deve agir, ou seja, de obedecer um comando externo, por sua vez, leva à constituição de indivíduos frágeis com uma insegurança constante[87].

Uma insegurança que se traduz, dentre outras maneiras, no consumo desmedido, nos problemas psicossomáticos, na necessidade de ídolos ou outros pontos de apoio para identidade.

É pertinente indagar em que recôndito estaria se ocultando o poder capaz de confirmar o novo modo de viver e de ser, nascido da velha e persistente sociedade capitalista. Chegou-se a pensar que a conversão das capacidades técnicas em materialidade social por si só seria a revolução. Contudo, os fatos afirmam uma outra tendência, mesmo porque as relações sociais não sofreram alterações substantivas. A introjeção da democracia, ainda que esta seja apenas aparente, tem se encarregado de suprimir o sujeito agente da revolução: "... as pessoas livres não necessitam de libertação e as oprimidas não são suficientemente fortes para libertarem-se. (...) A libertação é a mais realista, a mais concreta de todas as possibilidades históricas e, ao mesmo tempo, a mais racional, mais eficazmente reprimida – a possibilidade mais abstrata e remota"[88]. O conflito entre senhor e escravo, tão bem explorado por Hegel, tem sido, guardadas as especificidades, impiedosamente mantido.

É sabido que uma revolução hoje tem de enfrentar, necessariamente, o superdesenvolvimento e sua racionalidade repressiva. Mediante esse poder, o otimismo cede espaço a uma desorientação preocupante. A contradição violenta que, ultrapassando todos os esquemas de acobertamento, ainda move o sentimento de revolta é a que se dá entre os países pobres e os países ricos*. No apogeu do século tecnológico explodem movimentos guerrilheiros por todas as partes que, em última instância, são manifestações contra a repressão intolerável, as desigualdades sociais, a exclusão e a marginalidade. É o sacrifício da vida em nome da ordem social vigente que atinge níveis insuportáveis. Os "rebeldes", orientados por reflexões que se desenvolvem tanto fora como no interior dos movi-

---

[87] CROCHÍK, J. L. Preconceito – Indivíduo e Cultura, p. 65.
[88] MARCUSE, H. Eros e Civilização, p. 16.
* Mesmo nos países ricos, há bolsões de pobreza. Sendo que o inverso também é verdadeiro, nos países pobres há concentração de riquezas. De modo que, além da contradição entre eles, convive-se com contradições internas a cada um.

mentos guerrilheiros, tendo apreendido a des/razão da lógica capitalista, partem para a luta. Na contramão deste encaminhamento se coloca um outro: a população, em notória maioria, encontra-se embebida da certeza de ser livre. Quanto mais se supõe que a sociedade é composta de indivíduos livres, mais se enraíza este tabu. O objetivo primeiro das nações exploradas é igualar-se às potências globais, tomadas como modelo. O custo sociocultural dessa empreitada parece não estar em questão. O capitalismo tem se mostrado forte e eficiente o bastante para, a despeito de toda a barbárie, manter a fidelidade da opinião pública. O controle e a manipulação impedem o homem de pensar no que a sociedade pode ser.

Ao refinado controle desenvolvido e empregado pelo capital, aliam-se as sucessivas guerras, mantendo o povo temeroso e preocupado com a ordem. Conjectura-se sobre até quando estes mecanismos bastarão, já que ferem a moralidade da qual a sociedade ainda depende e tanto preza. As transformações tecnológicas, em si mesmas indispensáveis à sociedade afluente, fomentam necessidades e capacidades antagônicas ao sistema edificado. Com a automação, o produto vale cada vez menos pela diminuição do tempo de trabalho que seu fabrico requer. A necessidade de mão-de-obra declina, deixando um espaço que terá de ser preenchido com outras atividades. A produção automatizada dispensa o trabalho humano num ritmo avassalador, enquanto a sociedade cria empregos e serviços cada vez mais desnecessários. Ainda que o desperdício e as atividades supérfluas – quer dizer, que não se destinam a prover necessidades fundamentais – sejam mantidas e até multiplicadas, na tentativa de prolongar as relações capitalistas, tal manutenção tem um limite: o ponto em que a mais-valia gerada por essa espécie de trabalho deixará de ser compensatória. Necessidades e impasses como estes, que transcendem a economia de mercado, tendem a incompatibilizar-se com ela.

A sociedade capitalista pode ter sua estrutura abalada com o encontro entre estes desacordos antes assinalados e a liberação dos Instintos de Vida. De acordo com o pensamento frankfurtiano, para participar deste embate e fazer oposição ao domínio político-econômico, a arma é o conhecimento. Uma arma que em Kant já aparece como o caminho através do qual o homem pode vencer sua minoridade, quer dizer, superar a necessidade de ser orientado por outrem, guiando-se por sua própria Razão. Ocorre que, por ser social, o conhecimento é sistematizado sob censura e manipulação. Se elabora na ordem capitalista e, portanto, está perpassado por sua racionalidade. A razão, socialmente levada a pactuar com a economia de mercado, com o consumismo, tem sido uma alternativa frustrante ao intento de reconciliar o eu e a natureza. A autoconservação, firmada pela razão científica, tem se mostrado inseparável da autodestruição. O que era para ser Razão pura torna-se pura desrazão, ainda que contendo a base da emancipação. O instrumentalismo retira do conhecimento tudo o que pertence ao sentimento. O pensamento se torna indiferente à vida "... o sentimento e, no final das contas, toda a expressão humana e, inclusive, a cultura em geral, são subtraídos à responsabilidade perante o pensamento, mas por isso mesmo se transformam no elemento neutralizado da *ratio* universal do sistema econômico que há muito se tornou irracional"[89]. O esclarecimento não sucumbe, mas perde sua força revolucionária.

Perseguir o processo histórico concreto é a alternativa através da qual tem sido possível vencer o bloqueio e até refletir sobre ele; tem sido possível explicitar as contradições sociais e formar uma consciência sabedora da necessidade e das reais condições para humanizar a vida do homem. Trata-se de um empreendimento teórico-prático: nem um movimento exclusivo do pensamento, nem uma transformação automática da prática, mas uma práxis pensada, consciente. Convicto de que a luta pela vitória de Eros deve ser travada no terreno político, Marcuse sugere aos intelectuais, a quem cabe a recusa do todo, que se juntem aos grupos em protesto*, a fim de barrar o contra-senso, pois tudo o que se precisa para potenciar a vida, está nessa mesma sociedade "... que se esforça por encurtar o atalho para a morte"[90].

É bem verdade que as chances de a consciência individual contestar as condições de sua existência são ínfimas. Estão sendo vividos os tempos do império absoluto das imagens; soberania que molda o indivíduo, indicando-lhe a direção. Ainda assim, o ideal de individualidade formada sem as mutilações que lhe imputa o trabalho alienado não se dá por vencido. A sociedade do consumo não é um regime totalitário e definitivo, um mundo fechado sem nenhuma resistência. O desejo de liberdade, que sobrevive no inconsciente de cada um, não pode ser ignorado[91]. O indivíduo reprimido e transformado guarda caracteres da vontade

---

[89] ADORNO, T. W. HORKHEIMER, M. *Dialética do Esclarecimento*, p. 90.
* Se, de um lado, o trabalho automatizado desintegra a classe operária e tendencialmente extingue essa figura, de outro, os grupos em protesto político podem ganhar força se somados aos sem-pátria, aos sem-terra e, particularmente, aos sem-trabalho.
[90] MARCUSE, H. *Eros e Civilização*, p. 23.
[91] TOURAINE, A. *Crítica da Modernidade*.

e imaginação próprias. O desencontro entre a necessidade de realização desses caracteres, ou seja, do princípio do prazer e as exigências sociais constitui-se em fonte de energia à reação. Todo o êxito da instrumentalidade, do consumo ou, numa instância maior, do mercado, pode ser freado pela necessidade de estender e proteger a individualidade. Não fosse essa necessidade, a ordem capitalista seria mais bem-sucedida, menos importunada. O esforço rumo a uma consciência individual livre de todos os ascetismos, de toda a alienação, deve conjugar desejo e Razão, dominação e controle de si. Não o controle que aprisiona, mas o autocontrole que liberta.

CAPÍTULO III

O INDIVÍDUO NO CONTEXTO DAS INOVAÇÕES TECNOLÓGICAS

> *Toda libertação depende da consciência de servidão e o surgimento dessa consciência é sempre impedido pela predominância de necessidades e satisfações que se tornaram, em grande proporção, do próprio indivíduo.*
>
> Herbert Marcuse

Faltando pouco para que o segundo milênio se complete, a sociedade capitalista empreende uma série de alterações em seu sistema de produção, dando a entender que, apesar de as relações sociais não terem sido revolucionadas, é chegado o momento de o homem ser mais sujeito e menos objeto nesse processo, senhor e não mais servo dos bens e dos instrumentos que cria. Mesmo depois de inúmeros acordos e desacordos, de realizações e destruições, mesmo voltada para o interesse de grupos, esta sociedade, de caráter liberal, não esquece que traz em sua estrutura a premissa da liberdade individual. O discurso sobre a livre individuação é restabelecido e se propaga com base nas mudanças que estão ocorrendo na forma e organização do trabalho, bem como no caráter das ocupações. Trata-se, portanto, de uma base sólida, o que, em princípio, torna tal discurso incontestável. O qualificativo "novo" é a marca distintiva das três últimas décadas. Com ele, o capital tem negado a tese que defende estar havendo apenas reformulações de um sistema que se mantém há mais de trezentos anos.

Com o estado de desordem configurado pela crise da produção rígida, alguns pontos de estrangulamento precisam ser atacados com urgência: a incapacidade do trabalho fracionado, mediante a experiência em operar simultaneamente várias máquinas, pioneira do ramo automobilístico, transferida posteriormente para vários outros setores; a necessidade de a empresa enfrentar as dificuldades financeiras do pós-guerra, aumentando a produção sem alterar o número de trabalhadores; de atender pedidos pequenos, devido ao enfraquecimento do poder de compra de muitos países, conseqüente das Guerras; de produzir somente o necessário, para evitar estoques que, encalhados e ultrapassados, causam prejuízo; de "personalizar", para disputar a concorrida clientela e, ainda, a necessidade de enfrentar o incômodo, porque combativo, sindicalismo.

É preciso, pois, readaptar o processo produtivo às normas concorrenciais do mercado e submeter a força de trabalho às formas de produção emergentes. Entre estudiosos que se ocupam desta questão[*], há um certo consenso de que são estes os principais condicionantes sócio-históricos que movem o realinhamento produtivo, desencadeando transformações em toda a sociedade que não podem ser ignoradas.

Para enfrentar o desmonte do Estado de bem-estar social, as desavenças com os trabalhadores e, acima de tudo, na tentativa de resolver as crises de produção, o capital articula mudanças imprescindíveis à sua manutenção. A especialização flexível, diga-se uma das mudanças mais arrojadas, vai substituindo a produção em grandes séries homogêneas, respaldada por um significativo desenvolvimento tecnológico. A microeletrônica é a alavanca-mestra desse grande salto dado pela sociedade industrial. Encontra-se no âmago do "novo" paradigma. "Novo" que deve ser relativizado, uma vez que a automação rígida data do século XIX. A novidade é a automação flexível, que surge na moldura da produção já existente, rompendo os limites da mesma. Aos poucos, a robótica, a microeletrônica, quer dizer, a alta tecnologia, se faz presente nos processos e mercados de trabalho, nos produtos e padrões de consumo. Está na máquina – com o robô, que pode ser programado, de uma única vez, para executar diferentes

---

[*] Veja, por exemplo, David Harvey em *Condição Pós-Moderna*, Benjamim Coriat em *A Revolução dos Robôs: O Impacto Sócio-Econômico da Automação*, Daniel Bell em *O Advento da Sociedade Pós-Industrial* e Alain Touraine em *A Sociedade Post-Industrial*.

Esclarecendo: A presente obra apóia-se em informações contidas nos textos de Bell e Touraine, que se referem à sociedade contemporânea como pós-industrial, mas não compartilha desta idéia. Antes sim, parte do pressuposto que está-se vivendo em uma sociedade industrial. Isto porque, embora o processo de trabalho esteja passando por mudanças de grande monta, com fortes repercussões nos padrões de sociabilidade, as relações sociais são as mesmas de séculos atrás, capitalistas.

operações –, está na linha de montagem – quando as máquinas-ferramenta são capazes de ler e operar com programas distintos –, está no sistema de controle ou gestão informatizada – que consegue captar eventuais erros do programa em curso e proceder alterações. As profundas mudanças que se verificam no mundo do trabalho recaem, particularmente, sobre seu modo de inserção na estrutura produtiva. São mutações que afetam material e subjetivamente a sociedade como um todo.

No lugar de formas manuais de execução, vêem-se atividades mecânicas e eletro-eletrônicas. Ao invés do braço humano, autômatos e/ou sistemas de comando muito superiores em força, habilidade e resistência. A automação clássica, referente às linhas rígidas de produção, vai cedendo lugar à eletronização nas empresas, imprimindo plasticidade à produção-circulação.

> No plano tecnológico, a obtenção da flexibilidade supõe a utilização e o encadeamento de uma série de equipamentos específicos que, em princípio, dizem respeito não somente à produção propriamente dita, mas também à alimentação das linhas de produção. Assim, nas versões mais avançadas de fábricas flexíveis, a gestão e a alimentação das linhas de produção são feitas de maneira automatizada, em computadores conectados às linhas de produção assegurando a gestão dos estoques[1].

Em várias partes do mundo, a nova forma de produzir mescla-se ao modelo taylorista/fordista; em outras, suprime-o. Vive-se um franco período de transição, no qual convivem, e em alguns setores concorrem, o trabalho fragmentado e o trabalho integrado, sistemas manuais e automação, formas rígidas e flexíveis. Concordando com Machado[2], esse momento, de intenso ajuste das forças produtivas aos limites estruturais do capitalismo e aos limites da lógica interna ao próprio processo de desenvolvimento científico e tecnológico, é marcado por continuidades e descontinuidades, fluências e refluências. Não se pode negligenciar a força que ainda tem o complexo fordista, como também é inegável que mudanças substantivas estão ocorrendo, no sentido da acumulação flexível. No bojo dessas transformações figuram, em bom lugar e de maneira revigorada, duas velhas e opostas alternativas à individualidade: libertação e opressão. Resta

---
[1] CORIAT, B. A Revolução dos Robôs: O Impacto Socioeconômico da Automação, p. 104-5.
[2] MACHADO, L. R. De S. Mudanças na Ciência e na Tecnologia e a Formação Geral em Face da Democratização da Escola.

saber qual das duas a sociedade capitalista deste final de século viabiliza na prática. Fundamentando-se no reencaminhamento da base técnica da produção, bem como nas formas de organização e gestão do trabalho, o pensamento dominante se empenha em confirmar a possibilidade de conjugação entre capitalismo e emancipação humana.

As forças produtivas acumuladas conduzem a humanidade ao limiar da libertação. A pergunta que se recoloca é a seguinte: será que esse limiar pode ser transposto sem que se rompa com a racionalidade produtivista? Ou, ainda, será que essa racionalidade está sendo, efetivamente, reorientada pelas transformações em curso?

Acredita-se que o trabalho automatizado, flexível e integrado está recobrando a polivalência do trabalhador, devido ao fato de o mesmo ter que operar várias máquinas, comandos e circuitos ao mesmo tempo, o que, por sua vez, implica no domínio e combinação de múltiplas tarefas que se encontravam simplificadas. À medida que a flexibilidade adentra o aparato e a organização do trabalho, compele os trabalhadores à composição de equipes. Atravessa o isolamento que, na perspectiva dominante, tem favorecido o individualismo, pondo novamente em pauta a necessidade de diálogo, de trocas, de sociabilidade. A equipe é constituída por homens capazes de intervir sobre diferentes aparelhos no interior da indústria. A eles confia-se uma certa margem de manobra, de iniciativa, de tomada de decisão, para que possam diagnosticar falhas, interromper, corrigir e dar prosseguimento à cadeia produtiva.

> Ao invés do trabalho desqualificado, o operário torna-se polivalente. Ao invés da linha individualizada, ele se integra em uma equipe. Ao invés de produzir veículos em massa para pessoas que não conhece, ele fabrica um elemento para a 'satisfação' da equipe que está na seqüência da sua linha[3].

Em resumo, prossegue Gounet com uma certa cautela, a tendência parece ser o desaparecimento do trabalho repetitivo, ultra-simples, desmotivante e embrutecedor, em favor do enriquecimento das tarefas, da satisfação do trabalhador-consumidor e do controle de qualidade.

Ainda que uma parcela do trabalho direto de operários especializados continue sendo indispensável, uma outra fração, não menos significativa, do trabalho

---

[3] GOUNET, T. *Luttes Concurrentielles et Stratégies D'accumulation dans L'industrie Automobile*, p. 43.

de execução propriamente dito, transforma-se em atividade de vigilância-controle-direção. Subentende-se que, ao menos teoricamente, nessa situação, o indivíduo está mais liberado para se recompor. A automação flexível traz, segundo essa linha de argumentação, outros benefícios, tais como o aumento da produtividade, a supressão de tarefas penosas e o estímulo à requalificação do trabalhador. As funções de operação, regulagem e controle – eixo de muito sofrimento e desgaste do trabalhador na produção rígida – sofrem alterações com o realinhamento produtivo que induzem a pressupô-las menos desprezíveis. Desde os anos 60, pesquisadores[*] admitem que os conhecimentos, habilidades e aptidões exigidos se alargam. Cobra-se uma capacidade maior de pensamento e ação. As transformações em questão parecem dar origem a uma seqüência de qualificações e promoções que se distinguem das precedentes, suavizando as linhas do isolamento e da brutalidade física e mental do trabalhador.

A integração do processo de trabalho é apontada, pelo capital, como fator que pode denotar uma sociedade mais fraterna, mais humana, dado que, por decorrência, tal integração deve ser capaz de aproximar novamente as pessoas. Numa sociedade que pretende ser comunal, de decisões coletivas, por certo os indivíduos não continuarão estranhando-se uns aos outros. Mediante o exposto, cabe indagar: será que estariam se reconstituindo, sobre novas bases, as condições para que o sujeito alcance a consciência-de-si na relação com o outro, como quer Hegel? A verdade é que a atual conformação das inovações tecnológicas dá margem à convicção de se estar vivendo tempos melhores. Na opinião de Schaff [4],

> ... a sociedade informática escreverá uma nova página na história da humanidade, pois dará um grande passo no sentido de materialização do velho ideal dos grandes humanistas, a saber o o homem universal, e universal em dois sentidos: no de sua formação global, que lhe permitirá fugir do estreito caminho da especialização unilateral, que é hoje a norma, e no de se libertar do enclausuramento numa cultura nacional, para converter-se em cidadão do mundo no melhor sentido do termo.

A ordem capitalista das últimas décadas insiste no argumento de que está adotando, como parâmetro de sustentação, o talento educado. Isto leva a pen-

---

[*] Como Georges Friedmann, Georges Friedmann e Pierre Naville, Alain Touraine, Daniel Bell, dentre outros.
[4] SCHAFF, A. A Sociedade Informática, p. 69.

sar que o indivíduo será confirmado como unidade singular e emancipada. Esta sociedade promete avaliar a qualidade de vida a partir dos serviços e do conforto que oferece. Educação, saúde, habitação, arte e lazer parecem, agora, estar ao alcance de todos. A promessa de felicidade é reacalentada constantemente, melhor dizendo, renova-se a cada criação de novos objetos destinados a promover comodidade e conforto. A difusão de produtos e recursos eletro-eletrônicos é deveras espantosa. O acesso às inovações tecnológicas – aparelhos de som, *fax*, telefone celular, controles remotos, sistemas de vigilância (alarmes), terminais de computação individuais, linhas televisivas que sintonizam mais de cem canais, dentre tantos outros – dão ao indivíduo a sensação de uma crescente independência. Os meios de comunicação de massa reforçam que o trânsito a esse "reino encantado" depende da vontade e do empenho de cada um. Reacende-se o otimismo acerca de um futuro de progresso infinito e, por conseguinte, de bem-estar.

O realinhamento do processo produtivo altera a natureza das ocupações. A produção de bens permanece, porém, com a participação cada vez menor de trabalho vivo. O incremento, a passos largos, da prestação de serviços, da redução da jornada de trabalho, dos contratos em tempo parcial ou por tempo determinado, das subcontratações e/ou terceirizações sugerem que a compulsão pelo trabalho, a vigilância próxima e intensa estão diminuindo, o que, em princípio, oferece uma maleabilidade de horário maior ao trabalhador, deixando margem para decisões do tipo onde, quando e como fazer. Aparentemente, o capital está democratizando as relações sociais: em lugar do emprego, que submete o trabalhador ao infalível e odiado relógio de ponto, admite outras modalidades de trabalho. Pressupõe-se que, afrouxadas as rédeas do controle e do compromisso em tempo integral, o indivíduo pode pensar em arte, lazer, pode cuidar de sua formação.

Mas, essas mesmas pesquisas e reflexões, citadas anteriormente – que reconhecem, nos feitos prodigiosos da tecnologia, a possibilidade de uma existência menos limitante e limitada –, levam a termo e recomendam um tratamento rigoroso da questão. Os quesitos: equipe polivalente, reagrupamento de tarefas e alargamento das capacidades psíquicas – especialmente as mentais –, autonomia de decisão e intervenção, etc., dos quais o capital se vale para mostrar ao mundo que capitalismo e emancipação humana são conciliáveis, precisam ser analisados com cautela e profundidade. As conseqüências sociais advindas da reorganização do conteúdo e da forma do trabalho são inúmeras e adversas, ou seja, prodigiosas de um lado, desastrosas de outro: elevam a capacidade das forças produtivas e, com ela, as condições objetivas para que o homem se emancipe da labuta; desorganizam a força e a ação política dos trabalhadores; promovem o desemprego estrutural; aprofundam o fosso entre a pobreza e a riqueza; acentuam ainda mais o individualismo.

As novas técnicas – *Kaban, just in time*, CCQ, flexibilização, gerência participativa, controle de qualidade total e outros tantos recursos* – que intensificam a exploração do trabalho podem, simultaneamente, promover a humanização do trabalho? Antes mesmo que essas formas de organização da atividade produtiva fossem desenvolvidas, Bell[5] alerta que é complicado investir na liberação do homem pela via da industrialização. Uma vez mantida a base relacional desta sociedade, mais que complicado, é um paradoxo, pois quanto mais os homens avançam nesse caminho, que deveria significar sua libertação da labuta, mais evidentes se tornam seu desgaste e sua submissão. Que espécie de autonomia intelectual proporciona ao indivíduo um trabalho que consiste em vigiar painéis de controle, em verificar se tudo está funcionando normalmente? Que espécie de sociabilidade requer uma empresa que está se tornando

> ... um cruzamento de atividades subempreitadas em que a manutenção e os reparos ficam a cargo de uma empresa externa, a reposição se reduz à reposição de elementos concebidos e fabricados em outro lugar, em que as tarefas perigosas ou insalubres são confiadas a trabalhadores provisórios, e indefinidamente substituíveis?[6].

Dissemina-se a idéia de que, com a automação flexível, estar-se-ia superando a alienação do trabalho intrínseca à acumulação de corte taylorista/fordista. Observe-se: tais mudanças não equacionam o caráter abstrato do trabalho, não reúnem concepção e produção, não devolvem ao trabalhador o conhecimento do processo pro-

---

* Sobre as novas técnicas de organização do trabalho, veja, de B. Coriat, Automação Programável: novas formas e conceitos de organização da produção. In: SCHIMTZ, H. e CARVALHO, Ruy de Q. (orgs.) *Automação, Competitividade e Trabalho: A Experiência Internacional* e, de Afonso C. Corrêa Fleury e Nilton Vargas, *Organização do Trabalho*.

[5] BELL, D. *O Advento da Sociedade Pós-Industrial*.

[6] GORZ, A. *Adeus ao Proletariado: Para Além do Socialismo*, p. 152. Esclarecendo: os textos de Gorz, dos quais esta pesquisa se vale, traduzem uma postura metodológica relativamente diferente da que está implícita em suas últimas reflexões, menos voltada para a relação capital / trabalho.

dutivo como um todo, tampouco sua autonomia sobre o objeto para criá-lo e recriá-lo. Ainda que as transformações em andamento aprimorem as capacidades mentais, diminuam as hierarquias trabalhistas, reaproximem trabalhadores – permitindo a participação destes na concepção do que lhes compete desempenhar –, reduzam o despotismo fabril, a identidade entre indivíduo e gênero humano – perseguida por Marx, que a explicita nos *Manuscritos* de 1844 – continua sem chance de se realizar. A expansão da esfera da autonomia individual requer uma revisão da esfera das necessidades engendradas e mantidas pela sociedade capitalista. Há que se atentar para os limites e a natureza dessas necessidades, bem como para o modo como são atendidas. Aliás, Marx já observara que essas duas esferas não coincidem, e mais, que a ampliação da primeira supõe uma delimitação da segunda.

É preciso ter sempre presente que, não obstante as transformações pelas quais passa o sistema capitalista, ele ainda domina respaldado pela mesma lógica de exploração. A sociedade deste fim de século é, plenamente, uma sociedade industrial. Seus modos industriais de produzir é que – por exigência preponderantemente econômica – se modificam sob os auspícios das novas tecnologias. Nessa sociedade, as necessidades continuam sendo atendidas apenas indiretamente, através do valor de troca[7]. Muitas delas nascem nas grandes corporações econômicas, movidas pelo interesse financeiro. Até onde se percebe, no contexto social entremeado pela moderna tecnologia, o nível de participação individual não faz frente à produtividade. Como em estágios pretéritos da sociedade capitalista, os interesses individuais não têm ambiente para se formarem, são muito pouco conhecidos e menos ainda atendidos, com o agravante de que, na contemporaneidade, os homens estão instrumentalizados mais que o bastante para viabilizarem a individualidade para-si. Somente quando se aceita a hipótese de que o indivíduo já não prioriza outra necessidade que não a do consumo, nem conhece outros interesses que não o do ter, pode-se assegurar que boa parte deles tem seus interesses e necessidades atendidos.

O conhecimento, que as inovações tecnológicas vêm solicitando do trabalhador e do consumidor em geral, é uma boa via de acesso à tão propalada formação de qualidade que o mercado está reclamando. Sobre esses conhecimentos, Ferraris, em sua obra *Desafio Tecnológico e Inovação Social*[8], afirma:

---

[7] ADORNO, T. W. *Sociologia*.
[8] p. 51-7.

... na maioria dos casos, são dirigidos para o mero 'treinamento' visando uma adaptação a novos projetos técnicos já definidos, enquanto trazem, ao mesmo tempo, um excedente de 'pedagogia' tecnocrata e empresarial. (...) O chamado novo profissionalismo é constituído fundamentalmente por uma capacidade lógica genérica de leitura, interpretação e combinação de variáveis monitorizadas, dentro de um segmento de processo delimitado, e por um agrupamento de funções responsável sobretudo por intervenções parciais e simples de diagnóstico, reparo e regulagem.

Se isto é verdade, o termo que melhor expressa essa competência profissional não é polivalência, é multifuncionalidade. O norte da "nova formação" não é novo. São, prioritariamente, as necessidades de reprodução do capital que prescrevem o conteúdo e a forma do conhecimento.

Com as mudanças que estão sendo introduzidas no processo de trabalho, o elemento humano parece estar merecendo mais atenção dentro das empresas. São muitas as que têm se mostrado preocupadas com a formação de seus trabalhadores, que alocam recursos à qualificação profissional, que investem em programas de treinamento. Mas, isso não significa que o capital está se sensibilizando com o reducionismo a que a individualidade é obrigada. Denota, sim, uma séria preocupação com a concorrência e com o montante investido no realinhamento da produção. A destreza manual – tão importante na organização do trabalho rígido e que em muitas divisões industriais permanece – não mais atende às demandas da produção flexível e integrada, não habilita para lidar com equipamentos caros e melindrosos. Leite[9] constata que a maior fração do investimento na área de formação pessoal "... refere-se ao que as próprias empresas vêm denominando de treinamento comportamental ou motivacional, o que se caracteriza basicamente em criar nos trabalhadores um espírito cooperativo com relação às estratégias gerenciais". Trata-se de um conteúdo muito mais atitudinal do que voltado para a formação básica do indivíduo. Compartilhando deste mesmo raciocínio, Posthuma[10] demonstra que os cursos ofertados nos programas de formação de pessoal, geralmente, compreendem uma ou mais das seguintes

---

[9] LEITE, M. de P. *Novas Formas de Gestão da Mão-de-obra e Sistemas Participativos: Uma Tendência à Democratização das Relações de Trabalho?* p. 200.
[10] POSTHUMA, A. *Reestruturação e Qualificação Numa Empresa de Autopeças: Uma Passo Aquém das Intenções Declaradas.*

categorias: uso e programação de computadores, segurança e saúde, novas técnicas de produção, noções básicas de finanças, marketing e vendas, gestão da produção, dentre outros. Nos cursos não há evidências de que se busca formar um indivíduo apto a perceber necessidades diferentes das imediatas e superimpostas. O capital forma para si.

O que se quer destacar é a espécie de qualificação, imprescindível tanto para produzir como para consumir as novidades deste final de século. Uma qualidade apontada como elemento de re/humanização social, como meio de devolver ao trabalhador o direito ao desenvolvimento de capacidades mentais, de relacionamentos sociais, mas que continua esbarrando nas linhas demarcadas pela racionalidade dominante. Deste modo, é precipitado afirmar que os investimentos feitos pelo capital na formação do "novo trabalhador" denotam uma preocupação do primeiro para com o segundo, como homem e como cidadão. Sobre essa problemática, Ferretti[11] adverte:

> apesar da eloqüência dos discursos, é preciso não esquecer que a preocupação do empresariado com a formação educacional do trabalhador se dá nos marcos da nova sociabilidade capitalista. Esse é, na verdade, o limite posto para o desenvolvimento do 'novo trabalhador', por mais sedutores que possam parecer os atributos que se pretenda que ele adquira com a educação geral de qualidade e a formação profissional de caráter mais abrangente e flexível e por mais que ele possa desenvolver-se nos marcos desse limite.

Ao redesenhar as funções e as regras de produção/circulação da mercadoria, a arquitetura do sistema informativo, com a força coercitiva da racionalidade técnica, fixa os parâmetros de pensamento e ação. A conjugação homem/máquina determina a espécie e o grau de qualificação necessários. As funções ditas qualificadas requerem do trabalhador um tipo de autonomia bem definido: autonomia para regular e conduzir um "pacote", cujas circunscrições não lhe competem. O que está, deveras, se tornando cada dia mais autônomo é o processo de produção e não o indivíduo. Este, ao contrário, subjuga-se num crescente ao objeto. Buscando a forma mais eficaz de comando e controle da objetividade, a

---

[11] FERRETTI, C. J. As Mudanças no Mundo do Trabalho e a Qualidade da Educação. p. 128.

sociedade chega à forma mais eficaz de comando e controle da subjetividade, isto é, do próprio homem. É, pois, questionável a capacidade de a automação flexível oferecer ao indivíduo sua alforria, sem que se revolucionem as relações sociais. A sociedade capitalista, diz Gorz[12], segue impedindo a subordinação da produção à atividade criadora e alimentando uma subordinação inversa, a saber, a do consumo às exigências da produção.

É certo que o nível de instrução entre os trabalhadores, como entre a população em geral, elevou-se. As condições de trabalho também melhoraram, se comparadas às da manufatura. Contudo, o planejamento, o controle, o domínio do processo de trabalho de uma ponta à outra, assim como o produto, continuam fatos alheios e estranhos à consciência que realmente produz. A transformação da matéria-prima ou do trabalho de criação a partir desta, rica em conhecimentos e habilidades, pertence a um sistema automatizado. Trata-se de um bem, de uma propriedade, que circulava entre os trabalhadores e foi institucionalizado, encontrando-se cada vez menos nas mãos destes e mais nas máquinas, nos sistemas numéricos, guardados em memórias artificiais. Obviamente, essa transferência não estaria incomodando, nem significaria perda, caso ela tivesse liberado o homem para viver na "terra prometida". Ocorre que, mantidas as relações sociais de produção, o trabalho tem consistido num conjunto de atividades que não pertencem aos indivíduos que as executam. O que era contribuição individual a uma produção social inverteu-se: agora, é a produção social que, gozando de primazia, faz da forma de trabalho e dos indivíduos contingentes intercambiáveis. Na sociedade industrial, o trabalho é programado e levado a efeito de modo externo aos indivíduos aos quais se impõe. As atividades de trabalho ligam-se umas às outras num sistema unificado, sem espaço para interferências relevantes. Nada é modificado, senão para atender necessidades do mercado. O trabalho continua preso à finalidade do lucro, logo, nada que o desvie desse fim pode ser posto em prática.

> A indústria do século passado escolhia no campo homens que eram músculos, pulmões, estômago: a seus músculos faltavam espaços abertos; a seus pulmões, o ar livre; a seus estômagos, os alimentos frescos; sua saúde se combalia e a premência de sua necessidade vinha apenas de

---

[2] GORZ, A. *Estratégia Operária e Neocapitalismo*.

seus órgãos, que funcionavam, vazios, em meio à hostilidade do seu mundo circundante. A indústria da segunda metade do século XX tende a escolher, em uma medida crescente, nas universidades e escolas, homens que puderam adquirir a faculdade de realizar um trabalho criador e autônomo, dotados de curiosidade, da capacidade para sintetizar, analisar, inventar e assimilar, capacidade que gira no vácuo e corre o risco de perecer por falta de oportunidade para ser usada de forma proveitosa[13].

Decerto Gorz exagera um pouco ao se referir à capacidade dos estudantes, em particular dos universitários, uma vez que os centros de produção e difusão do conhecimento não estão a salvo da racionalidade capitalista. Exagero que pode ser relevado. Importa deixar claro que as mudanças introduzidas no mundo do trabalho não são suficientes para romper com a lógica da sociedade marcada pela exclusão. A consciência individual segue escravizada por um aparato de controle e comando completamente abstrato. "A sociedade capitalista madura permanece assim profundamente bárbara como sociedade, na medida que não visa a nenhuma civilização da existência social e das relações sociais, nenhuma cultura do indivíduo social, mas apenas a uma civilização do consumo individual"[14] É oportuno enfatizar que até mesmo a soberania experimentada pelo indivíduo como consumidor – diga-se uma soberania de conveniência – encontra-se profundamente relativizada. O mercado se encarrega de dizer a ele o que, como e em que momento consumir.

Conjetura-se que o emprego da tecnologia microeletrônica na organização do trabalho tem capacidade de integrar a divisão objetivo-subjetiva consolidada pelo método de produção taylorista/fordista; que a flexibilização e a integração criam ambientes de trabalho mais participativos e menos repressivos. Tomara que isto suceda. Sabe-se, com certeza, que a utilização da sofisticada tecnologia dentro dos padrões sociais afixados não assegura tal integração, como também não afiança otimismos quanto à democratização das relações no campo do trabalho e menos ainda fora dele. A técnica é um empreendimento social. Mas, no processo de desenvolvimento e aplicação da mesma projetam-se e consolidam-se, antes de quaisquer outros, os interesses que dominam na sociedade capitalis-

---

[13] Ibid., p. 112.
[14] Ibid., p. 75.

ta. Ademais, mesmo que estas potencialidades se realizem no círculo da produção, as análises e juízos precisam levar em conta os que estão do lado de fora desse círculo e que não são poucos. Será que as mudanças no mundo do trabalho deveras militam contra o mecanicismo tanto no interior das empresas como para além de seus muros?

Embora a alta tecnologia contenha um potencial integrador e esteja ensejando uma série de inflexões extremamente relevantes nas unidades produtivas, que em vários ramos de atividade estimula a participação dos trabalhadores, a autonomia e a responsabilidade profissionais, tornando o trabalho mais rico, mais criativo, tais feitos transcorrem sob a regência das relações capitalistas, tendo por finalidade maior reproduzi-las. A qualidade da autonomia, da criatividade no trabalho e na vida em geral, continua sendo intensamente regulada pelo mesmo paradigma: da manipulação e controle sobre o indivíduo e externos a ele. Quando se toma como parâmetro de vida humana as condições possíveis dentro dos marcos da sociedade capitalista, certamente, essas transformações representam ganhos, ainda que para os que se mantêm empregados e em determinados setores. Entretanto, quando o parâmetro são as condições virtuais de vida humana, desenvolvidas principalmente por esta mesma sociedade, esses ganhos desaparecem, são diluídos nas relações que submetem, reprimem e excluem. É verdade que a automação flexível fortalece sobremaneira as chances de o homem se livrar da labuta. Não é, entretanto, verdade que a reorganização do trabalho está liberando a subjetividade, está permitindo um equilíbrio entre o individual e o social.

Contrariamente às profecias, a automação e a informática, tal como estão sendo exploradas, não desobrigam o homem do trabalho fastidioso e repetitivo, apenas amenizam-no[*]. Continuam substituindo o pouco que ainda resta de intervenção inteligente do trabalhador - o saber tácito - por regulamentos e controles automáticos, os quais desorganizam qualquer estrutura psíquica, impondo gestos, exigindo uma desmedida atenção sobre aspectos sempre iguais, forçando uma inatividade do espírito. A operação de painéis do serviço telegráfico internacional – onde os operadores não conseguem permanecer por mais de qua-

---

[*] Mesmo com o rodízio e integração de tarefas similares, antes separadas, ainda se opera muito com atividades repetitivas, que requerem movimentos iguais indefinidamente. Estudos mais aprofundados sobre esta problemática são encontrados em Harvey, *Condição Pós-Moderna*; Rebecchi, *O Sujeito Frente à Inovação Tecnológica*; Machado, *Pedagogia Fabril e Qualificação do Trabalho: Mediações Educativas e Realinhamento Produtivo*, dentre outros.

tro horas, ainda assim com prejuízos físicos e psíquicos – é só um testemunho de que o trabalho automatizado não deixou de ser labuta. Sem que se alterem as relações sociais de produção, as inovações tecnológicas não têm chance de permitir que se inicie a história verdadeiramente humana, da qual fala Marx[15]. Esse conglomerado de transformações, identificado na literatura corrente como terceira revolução industrial, pode levar ao tempo livre. Por ora, está levando ao desemprego, ao subemprego, ao desespero.

O contínuo aperfeiçoamento e aplicação de recursos tecnológicos contrasta com relações sociais extremamente conservadoras, fazendo da automação, que é um fato positivo, um fantasma. Isso, quando menos, porque está acarretando uma drástica redução nos postos de trabalho. A exigência de qualificações mais complexas é combinada com uma intensificação do trabalho. Um grande número dos que permanecem no emprego realizam, individualmente, o que antes era levado a efeito por três ou até mais pessoas. A multifuncionalidade tem contribuído diretamente para o aumento do desemprego. Para os trabalhadores com habilidades e atributos em processo de superação, ou seja, para os "desatualizados", a situação é ainda pior. Esse segmento, quantitativamente nada desprezível, vem experimentando toda espécie de insegurança, bem como formas de exploração agravadas, que se verificam tanto na economia formal como na informal. Somente os que fazem parte do chamado grupo de elite, tido como central à atividade da empresa, dispõem de uma relativa estabilidade no emprego. O pleno emprego, da chamada "Era de Ouro" do capital, pertence ao passado. No presente, ainda que de maneira e em graus diferenciados, é o desemprego que se avoluma em escala global, lançando fora do mercado de trabalho indivíduos que dificilmente conseguirão reingressar.

Considerando o grau de desenvolvimento das forças essenciais humanas, Marx previa uma transformação de ordem política para a sociedade industrializada, que alteraria a distribuição das riquezas construídas em coletividade. A produção tecnológica, uma vez socializada, livre das restrições e destruições irracionais, continuaria se desenvolvendo na nova ordem social. Ele supunha uma mudança qualitativa na continuidade desse desenvolvimento, dado que seria orientado por necessidades de indivíduos livremente associados. No entanto, as

---

[15] MARX, K. O Capital.

relações sociais que se estabelecem em torno da produção industrial postergam a realização desse projeto para muito além do diagnóstico marxiano. Os efeitos da automação dispensam o emprego de energia física no processo produtivo. E, mantidas as relações sociais afluentes, o homem, não podendo ser dispensado da labuta, é dispensado do trabalho. A figura do proletário, tal como Marx e Engels a definem no *Manifesto do Partido Comunista* – o trabalhador braçal que tem sua energia física consumida no processo do trabalho –, diminui significativa e prospectivamente.

Com a automação flexível, o trabalho, em muitos setores, tende a se resumir a trabalho de escritório. A qualificação necessária se diferencia da precedente, requerida pela automação rígida, e até se alarga em relação a esta. Nas indústrias automatizadas, em lugar da energia física, requer-se do trabalhador habilidades técnicas e mentais: "... aptidões da cabeça mais do que das mãos; do lógico mais do que do artífice; dos nervos mais do que dos músculos; do piloto mais do que do trabalhador braçal; do técnico de manutenção mais do que do operador"[16]. De um lado, isto representa uma valorização das capacidades intelectuais e, daí, a possibilidade de aprimorá-las; de outro lado, é invasão e domínio deste âmbito pela lógica da sociedade industrial. Mantida intacta a relação de compra e venda da força de trabalho, a mecanização e, depois, a eletronização do processo produtivo, só têm feito por potenciar a escravidão humana – antes, preferencialmente física, agora física e mental. A demanda por trabalhadores qualificados diminui, e os não qualificados vão sendo expulsos do âmbito da produção e, conseqüentemente, do consumo. Está se formando o que Bell[17] denomina de aristocracia de trabalhadores: um grupo seleto, numericamente pequeno, de homens considerados qualificados – dispondo de uma formação especializada, marcadamente técnica –, sem que, no entanto, essa "elevada" qualificação os torne aptos a compreender e encaminhar problemas numa ótica diferente da estabelecida. É a razão a serviço do continuísmo.

Segundo Ferraris[18], ao redor do núcleo central e elitizado de funcionários, que se mantêm empregados e em constante reciclagem, gravitam operários tradicionais em busca de uma redefinição de papéis e, nesse sentido, de identidade.

---

[16] MARCUSE, H. *A Ideologia da Sociedade Industrial*, p. 43.
[17] BELL, D. *O Advento da Sociedade Pós-Industrial*.
[18] FERRARIS, P. *Desafio Tecnológico e Inovação Social*.

São homens que ficaram presos à produção rígida, aguardando o dia em que serão trocados por autômatos. Outros que, demitidos, ocupam-se de serviços temporários, biscates. São os operários de ocasião, os tarefeiros. E outros, ainda, que se encontram no rastro das inovações implantadas, totalmente excluídos, condenados ao desemprego físico e ao desuso de suas potencialidades mentais. O impacto da micro-eletrônica, da informática, sobre o trabalho humano, numa sociedade conservadorista, é catastrófico, o que parece não alterar em nada a marcha dos acontecimentos. É interessante notar que as capacidades de leitura e compreensão, de raciocínio, de resolver problemas, de sociabilidade, tão sublinhadas pelo discurso dominante, como resultados admiráveis da automação flexível, só têm conseguido tomar uma atitude em relação aos marginalizados – diga-se, uma velha e conhecida atitude: a do assistencialismo. Quando os apelos à sociabilidade retornam com toda a força, devido à integração das tarefas, é quando o individualismo mais se acentua. A formação que re/valoriza a sociabilidade tende a assumir um caráter simbólico, uma vez que é promovida em um meio particular, sob uma perspectiva bem definida.

No texto A *Sociedade Post-Industrial*, Touraine observa que as transformações tecnológicas e organizacionais estão se processando tão rapidamente que o envelhecimento da qualificação (técnica), não raro, está sucedendo antes do envelhecimento do técnico, do operador.

> O que se chama com demasiada facilidade desadaptação de certas categorias de trabalhadores é, pelo contrário, sinal de um sistema social em que a formação e o emprego dos homens não estão organizados de tal modo que a evolução técnica e econômica proporcione, a todos, o máximo de vantagens profissionais e pessoais e em que os indivíduos não são protegidos por suficientes forças de intervenção social[19].

Quando a sociedade capitalista tenta sobrepor suas contradições pela via do incremento tecnológico, toda complexidade do sistema social é simplificada e hierarquizada a partir de regras aparentemente complexas, mas que muitas vezes não passam de ritos. É com base nesses desmandos, isto é, tentando confir-

---

[19] p. 70.

mar como novo o que pode ser apenas um reajuste, que se demitem trabalhadores por falta de competência, de qualificação técnica, ainda que, na verdade, os atributos valorizados sejam, em muitos casos, relativos ao comportamento no trabalho. A população em geral sabe que o trabalho está cada dia mais escasso. Todavia, não sabe que já não há necessidade lógica de se trabalhar tanto. E, para que os fundamentos da ordem atual não sejam solapados, é bom que permaneça sem saber. "Se todo mundo tomasse consciência de que virtualmente não há mais problema de produção, mas apenas um problema de distribuição – ou seja, de partilha eqüitativa das riquezas produzidas e de distribuição eqüitativa por toda a população do trabalho socialmente necessário –, o sistema social atual teria graves dificuldades para se manter"[20]. O desemprego estrutural acirra a disputa por uma vaga, favorecendo a manutenção da obediência e da disciplina, principalmente por parte dos que conseguem se manter no mercado produtivo. Submetendo-se objetivamente ao processo de produção, o trabalhador se submete, ao mesmo tempo, ao espírito que rege e assegura a produção sob determinadas condições. Desenvolve sentimentos que se traduzem em atos típicos da consciência pseudofeliz, como o da "família" Toyota, no interior da qual o indivíduo é sutilmente coagido a se doar inteiro ao sucesso da empresa, em troca da manutenção do emprego*. A coação é suficientemente pervertida, de modo que o trabalhador sinta prazer nessa doação. Como afirmar que essa espécie de jugo é menos pior que a preponderante até os anos 70? Se o trabalho está sendo humanizado, por que o envolvimento do trabalhador precisa ser cooptado?

As novas tecnologias configuram um cenário trabalhista onde a necessidade de investimentos maciços de capital é cada vez maior e a necessidade de gente é cada vez menor, a não ser como consumidores. O elemento humano torna-se inviável aos setores produtivos, devido aos seus altos custos, se comparados aos da máquina. As medidas que atingem o sistema contratual de trabalho são adotadas com freqüência. A ordem é reduzir ao máximo o número de trabalhadores, entregando-os às variações das necessidades do mercado que regulam o consumo; "convidá-los" à hora-extra e/ou lançar mão de contratos temporários, de subcontratações e, até mesmo, da diminuição da jornada de trabalho. Em

---

[20] GORZ, A. Adeus ao Proletariado: Para Além do Socialismo, p. 164-5.

* Maiores detalhes sobre as "famílias empresariais", criadas pela sociedade contemporânea, podem ser obtidos no texto Pensar al Revés, de Benjamim Coriat.

resumo, o trabalhador continua sendo um objeto manobrável e manobrado de acordo com as conveniências do mercado. Os homens que compõem as denominadas "equipes autônomas" não são tão autônomos como aparentam, nem no âmbito do trabalho nem fora dele. Como informa Gorz[21], o patrão se dissolve na direção financeira que, de longe, pode governar um ramo inteiro de indústrias. Para tanto, bastam os serviços de informática, consultores e conselhos de administração. Percebe-se que o nível e o tipo de controle exercidos sobre o indivíduo não estão desaparecendo, estão, isto sim, sendo reajustados. "Trata-se de um controle indireto, ampliado e embutido no próprio instrumental, que para ser negado implica a negação da própria interação homem/máquina"[22].

Nos primeiros tempos da sociedade capitalista verifica-se uma relação direta entre poder econômico e trabalho. Posteriormente, quando os homens planejam e executam a atividade prática com base em critérios e princípios científicos, a organização se interpõe entre o poder econômico e o trabalho. O braço direito do capitalista é um *manager*, que dirige, coordena e decide desde a organização à execução do processo produtivo. Num terceiro momento, a capacidade do poder econômico se integraliza, compreendendo, para além da concepção e execução, também o controle capitalista da circulação e do consumo de mercadorias. O controle total das relações de produção e consumo não tem mais fisionomia, transformou-se num sistema numérico abstrato, num *software*, afastando-se completamente do trabalho concreto. O aumento da distância entre o poder econômico e o trabalho, bem como entre o trabalho individual e o produto é proporcional ao incremento tecnológico. A participação do indivíduo nesse processo chega à insignificância. O trabalhador perde autonomia profissional e, com ela, o poder de revolucionar um processo que ameaça aniquilá-lo.

O sistema de controle computadorizado faz do trabalhador um ser transparente, acompanhando cada movimento seu. Ao invés de o chefe de departamento controlar o trabalho diretamente, ele se vale das informações que esse sistema lhe oferece. Informações que podem ser gerais, da empresa como um todo, e/ou de trabalhadores, setores e processos isoladamente. Com as atuais técnicas de controle, as empresas tornam-se independentes "...de desejos, necessi-

---

[21] Ibid.
[22] MACHADO, L. R. de S. *Mudanças na Ciência e na Tecnologia e a Formação Geral em Face da Democratização da Escola*, p. 137.

dades e esperanças humanas, das capacidades, dos conhecimentos, das experiências individuais, consideradas fatores de distúrbio no processo produtivo"[23]. E, simultaneamente, apropriam-se dessas instâncias, ocupando-as com conteúdo de seu interesse. À medida que as exigências da automação flexível, especialmente habilidades e responsabilidades, vão sendo internalizadas, a vigilância e o controle explícitos são substituídos por outras formas de coerção. Se o trabalhador desenvolve o aprendizado do autocontrole, o capital se exime de despesas, como a contratação de vigilantes. A ação pedagógica, deliberadamente empreendida pela empresa em prol do autocontrole,

> ...começa ao procurar persuadir os empregados sobre o caráter necessário das inovações, alegando que elas seriam imprescindíveis à defesa da sobrevivência da empresa e, portanto, do próprio emprego. (...) As formas desta pedagogia são definidas em função da necessidade de conquistar a abertura, a confiança, a lealdade, a cooperação e a disposição voluntária dos empregados, para que eles possam colocar suas capacidades, solidariamente, a serviço da empresa[24].

Marcuse[25] explica que a repressão na sociedade industrial madura é diferente daquela que caracterizou as etapas anteriores de desenvolvimento do capital. Hoje ela está apoiada numa base técnica minuciosamente aperfeiçoada, apta a dilatar sua força e abrangência na medida do necessário. A implementação tecnológica, levada a todo um sistema de dominação prevalecente, esmera as velhas formas de controle e, a partir dessas, inventa outras refutando o protesto através do aumento da produção e das comodidades que oferece. Ancorado nas necessidades do capital e remodelado pela melhor tecnologia que o homem conhece, o controle se apresenta como sendo a própria personificação da razão para o bem da humanidade. Seu poder de manipulação e manutenção do *status quo* é camuflado pela socialização dos bens de consumo. Diga-se, uma socialização declaradamente parcial, já que o acesso a esses bens, o poder de aquisição entre os indivíduos, é radicalmente desigual. Além do que, "a livre escolha entre ampla variedade de mercadorias e

---
[23] REBECCHI, E. *O Sujeito Frente à Inovação Tecnológica*, p. 77.
[24] MACHADO, L. R. de S. *Pedagogia Fabril e Qualificação do Trabalho: Mediações Educativas e Realinhamento Produtivo*, p. 196.
[25] MARCUSE, H. *A Ideologia da Sociedade Industrial*.

serviços não significa liberdade se esses serviços e mercadorias sustêm os controles sociais sobre uma vida de labuta e temor - isto é, se sustêm alienação. E a reprodução espontânea, pelo indivíduo, de necessidades superimpostas não estabelece autonomia, apenas testemunha a eficácia dos controles"[26].

Uma das particularidades que distinguem a sociedade industrial, desses quatro últimos decênios, de suas fases precedentes, é o fato de ela sufocar as necessidades que sinalizam no sentido da supressão das amarras capitalistas e elevar as compensações com supérfluos. O poder de doutrinação dos meios de (semi) informação não se origina com a produção em massa dos objetos que se prestam a tal fim, como o rádio e a televisão, nem com o estabelecimento de monopólios que controlam os meios de comunicação. Há muito os indivíduos vêm sendo socialmente condicionados à submissão. O que se desenvolve expressivamente nessa fase é o aplanamento do contraste entre as necessidades dadas e as possíveis, entre aquilo que a sociedade satisfaz e aquilo que toma como secundário e não satisfaz, mesmo quando se trata de prioridades como saúde e alimentação. Com a oferta de comodidades, o contraste e o conflito entre classes são amenizados e mantidos num patamar inofensivo à estrutura capitalista. Empregados e patrões podem assistir aos mesmos filmes, ler o mesmo jornal, visitar os mesmos pontos turísticos, escolher entre a música clássica e a popular, ter um carro, enfim, desfrutar dos bens produzidos. Contudo, como apregoa Marcuse[27], essa acessibilidade, muito mais relativa do que aparenta, não suprime a distância real entre capital e trabalho, como também não indica um atendimento igualitário de necessidades individuais. Expressa, isto sim, a extensão com que necessidades e satisfações que servem a preservação da ordem são compartilhadas por todos.

> Os controles sociais extorquem a necessidade irresistível para a produção e o consumo do desperdício; a necessidade de trabalho estupefaciente onde não mais existe necessidade real; a necessidade de modos de descanso mitiga e prolonga essa estupefação; a necessidade de manter liberdades decepcionantes como as de livre competição e preços administrados, uma imprensa livre que se autocensura, a livre escolha entre marcas e engenhocas.

---

[26] Ibid., p. 28.
[27] Ibid., p. 28.

Esse poder de cooptação enfraquece as forças contrárias que, no estágio anterior da sociedade industrial, representou a abertura para novas formas de existência. O controle, apoiado nas novas tecnologias, está nos espaços outrora considerados privados, do mesmo modo que está nos espaços públicos. A privacidade - onde o poder crítico da Razão agia mais à vontade - é tomada e desbastada. "O impacto do progresso transforma a Razão em submissão aos fatos da vida e à capacidade dinâmica de produzir mais e maiores fatos do mesmo tipo de vida"[28]. O indivíduo é engolfado numa existência de dimensão única. Dimensão que está por toda parte e em todas as formas. As alternativas para desmascarar a dominação - disfarçada em afluência e liberdade - são absorvidas pelo operacionalismo vigente. Parece que quanto maiores e mais reais as condições de fazer da labuta e da dominação do homem pelo homem coisas do passado, tanto mais ele se organiza contra esta alternativa. Impregnada na sociedade e na natureza, no corpo e na mente, a racionalidade capitalista conta atualmente com homens em permanente estado de alerta, mobilizados não para negar mas parar defender esse universo. A finalidade da tecnologia, como meio de preservação e libertação da espécie humana, é varrida do consciente.

Dentre as qualidades apreciáveis da indústria flexibilizada situa-se sua ágil capacidade de adaptação às flutuações do mercado. Seria pertinente supor que essa mesma capacidade fosse usada para despadronizar a mercadoria, os hábitos, enfim, que relaxasse a padronização da individualidade. Outro equívoco. A prioridade da produção flexível é ajudar o capital a resolver seus impasses mais comprometedores. O que ela tem permitido é variar as características aparentes dos produtos, tornando-os rapidamente ultrapassados. Promovendo o envelhecimento precoce dos mesmos, a sociedade acelera o consumo em geral. A "moda da temporada", por exemplo, apesar dos detalhes disfarçarem, é extremamente padronizada e possui uma força que seduz e domina. Nas vitrinas, como na vida diária, não há lugar para o diferente. A moda é posta no mercado como uma necessidade premente e imprescindível, de modo a que o indivíduo se sinta mal caso não possa consumi-la. Fica muito difícil visualizar ganhos à individualidade nos moldes em que a proeza da flexibilização vem sendo explorada. Como postular o homem emancipado se o fundamento da relação de trabalho, aquilo que subjuga e impede tal feito, permanece intato?

---

[28] Ibid., p. 31.

Da produção balizada pelas normas tayloristas/fordistas resultam, de um modo geral, bens cuja obsolescência é de longo prazo. Da automação flexível resultam produtos com data de validade ou tempo de duração exíguos. O que não obrigatoriamente precisa ser assim. Não é porque o processo produtivo se torna automatizado e flexível que perde a capacidade de produzir bens duráveis. Ocorre que esta é uma arma contra o esgotamento de novas fontes de mercado. O sistema já não pode se manter, senão acelerando a produção de mercadorias descartáveis, incentivando o consumismo, promovendo a destruição. O capital que alimenta o mercado é o mesmo que governa os padrões, as normas e as necessidades de consumo. Como o indivíduo vê no consumo o reduto da felicidade e da realização pessoal, ele é, naquilo que tem servido de base à sua auto-afirmação, constantemente reorientado. O estilo de vida, induzido pelo mercado, muda mais rapidamente que as estações do ano. À continuidade sobrepõe-se a variedade, que não consegue escapar à mesmice; à tradição, o sincretismo.

Com o estímulo ao consumo de produtos que se pretendem personalizados, feitos e dirigidos a cada indivíduo em particular, o mercado atinge e consola uma parte do homem impiedosamente castigada pela civilização: o eu. Pode-se conjecturar que a substituição do durável e homogêneo pelo continuamente cambiável e singular aumenta a autonomia do indivíduo, dando-lhe oportunidade de ser "mais ele". Aqui, três aspectos merecem ser assinalados. Primeiro, ao indivíduo só é dado o direito de escolha e decisão no que se refere ao supérfluo. Segundo, antes de o tempo de duração e o grau de singularidade de um produto estarem atrelados às necessidades individuais, estão voltados para as necessidades da produção e de valorização do capital. Terceiro, a regulação sobre os homens cresce paralela ao aumento da abundância. A individualidade que se crê singular há muito é dissolvida e enquadrada numa determinada forma de Ser. A "ética" da acumulação desmedida impede as forças produtivas, plenamente desenvolvidas, de proporcionarem a realização do indivíduo sob outros valores que não os do consumo. Concordando com Bell[29], mesmo não constando do seu projeto, a sociedade capitalista trata o indivíduo como coisa, com a vantagem de que coisa é mais facilmente coordenável que indivíduo.

Para Santos, a agudização das contradições nesse momento é devida ao fato de a sociedade estar atravessando um período de transição entre formas

---

[29] BELL, D. O Advento da Sociedade Pós-Industrial.

societárias. Se esta sua postura pode ser questionada, dado que as relações sociais capitalistas não estão sendo superadas pelas mudanças tecnológicas e organizacionais em curso, há um outro ponto no qual Santos tem razão: nos últimos trinta anos a dominação sobre a individualidade se aprofundou significativamente, ao adentrar campos até então pouco explorados. "O indivíduo parece hoje menos individual do que nunca, a sua vida íntima nunca foi tão pública, a sua vida sexual nunca foi tão codificada, a sua liberdade de expressão nunca foi tão inaudível e tão sujeita a critérios de correção política, a sua liberdade de escolha nunca foi tão derivada das escolhas feitas por outros antes dele"[30]. A individualidade encontra-se reduzida a unidades iguais, perfeitamente reguláveis. *Pari passu* ao cerceamento que se acirra estão o discurso e as imagens sociais, que proclamam a todo o mundo a revalorização do indivíduo. A autonomia e a liberdade atribuídas à subjetividade individual no capitalismo são superficiais. O indivíduo "escolhe" dentre alternativas predeterminadas. A sensação de liberdade irrestrita é uma ilusão necessária à manutenção das relações vigentes.

A automação flexível adiciona magistralmente a capacidade da produção industrial. Como praticamente não há mais novos territórios consumidores a serem conquistados, o capital tem realizado sua super produção expandindo a esfera das mercadorias imateriais e promovendo o consumismo. O esbanjamento é absoluto e necessário. A preocupação, antes pelo essencial, recai sobre o acessório. Os desperdícios gigantescos, à mostra por toda parte, coexistem com necessidades fundamentais amplamente insatisfeitas e trivializadas. A combinação desperdício-carência tornou-se uma contradição indispensável à sociedade contemporânea. "A sociedade industrial produtivista só pode se perpetuar de agora em diante fazendo ao mesmo tempo mais e pior: mais destruições, mais desperdícios, mais reparações das destruições, mais programação dos indivíduos até o seu íntimo"[31].

Há um aumento exponencial na difusão da cultura de massas, na qual as "preferências" pelo consumo são veiculadas, dominantemente, no sentido dos países centrais para os países periféricos.

---

[30] SANTOS, B. De S. *Pela Mão de Alice: O Social e o Político na Pós-Modernidade*, p. 22.
[31] GORZ, A. *Adeus ao Proletariado: Para Além do Socialismo*, p. 93.

Está-se a criar assim uma ideologia global consumista que se propaga com relativa independência em relação às práticas concretas de consumo de que continuam arredadas as grandes massas populacionais da periferia. Estas são duplamente vitimizadas por este dispositivo ideológico: pela privatização do consumo efetivo e pelo aprisionamento no desejo de o ter. Pior que reduzir o desejo ao consumo é reduzir o consumo ao desejo do consumo[32].

As desigualdades sociais violentas não permitem que todos usufruam do que resulta do trabalho coletivo. Assim, o que termina sendo efetivamente generalizado é o pensamento consumista e não o consumo propriamente dito. As relações sociais de produção, assinaladas pelo caráter consumista, impedem os homens de se ocuparem de suas necessidades fundamentais, bem como do exercício da autonomia e da criatividade indispensável para pensá-las em uma outra base relacional. E o fazem atando-os a dois obstáculos: à compulsão ao consumo e ao trabalho obsessivo, lembrando que a compulsão ao consumo tende a ser maior que ao trabalho. É como se os homens estivessem condenados a prolongar o irracional do projeto da modernidade, e a esquecer o racional, o déficit vital das promessas não cumpridas.

A entrada das novas tecnologias no planejamento, organização e execução do processo produtivo desestrutura a classe operária. Aliás, este é um dos setores mais atingidos pelo conjunto de medidas em pauta, uma vez que ele economiza, afasta temporariamente e, por fim, elimina a necessidade de mão-de-obra humana. Após viver por alguns anos sob uma certa tranqüilidade oferecida pelo Estado de bem-estar social, o trabalhador se depara novamente com a insegurança, com os dissabores da constante ameaça de desemprego. Insegurança com poucas perspectivas de oposição, já que eles estão sendo politicamente isolados pelos grandes centros de controle. A categoria vai sendo minada em seus alicerces pela própria forma de produção. A precariedade salarial é outro fator que contribui para esse isolamento. O contrato de trabalho por tempo determinado, as subcontratações, o trabalho em domicílio, a terceirização, dentre outras formas de relação salarial, "... visam sujeitar os ritmos da reprodução social aos ritmos da produção ('há trabalho quando há encomendas'). (...) A síndrome de

---

[32] SANTOS, B. De S. *Pela Mão de Alice: O Social e o Político na Pós-Modernidade*, p. 270.

insegurança que isto gera entre as famílias trabalhadoras e a concorrência que cria entre elas têm-se revelado poderosos instrumentos de neutralização política do movimento operário"[33]. As alterações no âmbito do trabalho, que afetam a unidade e a força política dos trabalhadores, não cessam aqui. A transferência do controle sobre o processo produtivo para centros de comando automatizados, as políticas empregadas para selecionar e qualificar mão-de-obra, as chamadas técnicas de enriquecimento de tarefas, o incremento do trabalho pago a peça, os famosos prêmios de produtividade, a degradação dos salários e dos serviços prestados pelo Estado-Previdência, são todas medidas que promovem, em lugar da união, a integração negociada no plano individual. Compelidos ao individualismo, os trabalhadores tendem a nem compor nem se ver como classe, tendem a ser apenas força de trabalho. As contestações organizadas dão espaço à luta de cada um por manter-se no círculo dos incluídos.

Se Touraine, Santos e Hobsbawm apresentam divergências na leitura e análise que fazem sobre problemas da contemporaneidade, em um ponto todos concordam: as lutas operárias não desaparecem, mas perdem o viço, quando o interior da indústria deixa de ser o centro de comando do desenvolvimento econômico. Com a integração do processo produtivo e a automação flexível em cena, não é mais no nível da empresa que são articulados os mecanismos de continuidade do desenvolvimento econômico, diga-se, também de exploração. À medida que o poder de decisão se desloca de dentro das empresas para o mercado mundial, o poder dos sindicatos se enfraquece. Segundo Touraine[34], mesmo a autonomia crescente que os trabalhadores estariam experimentando no campo da execução, propalada pelo pensamento liberal, não se sustenta: "... o traço mais evidente da evolução industrial é o fato de o sistema de organização exercer um ascendente cada vez mais forte sobre o modo de execução e, em especial, o de ter desaparecido largamente a autonomia profissional do operário de fabricação". A participação operária na gestão da empresa é outro recurso que não resolve, antes mascara, a submissão. Tal participação, na maioria das vezes, não passa de intervenção de representantes dos trabalhadores na administração social, uma "abertura" que não atinge os centros de decisão econômica. De modo que a integração do processo de trabalho não ameniza a regulação a que se sub-

---

[33] Ibid., p. 218-9.
[34] TOURAINE, A. A Sociedade Pós-Industrial, p. 189.

mete o trabalhador na indústria e tampouco fora dela. Apenas a natureza dessa regulação se modifica. Mesmo as negociações, que continuam a ocorrer, são cada vez mais institucionalizadas.

É certo que as transformações até aqui observadas afetam de maneira especial os trabalhadores. No entanto, isso não significa que o outro lado, o do patronato, esteja a salvo de transtornos peculiares à mudança. "Do lado operário, as noções de profissão e de força de trabalho cedem lugar às de qualificação e de rendimento. Do lado dos patrões, a idéia de chefe de empresa substitui a de patrão"[35]. Toda sociedade paga o preço da readaptação e, sem dúvida, o preço maior, cobrado a todos sem distinção, é o prolongamento da opressão sobre a individualidade. Está-se atravessando um período de intensa redefinição de identidade, devido ao abandono (forçado) de funções sociais que os indivíduos desempenhavam e a re/integração a outras. Para os que são excluídos do mercado de trabalho, o tributo é ainda maior, porque lhes é tirado o parâmetro de constituição da identidade. Touraine constata que trabalhadores ingleses, inseridos em condições de trabalho consideradas ultramodernas, apresentam dificuldades para se autodefinirem a partir da atividade de trabalho que exercem. É como se essa referência tivesse se tornado abstrata demais. Isto explica, em parte, a busca por parâmetros de identidade fora das relações de trabalho, nas gangues, nos grupos assistencialistas, no partido político, no revitalização religiosa, na pertença a organizações não institucionalizadas, etc. Em síntese, nem os incluídos e menos ainda os excluídos têm clareza em relação ao próprio eu.

O Espaço e o Tempo Individuais no Reino do Mercado

Nos anos 60 ganha o mundo um acontecimento de grande impacto na história da sociedade capitalista. A economia passa a ignorar o território e as fronteiras dos Estados. O fenômeno da internacionalização do capital, e com ele de uma determinada cultura, não é novo. Novo é o alcance e a veemência com que se manifesta. Na verdade, a economia começa a se mundializar no final do século XVI. É inegável, porém, que nessa última metade do século XX a globalização da

---
[35] Ibid., p. 169.

economia e, com ela, da cultura, da maneira como são ocupados o espaço e o tempo, do sistema de regulação sobre o próprio homem, enfim, do modo de vida, se modificaram assustadoramente, alterando relações, valores e hábitos. O papel do Estado na gestão macro e até micro-econômica vai sendo corroído. Não é mais o Estado e sim o mercado financeiro mundializado que, em última análise, detém as rédeas do sistema. Quem decide sobre os investimentos, sobre taxa de juros, sobre quais problemas e/ou programas devem ser priorizados e atendidos, sobre os destinos do câmbio, sobre a política social e financeira a ser implementada é cada vez mais o mercado financeiro, quer dizer, as grandes corporações de capital. A economia capitalista escapa do controle nacional, promove as multinacionais e opera uma divisão internacional do trabalho.

As economias dos Estados, núcleos do capitalismo, despatriotizam-se, dando lugar a núcleos de produção, que se espalham por países menos desenvolvidos – com farta mão-de-obra jovem e barata –, como as zonas francas. A produção é descentralizada e transnacionalizada. Há uma redistribuição geográfica do processo de trabalho. As fases produtivas que requerem trabalho intensivo são transferidas para os países que ocupam a periferia do sistema mundial, fato que acarreta uma certa desindustrialização nos países com maior poder econômico, e um realinhamento industrial nos países pobres. Esse movimento alarga o mercado de trabalho, mas ao mesmo tempo o segmenta, fomentando uma dura concorrência entre mercados de trabalho locais, regionais e nacionais. A disputa não é mais entre Estados, é entre blocos. Os blocos nacionais lutam pelas sobras, pela contrapartida, enquanto os internacionais ficam com os negócios de ponta, com o comando geral. Essa luta pelos restos de oportunidades de investimentos muito contribui para a despolitização dos novos imperativos da produção[36].

Na década de 80, o livre mercado destrona o keynesianismo, sujeitando os governos de todos os Estados a um complexo e incontrolável mercado mundial. Os Estados perdem seus monopólios de poder efetivo, seus privilégios históricos, suas peculiaridades culturais. Perde, novamente, a individualidade, padronizada e regulada desde um modelo deveras universal. Na opinião de Hobsbawm, o Estado sai de cena exatamente no momento em que sua ação organizadora mais se faz necessária, caso se queira enfrentar as iniqüidades sociais e ambientais do mercado.

---

[36] SANTOS, B. De S. *Pela Mão de Alice: O Social e o Político na Pós-Modernidade*.

Quem poderia contrabalançar as tendências à desigualdade tão impressionantemente visíveis nas décadas de crise? A julgar pela experiência das décadas de 1970 e 1980, não seria o livre mercado. Se essas décadas provaram alguma coisa, foi que o grande problema político do mundo, e certamente do mundo desenvolvido, não era como multiplicar a riqueza das nações, mas como distribuí-la em benefício de seus habitantes[37].

O princípio do mercado, pujantemente, extravasa o econômico e coloniza tanto o princípio do Estado como o da comunidade. A sociedade industrial cassa as credenciais da família, da Igreja e do Estado, como instituições que participam na configuração do modo de Ser dos homens. Mas, nem por isso a emancipação se confirma. Ao contrário, a retirada "do mapa" do Estado-Nação, que até meados da década de 40 mantém-se como instituição universal, desfecha sobre as culturas locais mais um golpe certeiro. Consolida a tendência, remota, de padronização da cultura e, com ela, da individualidade. Concordando com Adorno[38], ao mesmo tempo que a sociedade tende a integrar-se numa política única, numa economia e numa cultura únicas, ela conserva os elementos que a desagregam, como a pressão do geral, da sociedade, sobre o particular, sobre o individual.

A globalização resulta de um processo histórico,

> ...cujos fatores dinâmicos são a concentração - centralização de capital, o desenvolvimento dos meios de comunicação e o despertar da consciência sobre o destino comum da humanidade. Essa tendência manifesta-se, também, na difusão de padrões transnacionais de organização econômica e social, de consumo, de formas de lazer e de expressão cultural-artística, enfim, um estilo de vida decorrente das pressões competitivas do mercado, que aproximam culturas, políticas e práticas administrativas e difundem e generalizam os mesmos problemas e conflitos ambientais[39].

A internacionalização econômica, política e cultural é uma tendência que vem sendo proclamada como inelutável, irreversível, necessária e vantajosa para todos os países indistintamente. É como se a sociedade capitalista tivesse reencontrado a rota do desenvolvimento. Se a globalização virá a ser um fator posi-

---

[37] HOBSBAWM, E. J. Era dos Extremos, p. 555.
[38] ADORNO, T. W. Sociologia.
[39] RATTNER, H. Globalização – Em Direção a "Um Mundo Só"? p. 22.

tivo para a humanidade; se nesse processo de reestruturação das relações internacionais os homens serão capazes de combinar planejamento e orientação social com autonomia e criatividade individual, é cedo para prognosticar. No momento, constata-se que a globalização imposta é altamente repressiva: endossa discrepâncias na distribuição de recursos; provoca conflitos étnicos, políticos e religiosos; amplia e perpetua a dinâmica capitalista polarizante e excludente[40]. Importa sublinhar que esse movimento afeta a tudo e a todos.

A projeção das inovações tecnológicas nos assuntos humanos é hoje tão grande quanto sua projeção no mundo das máquinas. A economia de mercado, que tudo abarca, promove uma "integração social", impondo parâmetros ao comportamento, à consciência, à ação dos homens. Todos são impelidos ao trabalho, ao consumo, a gostos e preferências, a determinados tipos de relações pessoais, aos apelos da ordem estabelecida. Numa complexa rede de comunicações, inalcançável à compreensão da grande maioria dos homens, os indivíduos desempenham papéis codificados, definidos num plano externo e alheio a eles. O êxito material da produção deixa os homens encantados, a ponto de não distinguirem o domínio do poder impessoal a que se encontram submetidos. Nos *Grundrisse*, Marx fala de um poder social estranho que se desenvolve sobre os indivíduos – ele antevê o domínio do mercado –, difícil de ser apreendido pela consciência individual, uma vez que se manifesta como decorrência da interação espontânea entre indivíduos, supostamente, livres e conscientes. Privada da comunicação com o outro, que se desfez no poder invisível das leis do mercado e na cultura de massas, a consciência encontra-se aprisionada em si. Regulada para atender necessidades que lhe são estranhas, é incapaz de preservar a si mesma, de ter finalidade, de calcular com base em uma via de raciocínio que não seja a dominante. Diz-se que o sistema de regulação, empreendido pela modernidade, alcançou os excessos, uma vez que abrange não só o trabalho, as relações de produção, mas também o descanso. A internacionalização da economia globaliza o controle sobre a vida como um todo.

O segredo do sucesso do mercado é devido, em boa medida, ao fato de o mesmo se propor a atender necessidades materiais e espirituais dos homens. As campanhas publicitárias vendem junto com a roupa, o *status*; com o sabonete, o sonho de beleza; com o perfume, a sensualidade; com as farinhas e outros enlata-

---
[40] Ibid.

dos, a saúde, o corpo perfeito. Soma-se a isso a idéia de que o produto de hoje é melhor que o de ontem. A aparência física nunca antes foi tão requisitada e assistida. O mercado explora ao máximo este item, colocando à disposição e induzindo o consumo de uma verdadeira parafernália em prol da beleza e da boa forma. O consumo de tudo quanto envolve massagens, ginástica, natação, musculação e tantos outros exercícios físicos aumenta a cada dia. Tais atividades já constituem um turno de "trabalho" – geralmente o primeiro ou o último – para um respeitável contingente populacional. Em contrapartida, a um outro grupo, por certo não menos numeroso, não lhe é dado o direito de satisfazer nem as necessidades básicas do corpo e do espírito, nem as vaidades criadas pela sociedade do consumo.

A transnacionalização dos espaços econômico-sociais não tem sido capaz de conter o alargamento do abismo entre os países pobres e ricos, entre o Norte e o Sul do Planeta. Não tem conseguido abrandar os conflitos entre os grupos que lutam pelas sobras do mercado, entre grupos étnicos de longas datas reprimidos, entre grupos religiosos ou de desesperançados que chegam ao extremismo, antes, parece acentuá-los. Como confiar nos postulados neoclássicos, segundo os quais o comércio livre e irrestrito permitiria aos países mais pobres uma aproximação econômica aos mais ricos se a economia mundial se desenvolve gerando desigualdades crescentes? Essa economia de mercado, explica Hobsbawm[41], não só não resolve como agrava o problema da exclusão social, do desemprego e do subemprego. A sociedade não consegue reabsorver, decentemente, os que são expulsos do mercado produtivo. Todo o desenvolvimento tecnológico das três últimas décadas se mostra insuficiente para alterar o quadro de miséria, de fome, que assola sobretudo algumas partes do mundo. Um quadro que vai de mal a pior. A internacionalização de hábitos alimentares não está proporcionando fartura. Renega-se o suprimento de necessidades básicas, como alimento, em prol de exportações. Sendo que o exportar mais não vem se revertendo em solução para os problemas sociais, antes sim, no incremento de importações de artigos de luxo. A subnutrição e a emergência de grupos irreversivelmente desnutridos, condenados à morte, se acentua. Os hábitos de alimentação, de vestuário, de moradia se dobram perante a novidade e o cerco do mercado, que precisa se manter a qualquer preço.

---

[41] HOBSBAWM, E. J. *Era dos Extremos*.

O desemprego, a miséria, a exclusão, dentre outras formas de dominação, imediatamente entendidas como decorrência do desenvolvimento excepcional dos meios de produção, também podem ser lidos como conseqüências do arcaísmo das relações sociais. O vilão da alta modernidade parece ser o mercado. Contudo, há que se prestar atenção para não se repetir os mesmos erros cometidos pelos operários – observados por Marx[42] – que se lançaram à destruição de máquinas. Hoje, assim como antes, o problema recai sobre as relações sociais, que permitem esse megadesenvolvimento do poder do mercado, em detrimento da vida humana. É preciso, pois, ir à raiz do sistema de regulação mantido pela sociedade capitalista. Adentrar seu âmago para, então, prosseguir com o pensamento e a prática emancipatórios.

Em meio a uma intrincada trama de relações, o mercado revigora a sociedade capitalista, apropriando-se de maneira cabal do tempo e do espaço sócio-individuais. Sua força advém de sua capacidade para oferecer um modelo de totalidade social, um modelo apoiado diretamente na experimentação espaço-temporal, e na reelaboração dos conceitos decorrentes destas duas categorias. Desde que a ordem capitalista suplantou a feudal, os homens vêm experienciando o tempo e o espaço de modos até então desconhecidos. Na Renascença, ambos são reprogramados pelas relações sociais emergentes, a fim de que se realize o previsto pelo Iluminismo: dominando a natureza, os homens haveriam de escapar à subordinação ao objeto e investirem-se da condição de sujeitos da situação.

> Sendo o espaço um 'fato' da natureza, a conquista e organização racional do espaço se tornou parte integrante do projeto humanizador. A diferença, desta vez, era que o espaço e o tempo tinham de ser organizados não para refletir a glória de Deus, mas para celebrar e facilitar a libertação do 'homem' como indivíduo livre e ativo, dotado de consciência e vontade[43].

Pulverizando o espaço de propriedades particulares, passíveis de comercialização, a sociedade renascentista emprega termos radicalmente novos no projeto de reconstrução dos espaços de poder. Os Iluministas só não contavam com a possibilidade de as relações entre tempo, espaço e capital se fortalecerem e se perpetuarem ao ponto de parecerem indissolúveis ou mesmo "naturais".

---
[42] MARX, K. O Capital.
[43] HARVEY, D. Condição Pós-Moderna, p. 227.

A cada crise da sociedade capitalista, sua certeza sobre o modo de como dispõe do tempo e do espaço é abalada e, por conseguinte, desenvolvem-se novas estratégias de relativização destas categorias. A tranqüilidade advinda da confiança no tempo e lugar absolutos há muito foi quebrada, pela necessidade de constantes intervenções naquilo que se tornou fator de sustentação da ordem estabelecida. E, certamente, os homens nunca se ocuparam tanto com rearranjos do tempo e do espaço como no século XIX. A Primeira Guerra reterritorializa o mundo, promovendo uma transformação significativa no espaço que já havia sido relativizado. Nesse mesmo período, os homens estão empregando os princípios científicos na produção. Aceleram o tempo de giro do capital, dividindo e organizando espacialmente o processo produtivo. O tempo e o espaço vão sendo absorvidos e programados por forças constituídas nas relações capitalistas. A disciplina científica do trabalho e, com ela, os hábitos, habilidades, valores e conceitos formados envolvem, diretamente, a questão do tempo. O capital trava uma batalha por minutos. Os indivíduos devem agir e reagir – no trabalho e fora dele – pautados no novo sentido de tempo e na nova percepção de espaço internalizados. Respaldando-se na metodologia científica, a sociedade capitalista empreende um controle muito mais severo sobre o indivíduo. Sua vida, física e psíquica, vai sendo enredada numa cronologia sem tempo nem espaço para decisões e ações próprias. Uma cronologia recriada para servir à reprodução do capitalismo e não do indivíduo na sociedade.

A transição do fordismo para modalidades mais flexíveis de acumulação é mediada por uma metamorfose, na exploração do tempo e do espaço, que se destaca na história do capitalismo. Nesse sentido, a alta tecnologia permite aos homens procederem alterações que revigoram as forças desta sociedade, desarmando opositores. A reorganização operada no processo produtivo acelera ainda mais o tempo de giro do capital, a venda, o consumo e, concomitantemente, o tempo para a vida como um todo. O sistema de comunicação é aprimorado e as técnicas de distribuição de mercadoriais revistas, a fim de possibilitarem uma circulação em velocidade maior. O consumo é apressado através da mobilização de mercados de massa que, num ritmo desvairado – e desvairante para o indivíduo –, dão cabo não somente dos gêneros de primeira necessidade, mas igualmente de objetos e serviços que deixam de ser supérfluos e, em especial, de uma ampla gama de estilos de vida e atividades de lazer. O espaço-tempo da produção é o gerador central que orienta e determina a forma e o conteúdo dos demais âmbitos de espaço e tempo. O andar veloz da sociedade do consumo impregna o trabalho, o pensamento, o sentimento; impregna a produção e a reprodução das condições necessárias à liberdade e das condições necessárias à continuidade da opressão.

Com processos de trabalho e produtos muito mais voláteis e efêmeros, a sociedade, como foi dito anteriormente, se caracteriza cada vez mais como sociedade de coisas descartáveis. No círculo dos descartáveis estão desde copos, talheres, guardanapos, embalagens, material de higiene até conceitos, valores, formas de relacionamento, estilos de vida, etc. Com o lixo, descartam-se modos de pensar e de ser. Na compressão do tempo e do espaço, na aceleração do impulso social, na valorização da instantaneidade, a experiência individual é duramente golpeada. O indivíduo é forçado a lidar com a obsolescência quase momentânea. Ele tem que aprender a se readaptar constantemente e com rapidez a fins particulares, do capital, mas que aparecem como sendo sociais. Para incitar o consumo, o mercado interfere na esfera do gosto, da opinião, do desejo, dos conceitos – em particular, nos conceitos de bom e belo –, manipulando-os. "Quem define as práticas materiais, as formas e os sentidos do dinheiro, do tempo ou do espaço fixa certas regras básicas do jogo social.(...) A hegemonia ideológica e política em toda sociedade depende da capacidade de controlar o contexto material da experiência pessoal e social"[44]. Portanto, o tempo e o espaço dos indivíduos não são outros, senão os ditados pelas prioridades e pelo ritmo da vida social. Há uma apropriação pública destes campos, sendo os mesmos tomados por necessidades pseudo-individuais. As razões que se propõem justificar a (ir)racionalidade consumista escapam à experiência individual. Daí que, tal experiência, por si só, não permite mais analisar coisa alguma, transformou-se em nota de pé de página da história.

Orientada pela lógica capitalista, a sociedade incorpora e se submete ao fetiche, empreende criações destrutivas, inventa desejos, elabora e tira proveito de novas capacidades, modifica o uso e a representação do tempo e do espaço, revoluciona modos de vida. Em meio à rapidez com que as mudanças se processam, o indivíduo não mais reconhece seu ambiente de individuação, não sabe da sua própria identidade. É difícil manter o sentido de continuidade histórica, que serve de referência à formação da identidade, diante do fluxo de efemeridades da

---

[44] Ibid., p. 207.

acumulação flexível[45]. Mas, a necessidade de auto-afirmação, a incansável busca por respostas a si mesmo, permite a convivência de situações decididamente contraditórias. Ao mesmo tempo em que se verifica a desterritorialização, ou seja, que se rompem fronteiras antes demarcadas pela cultura, pela língua, pelo nacionalismo e outros fatores mais, constata-se "... um desabrochar de novas identidades regionais e locais alicerçadas numa revalorização do direito a raízes"[46]. Observa-se um revivalismo da etnia e de religiões como pontos de apoio à formação da identidade. À medida que o trabalho – principal parâmetro de identificação do eu – se torna por demais abstrato, e num momento em que os indivíduos vêem ruir as promessas de progresso e bem-estar feitas pelo Estado, é compreensível que os mesmos tentem se auto-afirmar a partir de particularismos.

Há uma busca narcisista de identidade e, nesse processo, o homem assume uma conduta cada vez mais defensiva. Os pichadores de muros, ônibus, trens, etc. bem demonstram uma identidade sufocada sob a "proteção" enternecedora do liberalismo. Um eu que se mostra indecifrável, anônimo. Touraine[47], com uma posição um tanto extremada sobre o assunto, diz que na sociedade liberal não mais se ouve a voz do sujeito. Ouve-se "... o grito ou mesmo o silêncio daquele que não é mais sujeito, o suicida, o drogado, o deprimido, o narcisista". O indivíduo, que a Era das luzes livrou da transcendência, projetando-o para o centro do mundo, não está no centro nem acima dele. Encontra-se ameaçado pelas obras da sociedade que, contraditoriamente, fortalecem-no e podem libertá-lo. Como demonstra Touraine, o indivíduo foi por tanto tempo chamado a renunciar, a reprimir tudo o que havia de pessoal em si, que terminou no individualismo. Uma vez perdido o parâmetro tradicional de identidade – o trabalho –, o indivíduo tenta encontrar refúgio no particularismo cultural. Apesar de a industrialização afetar a consciência e as capacidades individuais, a necessidade de defesa e a vontade de libertação permanecem. Os "desajustados", pichadores, membros de gangues, viciados em drogas, pingentes de trem, dentre outros grupos, expressam de diferentes maneiras a necessidade de liberdade, contrariando o discurso liberal. O problema é que a luta pela liberdade vem sendo travada por meio de alternativas particularistas, e não socialmente.

---

[45] Ibid.
[46] SANTOS, B. De S. *Pela Mão de Alice: O Social e o Político na Pós-Modernidade*, p. 23.
[47] TOURAINE, A. *Crítica da Modernidade*, p. 284.

Pensar no restabelecimento da individualidade é pensar no desenvolvimento da consciência, da personalidade de um indivíduo que se encontra em estado de refúgio. As condições concretas de vida que imperam na contemporaneidade, especialmente o estranhamento social causado pela impessoalidade que caracteriza as relações entre os homens, ferem o eu. Fazem-no ao despojar o indivíduo de seus poderes criativos. Atualmente, o indivíduo é um ator sem arte própria. Ele perde a capacidade de desempenhar-se por si, numa sociedade que não deixa espaço para isso. Conforme Sennett[48], no corpo social, o indivíduo ocupa uma posição sem rosto, indefinida. Em decorrência desse esvaziamento de sentido do eu, e por certo num gesto (inconsciente) de defesa, os indivíduos tendem a unir-se em grupos restritos e fechados, desenvolvendo uma espécie de fraternidade que só faz por mascarar a possibilidade real de auto-afirmação da individualidade. Assiste-se à emergência de imagens coletivas que, baseadas na religiosidade, na etnia, no regionalismo, vulgarizam o sentimento de fraternidade, rejeitando – muitas vezes com violência física e/ou moral – os que não pertencem ao grupo. Como confiar na fraternidade entre indivíduos que não mais reconhecem uns aos outros? Por trás da intimidade superficial se esconde um estranhamento profundo.

Distanciando-se do objeto, o indivíduo distancia-se também de seu semelhante. As relações de produção capitalistas dispensam os homens de se conhecerem mutuamente. O artesão se define e se mostra ao outro pelo seu trabalho, no processo e no resultado da sua atividade prática. Com a industrialização, o produto torna-se impessoal, no sentido de que já não contém as particularidades de quem o fez[*]. Essa é a base da socialização impessoal, que explica o alheamento dos indivíduos às questões sociais; que explica a progressiva perda de interesse por atuarem juntos. Há um ambiente propício a que a vontade social se esfacele. O indivíduo perde a familiaridade com o espaço público. Nas praças, as pessoas estão de passagem. As ruas estão repletas de transeuntes que não se falam, via de regra, nem se conhecem. O nível de ansiedade e pressa com que esse espaço é usado não permite delongas. As possibilidades de interação entre os homens nunca foram tantas. A tecnologia, a serviço da comunicação,

---

[48] SENNETT, R. *O Declínio do Homem Público*.
[*] Com isto, não se está dizendo que o ideal é retroceder ao trabalho artesão – romantismo que nega o próprio devir-humano. O que se pretende é explicitar aspectos da transformação social que configuram a individualidade.

pode pôr em contato imediato homens que se encontram em diferentes continentes. Ao mesmo tempo, o isolamento é sem igual na história da civilização. Esses mesmos meios de comunicação tornam desnecessário o contato efetivo entre pessoas. Com as incansáveis inovações convive uma considerável imobilidade. São os paradoxos da sociedade industrial. Será que os homens precisam experienciar a sobreposição do isolamento, esgotar essa forma de vida, para redefinir o partilhar?

> Foi a geração nascida após a Segunda Guerra Mundial que se voltou para dentro de si ao se libertar das pressões sexuais. É nessa mesma geração que se operou parte da destruição física do domínio público. (...) Esses sinais gritantes de uma vida social desmedida e de uma vida pública esvaziada ficaram por muito tempo incubados. São resultantes de uma mudança que começou com a queda do Antigo Regime e com a formação de uma nova cultura urbana, secular e capitalista[49].

Quando o homem mais valoriza e procura manter restrita sua privacidade, é quando a vida privada menos existe. As residências com quartos para cada membro da família, a infinidade de objetos pessoais, o carro, o funcionário e o professor particulares, os pertences exclusivos, tudo é pura exterioridade, manutenção de aparência. De fato, a individualidade está tomada pelo social. O privado dilui-se no público. A consciência individual não se reconhece mais no todo, apenas se conforma a ele. "Democraticamente" a individualidade é suprimida com a mecanização dos desempenhos e a invasão da consciência. A liberdade, os direitos, a igualdade entre os cidadãos – fatores tão exaltados no início da sociedade burguesa – perdem conteúdo e espaço em favor da racionalidade tecnológica. A realização da sociedade industrial mina as premissas burguesas. Todo o trabalho empreendido no intuito de "... substituir uma cultura material e intelectual obsoleta por outra mais produtiva e racional"[50] tem como resultado, é verdade, uma sociedade cujas forças produtivas foram por muitas vezes multiplicadas e aperfeiçoadas. Quanto à segunda parte do intento, a que pretendia torná-la mais racional, continua no horizonte de expectativas. E mais, um horizonte

---
[49] Ibid., p.30.
[50] MARCUSE, H. A *Ideologia da Sociedade Industrial*, p. 23.

que se, de um lado, está ao alcance das mãos, de outro, assemelha-se ao do andarilho, porque parece impossível de ser alcançado.

A renúncia à individualidade em favor do social não advém exclusivamente das relações capitalistas. Data do início da civilização. Os termos e o campo de ação da ordem vigente sobre o indivíduo é que são ímpares. No Antigo Regime é evidente a tendência a disfarçar traços de individualidade: homens e mulheres escondem a cabeça sob perucas encaracoladas e outros ornamentos; escondem o rosto por trás de máscaras ou pintura branca que dissimulam defeitos e a cor natural da pele. Entretanto, nessa época, ainda há um espaço para decisões individuais. É o indivíduo que, conscientemente, lança mão ou não de disfarces em busca de maior *status*. Hoje, esse poder decisório é apropriado pela sociedade do consumo, independentemente da vontade e da consciência do indivíduo. Aqui, a razão maior da cooptação da individualidade é o comércio. Parafraseando Sennett[51], a urbanização desenfreada, o desenvolvimento e emprego da alta tecnologia formam uma espécie de sociabilidade que independe do controle do indivíduo. "A sociedade industrial tem uma personalidade coletiva, uma personalidade gerada pela fantasia em comum". Quanto mais a fantasia coletiva domina a personalidade individual, menos a sociedade avança, no sentido da conscientização necessária à travessia para a efetiva liberdade individual. A ilusão é inimiga da politização, quando menos porque não lida com o real.

A automação flexível não tem despadronizado a sociedade, como se esperava que acontecesse. A individualidade, desde sua aparência até seus recônditos mais íntimos, segue pública e homogeneizada. Deste fato decorre uma valorização cada vez maior de sinais externos como indicadores da identidade individual. No século XVIII, a concepção dominante sobre os fenômenos da alma interpreta a personalidade como algo que se desenvolve naturalmente, a partir de uma base interna, de fundo biológico: o caráter. Uma base comum a todas as pessoas e, ao mesmo tempo, peculiar em cada uma delas. Esse conceito não desaparece, mas se modifica. A partir do século XIX, a personalidade espontânea, que revela singularidades internas, privadas, passa por um processo de publicização, efetuando um movimento inverso. É a personalidade criada pelas aparências, associada e deduzida a partir de características externas, direta e imediatamente mani-

---

[51] SENNETT, R. *O Declínio do Homem Público*, p. 276.

puláveis; controlada por meio de instrumentos que escapam ao domínio individual. Sobre essa transformação, Sennett[52] escreve: "a personalidade é imanente às aparências, por oposição ao caráter natural, que como a própria natureza, transcende cada aparição no mundo". Antes, a personalidade excedia a aparência, que servia de pista para se alcançar e conhecer a intimidade individual. Hoje, a sociedade capitalista reduz tudo à aparência. Não há nada na interioridade que não tenha sido feito exterioridade, que não esteja sendo socialmente controlado e explorado. Entrelaçada à produção industrial, a personalidade individual se torna uma categoria pública.

Justamente a sociedade que estimula o consumo de massa, que deixa milhões de pessoas com a mesma aparência, persiste em deduzir quem é o indivíduo em função das mercadorias que ele consome. O mesmo homem que se esforça por enquadrar-se na restrita variedade de manequins, que abre mão de moradia e alimentação decentes para usufruir da roupa, do calçado da moda, visivelmente uniformes, é o que procura nos sinais externos uma marca distintiva para si. Em sua obra máxima, Marx explica como a sociedade capitalista reveste a mercadoria de fetiche, imputando a coisas materiais atributos pessoais. O objeto aparece como se houvesse sido feito exclusivamente para um determinado indivíduo, a partir do que ele é, como se, nesse contexto, ele pudesse ser algo diferente do que convém à sociedade. "Um dos maiores desafios do capitalismo sobre a vida pública era o de mistificar os fenômenos públicos; mas a mistificação só poderia ser bem-sucedida se as pessoas estivessem dispostas a acreditar que os objetos estavam investidos com atributos da personalidade humana"[53]. Crença consumada: os objetos são usados e exibidos como algo que contém o emblema da alma, como símbolos do caráter do indivíduo. A sociedade industrial, que esvazia a individualidade de sentido próprio, identifica cada sujeito com indicadores que ela cria – indicadores externos, relacionados ao consumo. A sociedade primeiro padroniza, depois remarca com os sinais que lhe aprazem.

A produção automatizada, flexível e integrada está solicitando um trabalhador que saiba cooperar, que se relacione com desenvoltura, com capacidade de iniciativa e autocontrole psíquico, com habilidades mentais e sociabilidade. Se estas qualidades forem pensadas nos termos da consciência autônoma hegeliana,

---

[52] Ibid., p. 194.
[53] Ibid., p. 186.

então, está-se requerendo uma personalidade oposta à que vem sendo forjada. Por outro lado, a contradição desaparece se for considerado que a espécie de cooperação, desenvoltura, iniciativa, autocontrole, habilidades mentais e sociabilidade em questão é definida de acordo com a ótica capitalista. Neste raciocínio, faz sentido a supervalorização do indivíduo, não do indivíduo consciente e sim desse que está aí, do indivíduo real, mutilado e indispensável à manutenção da ordem posta. A idéia de indivíduo associada à de criação se perdeu no reino do consumismo. A personalidade, fragmentada juntamente com o trabalho, com a vida social, não consegue visualizar e valer-se de um princípio de regulação que tenda ao equilíbrio entre o social e o individual. A unidade a ser restabelecida é entre a vida e o consumo. Porém, quando o indivíduo já não tem nenhum poder sobre a atividade produtiva, o que lhe sobra é um profundo sentimento de impotência que reveste o psíquico e se oculta na falsa felicidade. O capitalismo está vivendo uma época privilegiada no que se refere à liberdade de ação e de manobras. Isso, graças ao poder de cooptação que desenvolveu sobre a consciência individual. Tendo colocado as forças ameaçadoras, que gera contra si mesmo, entre parênteses, o capital global segue sua rota, por ora sem as preocupações tradicionais com os movimentos trabalhistas, os levantes políticos organizados, os partidos socialistas de massa, dentre outras[54].

A sociedade industrial desenvolve tentáculos ou estruturas de automanutenção que cerceiam a consciência crítica, atingindo suas próprias bases. A forma como a produção está organizada enriquece a vida de um modo geral, dissimula o controle sobre ela, mostrando-se hábil em reconciliar forças opostas. Nessa mediação, adota o discurso que confirma a labuta como o tributo a ser pago pelo bem de todos. Embora cada vez mais seja possível se libertar do trabalho, mais surgem ocupações que sustentam a ideologia da necessidade do trabalho, fazendo crer que o mesmo ainda é fundamental para uma vida digna. A competência desta sociedade em manter sufocadas as necessidades que pressupõem libertação é admirável. Seu sistema de controle extorque e canaliza todas as necessidades para o campo da produção, do consumo e do desperdício, justificando, por essa via, a necessidade de trabalho em ritmo intenso, ainda que a labuta careça de lógica explicativa. Aumentando e disseminando comodidades, transformando a destruição humana em construções vultosas e, quase sempre,

---

[54] JAMESON, F. *Pós-Modernismo: A Lógica Cultural do Capitalismo Tardio.*

suntuosas, esta sociedade torna racional o que é profundamente irracional. A ideologização dos fatos, enquanto manobra em massa, torna-se mais tranqüila, no sentido de encontrar menos resistência, quando a racionalidade industrial se apossa da consciência humana. Trata-se de uma personificação tão sólida que qualquer ação contrária à "razão para o bem de todos" soa irracional. "O poder e a eficiência desse sistema, a completa assimilação da mente com o fato, do pensamento com o comportamento exigido, das aspirações com a realidade, militam contra o surgimento de um novo Sujeito"[55]. A apatia intelectual e emocional, mediante o projeto que levaria a uma existência verdadeiramente humana, parece estar generalizada.

No reino do mercado, a repressão imposta à individualidade não coincide inteiramente com a que vinha sendo exercida nos primórdios do capitalismo. Durante toda a ascensão da sociedade burguesa a produção pôde realizar-se cooptando basicamente os instintos, a vontade, os sentimentos e a força de trabalho. Não é sem motivo que nesse período a família é venerada, exercendo um papel determinante na educação de aspectos comportamentais desde muito cedo, com vista a formar um cidadão honrado, o que quer dizer, acima de tudo, trabalhador. Com o aprimoramento industrial, especialmente com o estabelecimento da automação flexível no processo produtivo, essa sociedade, para se reproduzir, continua valendo-se dos instintos do desejo, dos sentimentos, da vontade e, em algumas situações, até mesmo da força física. Porém, é prioritariamente de determinadas capacidades mentais, da conduta e da consciência do trabalhador que ela não pode prescindir. A civilização moderna completa, enfim, o cerco em torno do indivíduo, que se rende por inteiro, mas não está morto.

Ao discutir as novas formas de controle empregadas pela sociedade industrial madura, Marcuse indaga sobre as possibilidades de o homem, dominado por ele mesmo no processo histórico da civilização, libertar-se da labuta e das relações que lhe impõem duras restrições. E, em seguida, com o otimismo que o acompanha em todas as reflexões*, responde: "quanto mais racional, produtiva, técnica e total se torna a administração repressiva da sociedade, tanto mais inimagináveis se tornam os modos e os meios pelos quais os indivíduos administrados poderão romper sua servidão e conquistar sua própria libertação"[56].

---

[55] MARCUSE, H. A Ideologia da Sociedade Industrial, p. 231.
* Um otimismo que varia na forma e na intensidade, dependendo da situação e do momento histórico em pauta, mas que não se deixa abater pelos recuos aos quais a luta pela emancipação humana é freqüentemente obrigada.
[56] Ibid., p. 28.

CAPÍTULO IV

A INDIVIDUALIDADE NO CÍRCULO DA CULTURA MERCANTILIZADA

> *Quanto tempo será necessário ainda para que encontremos seres humanos e relações sociais por trás das técnicas?*
>
> Alain Touraine

À sociedade industrial não basta apropriar-se apenas da força física do trabalhador. Como foi dito antes, isto não é mais suficiente para reproduzi-la, mesmo porque a força humana já foi transferida para a máquina. A organização produtiva automatizada alimenta-se, particularmente, de determinadas capacidades mentais do trabalhador: ele deve ser capaz de resolver problemas, associar diferentes comandos, ler e interpretar dados, comunicar-se e relacionar-se com desenvoltura, etc. Esta necessidade de "sociabilizá-lo" obriga a sociedade a disseminar, por toda a ordem estabelecida, a denominada "cultura superior". Marcuse[1] emprega esta expressão como sinônimo de arte, de literatura, de valores, hábitos, conceitos, comportamentos e atitudes, antes restritos a uma classe privilegiada, que vêm sendo popularizados. Analisando essa problemática num contexto mais recente, Jameson[2] constata a permanência da necessidade, agora intensificada, que Gramsci[3] e Marcuse já haviam observado em períodos anteriores: à produção e ao consumo da estética que identifica as mercadorias e as imagens veiculadas pela cultura capitalista, não basta o saber técnico. Para que o indivíduo seja capaz na interação com a tecnologia, é preciso educar-lhe o espíri-

---

[1] MARCUSE, H. *A Ideologia da Sociedade Industrial*.
[2] JAMESON, F. *Pós-Modernismo: A Lógica Cultural do Capitalismo Tardio*.
[3] GRAMSCI, A. *Maquiavel, a Política e o Estado Moderno*.

to. Em resposta a esta necessidade, investe-se na propagação maciça da cultura erudita, não só através dos meios de comunicação, do patrocínio de eventos públicos – concertos, óperas, espetáculos artísticos, feira de livros, dentre outros –, mas principalmente na forma de mercadoria. "A música da alma é também a música da arte de vender. O que importa é o valor de troca, e não o da verdade"[4].

Integrada à cultura material, a cultura superior perverte-se ao perder o sentido de seu conteúdo crítico. Manipulada em seus fins, invalida-se como meio articulador da Certeza Sensível expressada por Hegel. Na ordem de mercado, a denominada cultura superior contribui para a manutenção do sistema, desenvolvendo mecanismos que negam e condenam à abstração os ideais de uma sociedade mais humana. "Na sociedade capitalista, a alienação artística é a transcendência consciente da existência alienada"[5]. Essa cultura veicula imagens e um conteúdo de satisfação despidos de sua concretude histórica, pela própria sociedade que a ostenta. Suas verdades são metamorfoseadas, de modo a se ajustarem à lógica dominante. Hoje, a verdade da literatura e da arte coincidem com a verdade dos negócios. Reina um pseudopluralismo harmonizador que pacifica os antagonismos. A incumbência de proteger a contradição que distingue a arte e a cultura pertence, em boa medida, ao passado. Estes campos perdem progressivamente a força cognitiva, através da qual revelavam uma dimensão humana reprimida pela realidade. A Grande Recusa traduzida pela arte está sendo silenciada. Toda energia dos indivíduos, no trabalho ou no descanso - este último pouco ou nada diferenciado do primeiro - é mobilizada em prol da sobrevivência do capital.

Na *Dialética do Esclarecimento*, Adorno e Horkheimer deixam claro que a coisificação da consciência e a exploração capitalista da cultura são partes do mesmo processo. A indústria cultural[*], fruto da atividade alienada, mina os traços de individualidade nas pessoas e nos objetos, no mundo das coisas produzidas. "A cultura contemporânea confere a tudo um ar de semelhança"[6]. Cada setor que compõe o conjunto da sociedade é forçado a integrar-se, a entrar em harmonia com o todo. Em suas finalidades últimas nenhum setor destoa do outro. "Até mesmo as

---

[4] MARCUSE, H. *A Ideologia da Sociedade Industrial*, p. 70.
[5] Ibid., p. 72.
[*] Expressão empregada por Adorno e Horkheimer, pela primeira vez na obra *Dialética do Esclarecimento*, para designar a cultura massificada. Ao atingir o âmbito da cultura, mercantilizando-o, a industrialização une dois domínios separados há milênios: da arte superior e da arte inferior, do erudito e do popular.
[6] ADORNO, T. W. HORKHEIMER, M. *Dialética do Esclarecimento*, p. 113.

manifestações estéticas de tendências políticas opostas entoam o mesmo louvor do ritmo de aço"[7]. O comércio, a comunicação de massa e o mundo da arte, que tanto apelam para o indivíduo, prometendo satisfazê-lo sem desrespeitá-lo, submetem-no, sutilmente, ao implacável poder do capital. Um poder que a sociedade já não se preocupa em esconder. A identidade particular se perde na universal. Sob o domínio dos monopólios todas as culturas são massificadas, identificando-se. A estrutura conceitual da sociedade passa a ser única, elaborada e manipulada para atender necessidades e conveniências dos monopólios político-econômicos. As particularidades que exibem as diferenças entre a lógica da obra (de arte, por exemplo) e a lógica do sistema desaparecem e, com elas, um conteúdo que pode subsidiar o pensamento na percepção de contradições.

A indústria cultural assume para si uma função que Kant[8] acredita ser exclusiva da Razão, a saber, o decifrar da multiplicidade sensível com base nos conceitos fundamentais. A indústria apropria-se de tais conceitos passando a ditar, ela mesma, o que e quando a sensibilidade deve informar à percepção. À consciência individual não há nada mais a classificar que não tenha sido antecipado no esquematismo da produção.

> Há uma transformação básica na chamada superestrutura, confundindo-se os planos da economia e da cultura. A indústria cultural determina toda a estrutura de sentido da vida cultural pela racionalidade estratégica da produção econômica, que se inocula nos bens culturais enquanto se convertem estritamente em mercadorias; a própria organização da cultura, portanto, é manipulatória dos sentidos dos objetos culturais, subordinando-os aos sentidos econômicos e políticos e, logo, à situação vigente. Além disso, ocorre uma interferência na apreensão da sociedade pelos seus 'sujeitos' pelo mecanismo da 'semiformação' *: seja com conteúdos irracionais, seja com conteúdos conformistas[9].

Nas últimas décadas assiste-se a um declínio e rápida substituição dos gêneros tradicionais da arte. Em vez de quartetos de cordas, compõem-se trilhas

---
[7] Ibid., p. 113.
[8] KANT, I. *Crítica da Razão Pura*.
* A expressão "semiformação" é empregada por Adorno, no texto *Educação e Emancipação*, para designar a formação unilateral, própria da cultura capitalista.
[9] MAAR, W. L. À Guisa de Introdução: *Adorno e a Experiência Formativa*, p. 21.

sonoras para filmes; na pintura, a mão e o olho humanos perdem espaço para a câmera, que não deixou de registrar cenas informativas à consciência analítica, mas fotografa preferencialmente matérias de sucesso nas grandes exposições e/ou num simples jornal diário; o folhetim deu lugar ao seriado de TV, sobrevivendo mais na memória de alguns do que como instrumento presente nas relações entre os homens; o filme televisionado ocupa a maior parte do tempo antes dedicado ao romance e ao teatro. O que está em questão não é se os homens de hoje são menos ou mais habilidosos que os da Renascença, nem se busca aqui alimentar sentimentos saudosistas. O que se pretende enfocar são as mudanças e, mais especificamente, como elas agem sobre a individualidade. Para Hobsbawm[10], os fatores de maior impacto sobre a cultura e a individualidade, nesse período, são o triunfo universal da necessidade de consumo e a música *pop*. As imagens que estimulam o consumo acompanham o indivíduo do nascimento à morte. As palavras de ordem nessa sociedade não são mais as guardadas nos livros santos, tampouco as de escritores seculares, mas sim as marcas comerciais de produtos prontos para o consumo. A mercadoria se dilui no logotipo. A melodia, as letras e trejeitos induzidos pela música *pop*, comercializada em todo o mundo, especialmente o rock, influenciam jovens e adultos tanto ou mais que as grandes artes do passado.

A racionalidade consumista coopta a seu favor a existência humana como um todo, ignorando a dicotomia entre a realidade artística e a realidade social. O que preocupa não é o fato em si de os clássicos estarem sendo vendidos em bancas de jornais nem de os eruditos da música estarem figurando como pano de fundo na cozinha e nas indústrias. O que preocupa, como bem define Marcuse, é o fato de eles estarem "... voltando à vida diferentes de si mesmos; são privados de sua força antagônica, do alheamento que foi a própria dimensão de sua verdade. O intento e a função dessas obras foram, assim, fundamentalmente modificados. Se antes estavam em contradição com o *status quo*, essa contradição se mostra hoje aplanada"[11]. Nesse processo de rebaixamento da arte ao nível das massas, ela perde sua força de ilusão, corrompe-se sua dimensão política, seu compromisso com a formação de uma consciência capaz de ponderar, de duvidar. A dominação é disfarçada em igualdade cultural, como se fosse pos-

---

[10] HOBSBAWM, E. J. *Era dos Extremos*.
[11] MARCUSE, H. *A Ideologia da Sociedade Industrial*, p. 76.

sível equacionar a distância entre a representação e o real, "socializando" privilégios e abolindo etiquetas. A arte funcionalizada se conforma à arquitetura dos espaços físicos onde é exibida. Esta integração é tão íntima que os locais de comércio são, simultaneamente, locais de lazer, de apreciação da arte e da cultura, como os *shopping centers*, por exemplo.

As atividades culturais são cada vez mais marcadas com o selo do comércio, organizadas e induzidas a partir de conveniências para o mercado. Na sociedade onde a forma e o conteúdo do trabalho são determinados, não pela experiência profissional do operário, mas por uma organização técnica, a atividade cultural, do mesmo modo, não se define pela experiência vivida individualmente, antes sim pela comunhão de valores e participação em experiências centralmente elaboradas. A fonte social da cultura deixou de ser a atitude criadora do indivíduo e/ou de um povo, de uma região[12]. Com a compressão do tempo e do espaço, as culturas se entrelaçam. Os hábitos, gostos e valores produzidos pela sociedade capitalista se espalham por todo o mundo. As culturas locais, centenárias e sólidas, se dissolvem não no ar, mas mediante uma outra, que se pretende universal, cuja referência maior é o lucro. Uma cultura que se impõe como sinônimo de progresso, como realidade eterna e não como um estágio da história da civilização a ser vencido. Vale enfatizar, o ponto em discussão não é a volta às pertenças e práticas culturais tradicionais, como também não se trata de negar os encantos dos grandes palácios de diversão – como o da *Disneyworld* –, a praticidade do lanche se comparado à refeição, a alegria contagiante do ritmo *pop*. O desafio é superar a idéia de que a cultura informativa, e portanto a melhor, é a que está à venda.

A inoperância da criatividade individual se fundamenta nas relações de trabalho. No campo artístico e menos ainda fora dele, a cultura capitalista não comporta otimismos sobre essa situação. Segundo investigação feita por Machado[13], o trabalho flexível e integrado requer um tipo específico de criatividade, estreitamente vinculado e limitado ao produto em questão; uma criatividade regulada que, não raro, precisa ser forçada, induzida. Os trabalhadores que ocupam cargos de gerência têm, por vezes, seus dotes criativos requisitados. Os demais, que lidam diretamente com a produção, não são solicitados a criar, somente a reproduzir com o máximo de atenção. A necessidade de obediência, submissão,

---

[12] TOURAINE, A. *A Sociedade Pós-Industrial.*
[13] MACHADO, L. R. de S. *Pedagogia Fabril e Qualificação do Trabalho: Mediações Educativas e Realinhamento Produtivo.*

renúncia à vontade própria, a dependência e o medo mudam em alguns aspectos, porém, continuam crescendo no terreno do trabalho flexibilizado. "A manutenção da vigilância e do patrulhamento, mesmo que em bases novas, mas claramente conectada com o que se chama de 'visão estratégica da alta administração' e procedimentos de padronização, impõe cerceamentos à exploração de alternativas ao preestabelecimento e ao questionamento das práticas adotadas"[14]. As respostas dadas, as atitudes tomadas, dificilmente podem ir além do esquema previsto pelo gerenciamento de rotina. As técnicas ditas inovadoras mantêm o caráter manipulatório, permanecendo distantes da participação autodirigida. A esse respeito, trabalhadores entrevistados por Rebecchi[15] são taxativos ao afirmarem que bater uma tecla é menos gratificante que produzir à mão: não requer nem permite nenhuma espécie de criatividade. Não se desconhece o potencial de liberdade de expressão contido na tecnologia, assim como não se desconhece que nas relações sociais em vigor ele é inviabilizado.

A imaginação e a espontaneidade, tecidas com os fios dessa mesma conjuntura social, sofrem um processo de atrofiamento. A semiformação não encontra resistência diante do eu enfraquecido pelo modo de produção capitalista. A cultura de massa, também ela presa à lógica dominante, ciente ou não disso, concorre para tanto. Os filmes, as músicas, os programas exibidos na televisão, espelhados na organização do trabalho, não deixam margem para grandes divagações. As histórias prontas, fechadas, com passagens minuciosamente calculadas e articuladas não permitem ou, quando menos, dificultam o desmonte, a intervenção da fantasia.

> Os próprios produtos – e entre eles em primeiro lugar o mais característico, o filme sonoro – paralisam essas capacidades em virtude de sua própria constituição objetiva. São feitos de tal forma que sua apreensão adequada exige, é verdade, presteza, dom de observação, conhecimentos específicos, mas também de tal sorte que proíbem a atividade intelectual do espectador, se ele não quiser perder os fatos que desfilam velozmente diante de seus olhos[16].

---
[14] Ibid., p. 104.
[15] REBECCHI, E. *O Sujeito Frente à Inovação Tecnológica.*
[16] ADORNO, T. W.; HORKHEIMER, M. *Dialética do Esclarecimento*, p. 119.

A imaginação está recalcada o suficiente para não importunar a cada novo programa a que se assiste, para não titubear diante dos apelos de consumo. Até mesmo os mais distraídos terminam dando atenção aos incansáveis chamados da indústria cultural. Antecipando as necessidades das pessoas, ela exerce sobre as mesmas um poder contagiante, do qual dificilmente se escapa, dado que, até mesmo pensar, a indústria pensa pelos indivíduos. Em franca contradição com este fato, essa mesma cultura é entremeada pelo discurso que proclama em alto e bom som a demanda por pessoas capazes de pensar e tomar decisões por conta. Devido às mudanças que vêm sendo feitas na base técnica e organizacional do processo produtivo, a intervenção na subjetividade, na consciência, na conduta, no disciplinamento do indivíduo, é considerada estrategicamente fundamental. Donde se percebe que, a capacidade para pensar, antes referida, se estabelece regulada de perto pelas necessidades do capital.

Aqui se repete, com outras exigências, o que Gramsci[17] observa quando da segunda revolução industrial: em cada estágio de seu desenvolvimento, a sociedade capitalista forma os indivíduos de que necessita para se reproduzir. Hoje, como em tempos passados, as indústrias forjam subjetividades operárias condizentes com a reconversão em curso. A automação flexível não descarta a padronização da subjetividade – que segue presa ao processo de produção de coisas – apenas prioriza outros caracteres. As habilidades manuais não são dispensadas, mas os alvos passam a ser as aptidões mentais, a consciência, a conduta. As empresas criam mecanismos objetivos*, a fim de promoverem competências psicofísicas de que carecem. Põem em prática uma pedagogia que visa habilitar funcionários para o trabalho imediato, bem como "conscientizá-los" tanto de suas obrigações diárias, como para assumirem as necessidades da empresa como sendo suas. Tratam-se de estratégias que atingem mais intensamente a consciência dos trabalhadores e dos homens em geral que as utilizadas na gestão clássica de administração[18].

Ora, a subjetividade impregnada na arte não é nem pode ser diferente da

---

[17] GRAMSCI, A. *Maquiavel, a Política e o Estado Moderno*.

* Como jornal interno, cartazes espalhados pelo ambiente de trabalho, cursos de treinamento, foruns de apresentação dos resultados de produção obtidos nos diferentes setores, premiações, dentre outros. Para maiores informações, veja o texto *Pedagogia Fabril e Qualificação do Trabalho: mediações educativas do realinhamento produtivo*, de Lucília R. de S. Machado.

[18] MACHADO, L. R. de S. *Pedagogia Fabril e Qualificação do Trabalho: Mediações Educativas e Realinhamento Produtivo*.

subjetividade gerada pelas relações sociais de produção. Na música, no cinema, na televisão e até no teatro observa-se um núcleo comum entre as diferentes espécies de cultura. Pautado na imitação e obedecendo a hierarquia social, o produto cultural torna-se facilmente compreensível, assimilável. A mesmice regula o presente e as ligações deste com o passado. Na cultura de massas, o novo é uma raridade. O que se expõe diariamente são objetos e situações reformados em um ou outro aspecto. A assimilação de "novas" características do produto, quase sempre simples desmembramentos de características anteriores, é garantida através da repetição – recurso largamente empregado que contribui para a massificação. A cultura, no seu sentido clássico, subordina-se ao ardil do consumo. São poucos os profissionais da arte, como Brecht, que, apesar do cotidiano assédio do mercado, conseguem manter o compromisso com a formação de uma consciência capaz de ler, também por intermédio do palco, o que efetivamente se passa para além dele.

O papel da poesia na formação do pensamento crítico é mais um espaço que vem sendo suprimido. Quando invade as coisas ausentes – quebrando o encanto das que não o são –, quando transporta o estabelecido para uma outra ordem, alterando-o, a poesia cumpre sua função cognitiva. Contudo, este espaço também não resiste à defesa da ordem posta, feita pelos veículos de comunicação de massa que coordenam as expressões, esvaziando de sentido qualquer uma que se mostre "desadaptada". A poesia, a música, a pintura, dentre tantas outras áreas propícias à expressão máxima da individualidade e, igualmente, à consciência da mesma, evidenciam o extenso e avassalador domínio do eu pela racionalidade tecnológica, pelo espírito consumista. Como se depreende dos escritos de Lucien Sève[19], o desenvolvimento exponencial das capacidades sociais objetivas controla a subjetividade individual ao ponto de a humanidade inteira estar ameaçada de alienação.

A indústria da cultura faz da arte um produto para consumo em larga escala, extirpa da diversão toda sua ingenuidade, transformando-a num fator de renda, numa fonte de mais-valia. Para tanto, há que se manter fiel aos ditames da economia de mercado, se necessário até transgredir o estilo, sob pena de experienciar o fracasso econômico. Os modelos ditados pela indústria cultural, bem

---

[19] SÈVE, L. *La personnalité en gestation*.

como os de indústrias culturais, advêm principalmente dos países que lideram o processo de recomposição do capital. Os países onde as transformações na base produtiva, organizacional e gerencial se arrastam mais lentamente levam a sério a moral dominante, até porque já não reconhecem outra. "... As massas logradas sucumbem mais facilmente ao mito do sucesso do que os bem-sucedidos. Elas têm os desejos deles. Obstinadamente insistem na ideologia que as escraviza"[20]. A indústria cultural fortalece o processo de escravização do corpo e do espírito, há muito desencadeado pelo trabalho.

Movendo-se no sentido de descobrir veios de produtividade ainda não explorados, a sociedade capitalista manipula o prazer de modo a convertê-lo em uma fonte rentável. Confere-lhe um caráter econômico. Os indivíduos convivem diariamente com a possibilidade de obtenção de prazer, diga-se, um prazer pervertido, cujo fundamento é deslocado para o consumo. O prazer, aquele anunciado pelos Iluministas, que as condições factuais permitem, mas a sociedade posterga, permanece como possibilidade posta entre parênteses, ainda que uma possibilidade cada vez mais real. A manipulação se vale do cálculo de probabilidade para induzir o indivíduo a acreditar que as chances de ser ele o próximo a tirar a sorte grande são reais. Para a imensa maioria só com o passar dos anos, com a velhice, vem o desencanto, a descoberta de que a vida esvaiu-se e a realização dos sonhos ficou no horizonte de expectativas.

A civilização educa, socializa o prazer no sentido de torná-lo cada vez menos natural, instintual, espontâneo, e cada vez mais obtido segundo normas, modos e conveniências sociais. O capitalismo desfere um duro golpe sobre o prazer, canalizando toda sua energia propulsora para o trabalho. "Os homens só sentem a magia do gozo quando o sonho, liberando-os da compulsão do trabalho, da ligação do indivíduo a uma determinada função social e finalmente a um eu, leva-os de volta a um passado pré-histórico sem dominação e sem disciplina"[21]. Socializando o gozo, a sociedade moderna fecha a saída pela qual os homens podem escapar à dominação, escapar dos relacionamentos impostos. No percurso da civilização, o fortalecimento do eu segue paralelo ao enquadramento do prazer dentro de padrões e limites sociais. A racionalização do prazer se expressa aos indivíduos como um tributo natural à sobrevivência. A bem da verdade, resulta

---

[20] ADORNO, T. W.; HORKHEIMER, M. *Dialética do Esclarecimento*, p. 125.
[21] Ibid., p. 100.

da atividade social que o dosa, tornando-o inócuo ao prosseguimento da ordem. Para Sennett, uma das transformações mais evidentes no campo libidinal diz respeito ao amor físico. Ele é redefinido. Aparentando ser um processo natural, como quando a noite começa a ganhar o dia, o que era erotismo foi-se fazendo sexualidade.

> O erotismo vitoriano envolvia relacionamentos sociais, enquanto a sexualidade envolve a identidade pessoal. O erotismo significava que a expressão sexual transpirava por meio de ações – de escolha, representação, interação. A sexualidade não é uma ação, mas um estado no qual o ato físico do amor decorre quase como uma conseqüência passiva, como um resultado natural do sentimento de intimidade entre duas pessoas[22].

A sociedade burguesa se esforça para superar o medo, o sentimento de violação, as proibições e preconceitos que recaíam – e em parte ainda recaem – sobre as necessidades e práticas movidas pelo instinto do prazer. Nesse esforço, termina por modificar profundamente o erotismo. Os relacionamentos sexuais estão se tornando "casos", sem maiores envolvimentos, já que pretendem situar-se fora da teia das demais relações sociais que o indivíduo mantém. Resumido ao ato sexual em si, o erotismo tem sua dimensão social minimizada. A sedução, que desperta sentimentos capazes de violar códigos sociais, que questiona e envolve relações familiares, que corre riscos de desmoralização, dá lugar ao moderno "caso". Assim, a sedução se restringe a momentos de sedução. Os riscos de se expor publicamente são recalcados, porque o "caso" reprime a idéia de que o amor físico é um ato social.

A industrialização, continuamente alargada e aperfeiçoada, atinge e modifica a libido; reduz as experiências eróticas, filtrando toda essa energia para que permaneça apenas a satisfação sexual. A sensualidade é submetida à razão pragmática. Assim procedendo, a industrialização "... reduz também a necessidade de sublimação. No mecanismo mental, a tensão entre o que é desejado e o que é permitido parece consideravelmente reduzida e o Princípio da Realidade não mais parece exigir uma transformação arrasadora e dolorosa das necessidades instintivas"[23]. É como se o indivíduo desfrutasse de plena liberdade para satisfação de suas necessidades mais íntimas, o que não é verídico. Em contraste com a

---

[22] SENNETT, R. *O Declínio do Homem Público*, p. 19-20.
[23] MARCUSE, H. *A Ideologia da Sociedade Industrial*, p. 83.

ampliação da liberdade sexual, a sociedade restringe a zona e a forma de obtenção de prazer, identificando-o como prazer genital. Antes de os monopólios darem lugar à livre concorrência, à sociedade capitalista bastava domar os instintos sexuais, de modo a liberar o corpo para o trabalho. Na contemporaneidade, o comportamento sexual, bem como a obtenção de prazer a ele relacionada, são ajustados às demandas do mercado. Rebecchi[24] supõe que a escravização do homem pela tecnologia, por ele criada, pode chegar ao ponto de tais criações lhe roubarem a função reprodutiva – baluarte extremo e mais íntimo do indivíduo.

Historicamente, a possibilidade da atividade prática humano-sensível*, portanto livre, está muito mais distante do homem medieval que do homem da sociedade capitalista. Não obstante, o trabalho artesanal, mesmo marcado pela miséria e labuta, desenvolvia-se em um meio fortemente perpassado de subjetividade, um meio envolvente. Organizado pelo próprio sujeito, ainda podia proporcionar algum prazer. No contexto atual, observa-se uma dessublimação institucionalmente controlada. O organismo é orientado para aceitar passivamente o que lhe é oferecido. A libido está sendo administrada no sentido de induzir à submissão voluntária. A dessublimação é uma força cognitiva, sob o controle da locução e do comportamento dominantes, que ajusta "harmoniosamente" o indivíduo à ordem instituída. A automação elimina, em grande parte, o trabalho pesado e sujo. O corpo, sem deixar de ser objeto de exploração, está mais liberado para exibir-se no ambiente de trabalho. O acesso a roupas atraentes, a produtos e meios de conservar a beleza física contribuem para a deserotização e, concomitantemente, para o aumento de satisfação sexual controlada. Com isso, está-se destacando o quanto a libido vem sendo administrada pelas conquistas tecnológicas. Muito embora os homens aparentem estar mais livres dos tabus sociais, a dessublimação é profundamente repressiva, a dominação aumentou. Ao longo do período de assentamento da sociedade burguesa, o desafio era domar os instintos à luz das necessidades do trabalho. Esta etapa pode ser considerada cumprida. À sociedade industrial madura cabe educar o pensamento sobre a prática sexual, bem como a prática sexual em si, de modo a que os objetos e situações prazerosos possam ser igualmente lucrativos. Não basta satisfazer os instintos, é preciso satisfazê-los produtivamente. Mas, como a redução da libido ao sexo parece resultar em aumento de prazer imediato, os homens não protestam.

---

[24] REBECCHI, E. *O Sujeito Frente à Inovação Tecnológica*.
* A que se refere Marx, em suas *Teses sobre Feuerbach*.

Quanto mais a semicultura, quer dizer, a cultura de dimensão única e propósitos economicistas, consegue se apropriar das necessidades dos homens, de seus desejos e pensamentos, mais ela os disciplina. Com a fusão entre trabalho, cultura e entretenimento, as resistências são mínimas, posto que corpo e mente são tomados simultaneamente. A liberdade privada só existe no plano formal. O indivíduo nasce num sistema de relações sociais, cercado de instituições e entidades que, juntamente com as atividades de trabalho se encarregam de passar-lhe as lições formativas. O que tenta escapar à ação dos mecanismos sociais de controle corre o alto risco de ser considerado um fracasso. Quando a empresa, em processo de reconfiguração, esgota suas estratégias de treinamento e/ou convencimento sem que se obtenha o resultado desejado com algum funcionário, as causas do malogro recaem sempre sobre o indivíduo, que é logo rotulado de inapto, limitado, incapaz, devendo ser substituído. A cultura empresarial deixa transparecer que, para conseguir se realizar, o indivíduo deve se entregar inteiro ao trabalho; deve renunciar a toda pretensão desviante. O que é bom e necessário para a empresa também o é para o indivíduo. A confiança que cada um inspira aumenta proporcionalmente à sua capacidade de despojar-se de si. O universal marca a contingência na qual ele pode sobreviver. Os tipos de individualidade são produzidos em série, assim como se produzem alfinetes, carros, fechaduras ou quaisquer outros objetos. As particularidades do eu, condicionadas desde a mais tenra idade, são monopolizadas e comercializadas como outra mercadoria qualquer.

Os meios de comunicação, notadamente a televisão, promovem reuniões diárias e simuladas entre pessoas que se encontram em localidades e até continentes distintos. Trata-se de uma proximidade simulada, no sentido de que os partícipes não se conhecem concretamente nem podem contar um com o outro. O indivíduo está rodeado de imagens e, portanto, só. Segundo Touraine[25], o cenário de aproximação entre os indivíduos, montado a partir das novas técnicas de comunicação, lembra um caleidoscópio: o que se vê é maravilhoso, porém fracionado. Por mais que os personagens exibidos na tela do cinema e/ou da televisão se assemelhem aos telespectadores, há uma distância quase intransponível que os separa, a despeito de os personagens serem apresentados como exemplares do gênero humano.

---

[25] TOURAINE, A. *Crítica da Modernidade.*

A semelhança perfeita é a diferença absoluta. A identidade do gênero proíbe a dos casos. A indústria cultural realizou maldosamente o homem como ser genérico. Cada um é tão-somente aquilo mediante o qual pode substituir todos os outros: ele é fungível, um mero exemplar. Ele próprio, enquanto indivíduo, é o absolutamente substituível, o puro nada, e é isso mesmo que ele vem a perceber quando perde com o tempo a semelhança[26].

A informatização do trabalho incide diretamente nas relações entre pessoas. O adensamento das atividades, em alguns casos, provoca um aumento de atribuições e de contatos pessoais para o trabalhador; em outros, reduz a um único tipo de operação isolada, qual seja, alimentar a máquina. Há um isolamento físico real: a função desempenhada por um operário dificilmente encontra correspondência na dos demais, mesmo quando estão próximos. A centralização do trabalho informatizado é feita por um cérebro, comumente, desconhecido do trabalhador. Na empresa automatizada, a comunicação ocorre mais no sentido vertical e menos no horizontal. Estes fatos, associados ao fechamento de inúmeros postos de trabalho – que acirra as tensões e a competição –, diminuem as relações interpessoais e fortalecem o individualismo. O diálogo, pessoalmente estabelecido, vai sendo substituído pela comunicação efetuada por intermédio do vídeo. Em lugar das comunicações informais existentes entre os trabalhadores, afirma-se a dependência pelos computadores e painéis de controle, ou seja, afirma-se a comunicação estereotipada. Os homens estão experimentando a passagem de uma comunicação interpessoal para uma comunicação impessoal, mediada pela máquina*. Note-se que a impessoalidade e o isolamento estão no trabalho, como sinaliza Rebecchi, e estão por toda a sociedade, como sinalizam Adorno e Horkheimer.

Com a individualidade sob controle, os indivíduos se integram na universalidade sem maiores conflitos. Adorno e Horkheimer demonstram que a cultura de massa revela a natureza fictícia da individualidade na era capitalista.

---

[26] ADORNO, T. W.; HORKHEIMER, M. *Dialética do Esclarecimento*, p. 136.

* O que se põe em questão não é a comunicação impessoal em si, mas sim suas finalidades, o modo como é explorada.

> O princípio da individualidade estava cheio de contradições desde o início. Por um lado, a individualização jamais chegou a se realizar de fato. O caráter de classe da autoconservação fixava cada um no estágio de mero ser genérico. Todo personagem burguês exprimia, apesar do seu desvio e graças justamente a ele, a mesma coisa: a dureza da sociedade competitiva. O indivíduo, sobre o qual a sociedade se apoiava, trazia em si mesmo sua mácula; em sua aparente liberdade, ele era o produto de sua aparelhagem econômica e social. (...) Ao mesmo tempo, a sociedade burguesa também desenvolveu, em seu processo, o indivíduo. (...) A técnica transformou os homens de crianças em pessoas. Mas cada um desses progressos da individuação se fez à custa da individualidade[27].

Os traços que ainda resistem ao processo de homogeneização indicam o que não foi cooptado pelas relações dominantes e, igualmente, as cicatrizes da mutilação que essas mesmas relações imprimem aos homens.

À proferição de que o trabalho está deixando de ser degradante e enfadonho, devido à flexibilização e integração, os estudos de Machado[28] recomendam cautela. A falta de motivação para o trabalho, a apatia, a estafa, são problemas seríssimos, enfrentados pelas empresas, que depõem contra euforismos. Convive-se num clima de tensão permanente, devido às pressões que as mudanças em andamento exercem sobre os trabalhadores: as atividades exigem muita precisão e responsabilidade; a competição interna, conseqüente do progressivo desemprego, coloca a todos e a cada um o desafio de provar, continuamente, que é o melhor. O indivíduo não dispõe de tempo para pensar. Ele deve adaptar-se rapidamente às mudanças, se quiser evitar a penalidade máxima, a demissão. "A tendência em vigor de absolutização de supostas positividades inerentes às novas formas de organização do trabalho pode obscurecer a visão e desprezar as manifestações de insatisfação, sobretudo as pequenas e sutis, que passam a ser tratadas como simples resistências"[29].

Muitos dos males que assolam a produção industrial clássica estão sendo eliminados pela automação flexível, pela computadorização. Contudo, os trabalhadores continuam sujeitos a distúrbios psicossomáticos, como gastrites, úlceras,

---
[27] Ibid., p. 145.
[28] MACHADO, L. R. de S. *Pedagogia Fabril e Qualificação do Trabalho: Mediações Educativas e Realinhamento Produtivo.*
[29] Ibid., p. 123.

hipertensão, insônia, stress, etc. Conforme Rebecchi[30], os sintomas de desequilíbrio psíquico vão desde um mal-estar generalizado até indícios de doença mental. Para ele, são duas as principais causas desse desequilíbrio: "o isolamento e a perda de significado do trabalho". Percebe-se que a integração de tarefas não tem sido suficiente para restabelecer um ambiente de solicitações mútuas, que respondam a necessidades cognitivas e afetivas. A inteligência humana é transferida para a máquina, com quem o homem estabelece uma relação de dependência, uma relação que não reclama sentimentos afetivos.

Essa materialidade, na qual se vive intensamente para o trabalho alienado, alimenta uma cultura que se confunde com a publicidade, ou melhor, ambas se fundem no aparato técnico com vista a fins econômicos. Como o trabalho, as obras culturais e as propagandas caracterizam-se pela repetição mecânica. Numa e noutra instância, sob o imperativo da eficácia, a técnica manipula o próprio homem que a criou. Se for preciso, combinam-se o surpreendente e o familiar, o simples e o complexo. Para se manter, essa ordem tem que convencer. As obras de arte são popularizadas, e nem por isso os excluídos estão tendo acesso ao que lhes tem sido negado. A liquidação dos bens culturais acoberta o continuísmo da incoerência bárbara. A produção em massa, juntamente com a cultura de massa, transforma os homens, educando-os de acordo com parâmetros científicos. No entanto, eles estão muito pouco conscientes dessa transformação, da qual participam ativamente.

A coesão social em torno do sistema se solidifica. E, é com base nesse respaldo que a sociedade unidimensional tem anulado oposições políticas e até instintivas. O sistema produtivo se apresenta como agente eficaz de pensamento e ação. Transmite uma moralidade diante da qual todos se rendem. Atrofiando a consciência, impedindo o homem de compreender as contradições enraizadas nesta sociedade, bem como a alternativa de superação, a racionalidade tecnológica segue presa à mesma lógica de apropriação e distribuição e, com ela, segue a Consciência Feliz. Na verdade, uma consciência iludida pelas aparências, que traduz um novo conformismo: novo, porque é gerado pelas inovações tecnológicas que re/configuram as relações sociais, sem, contudo, alterá-las em seus fundamentos; novo, porque se caracteriza por um grau de racionalidade sem equivalentes na história. Numa sociedade que prolonga e aprimora a vida

---

[30] REBECCHI, E. *O Sujeito Frente à Inovação Tecnológica*. p. 26.

de um modo geral, em princípio, não há razão para que a consciência se sinta infeliz. Em princípio, pois essa espécie de felicidade, mantida pela sociedade industrial, é um fator de superfície. A base desta sociedade encontra-se extremamente expropriada, sofrida e infeliz. Os homens, educados e convencidos pelas meia-verdades que eles próprios criam e propalam, através do universo da comunicação, estão impedidos de compreender a real condição de existência. Como observa Marcuse[31], esse universo sedimenta "... hábitos de pensar sociais". E, "... na expressão desses hábitos de pensar, a tensão entre aparência e realidade, fato e fator, substância e atributo, tende a desaparecer". O conceito, manipulado, perde as mediações que lhe conferem sentido e significado, promovendo uma identificação imediata ao invés de mediata entre a razão e o objeto.

O condicionamento social no e através do terreno da comunicação é determinante na manutenção da sociedade industrial. A linguagem forma e organiza o pensamento. Logo, por meio dela é possível predestinar, induzir as pessoas para uma ou outra direção. E, os que detêm o controle do processo produtivo sabem como explorar esse veio, para que os homens aceitem o que está dado, valorizem e consumam o que a ordem social necessita para continuar se reproduzindo. Subsumindo o conceito, a palavra se torna um clichê, evitando que a comunicação proporcione um desenvolvimento genuíno do significado. As sentenças político-ideológicas indicam a coisa, seu funcionamento e suas vantagens; promovem uma aderência da mente ao produto e/ou situação. São estruturadas para desencadear pronta aceitação, de modo a não deixar espaços para a negativa. Os comandos sugestivos têm um poder hipnótico.

As definições fechadas e sobrepostas impedem a percepção e avaliação de diferenças e, principalmente, a percepção de incompatibilidades, tão bem administradas pelo discurso, que na prática unidimensional convivem disfarçadamente. A liberdade, a democracia, a igualdade e a individualidade são, a todo momento, ressaltadas numa organização profundamente repressiva, despótica, desigual, onde a livre individuação só tem vez e voz no reino da fantasia. O poder de reconciliar os opostos é uma característica que marca a política de mercado. A recusa fica lingüisticamente desarmada pela capacidade que esse sistema tem de assimilar termos e significados contraditórios, uniformizando-os. Para se manter, as relações sociais vigentes juntam palavras, que designam coisas totalmente

---

[31] MARCUSE, H. A Ideologia da Sociedade Industrial, p. 93.

diferentes, em uma única expressão. "Academia Liberdade de Especialistas em Guerra Fria" e, "bomba limpa" são exemplos de expressões, citadas por Marcuse[32], que conferem moral e integridade física à destruição. Além de combinações como estas, outro recurso muito usado é o emprego de siglas. O entendimento do conceito ou da idéia na sua totalidade é dificultado pelas siglas. Na crença de que elas, ao abreviarem, apenas facilitam a comunicação, o sujeito as emprega ou submete-se às mesmas sem saber ao certo do que se trata. Ao abreviar a expressão, a sigla abrevia também o pensamento. As fórmulas e siglas são anticríticas, colocam entre parênteses o conteúdo histórico que permite pensar e, deste modo, contribuem para a funcionalização da linguagem e da consciência. As matérias, altamente padronizadas, apresentam-se como sendo dirigidas a um indivíduo em particular. A estratégia de, ao mesmo tempo, intimidá-lo e glorificá-lo tem servido perfeitamente bem à referida funcionalização.

A linguagem é o principal instrumento do caráter publicitário da cultura. As palavras não atuam como veículos privilegiados da substancialidade real dos significados. No processo de racionalização da linguagem, as palavras, petrificadas, coincidem imediatamente com as coisas. Os signos vão sendo destituídos do significado social. A palavra converte-se numa camisa de força. Aliás, este fato moderno é conhecido dos homens desde épocas muito longínquas. O poema épico de Homero, *Odisséia*, já explora o poder das palavras sobre as coisas. Isto mostra que a história da civilização humana é composta por rupturas e continuidades. Ulisses toma consciência da intenção ao descobrir que a mesma palavra pode designar coisas diferentes e/ou modificá-las. Está quebrado o encanto do nome. Nenhuma outra formação social conhece tão bem a arte de lidar com as palavras, com seus sentidos, que a burguesa. O poder de manipulação pela via da linguagem chega ao ponto de camuflar ou falsear completamente o verídico e este, falseado, por sua vez, camufla a linguagem. Fazendo uso da palavra, a mídia consegue despertar e manter sentimentos que vão da total indiferença ao total deslumbramento. "Ulisses descobre nas palavras o que na sociedade burguesa plenamente desenvolvida se chama formalismo: o preço de sua validade permanente é o fato de que elas se distanciam do conteúdo que as preenche em cada caso e que, a distância, se referem a todo conteúdo possível, tanto a ninguém

---

[32] Ibid., p. 100.

como ao próprio Ulisses"[33]. Em síntese, a *Odisséia* testemunha que, desde então, os homens forjam as palavras de acordo com a intenção. Aprendem a ver na razão das coisas a desrazão.

Nos escritos de Homero está presente a idéia de que o homem precisa antes se perder para depois se encontrar. O indivíduo é forçado a se perder – e na sociedade industrial essa perda é quase completa – sob a promessa de uma vida melhor, que lhe tem sido negada. Como Ulisses, o homem se entrega ao embate com a natureza, mede forças com ela, triunfa sobre a mesma, mas não consegue se salvar enquanto indivíduo. Nessa luta, ele abre mão de si esperando reencontrar-se posteriormente soberano, livre da dominação instituída. E, justamente essa possibilidade, mais real que nunca, parece não passar de um grande mito. A necessidade de renúncia e dominação está superada. Mesmo assim, o indivíduo continua sendo sacrificado pela abolição do sacrifício.

Assim como a cultura capitalista modifica a linguagem, elaborando códigos e esquemas que lhe são peculiares, modifica também a memória. A racionalização progressiva dos procedimentos da produção desvaloriza a experiência de trabalho passada de uma geração à outra e, com ela, desvaloriza a memória. A necessidade de os mais jovens aprenderem com os mais velhos vai sendo superada pela industrialização, pela rapidez com que a sociedade descarta suas criações. O que hoje é uma invenção fantástica em breve será obsoleto. A espécie de memória que permanece indispensável está amparada por inúmeros recursos, como computadores, agendas, fichários, museus, etc., em resumo, está guardada na máquina. Quando o homem se aliena da memória, boa parte do fôlego outrora gasto com esta atividade é canalizada para a adaptação ao existente[34].

Pelo modo como produz e se reproduz, a sociedade industrial tende a excluir da memória muitos de seus elementos. A memória, que leva à compreensão da historicidade das formas de produção, bem como das perdas e conquistas angariadas nessa trajetória; que leva ao julgamento, ao encontro do critério de verdade e falsidade, progresso e regressão, é neutralizada. O neoconservadorismo, conscientemente ou não, descaracteriza a linguagem do conhecimento histórico, capaz de romper a crosta superficial da sociedade "democrática". As mediações entre passado e presente, que desvelam os fatores que fizeram os

---

[33] ADORNO, T. W.; HORKHEIMER, M. *Dialética do Esclarecimento*, p. 65.
[34] ADORNO, T. W. *Educação e Emancipação*.

fatos, dão significado ao estilo de vida, projetam as fronteiras e as alternativas, são desligadas; a dialética, bloqueada. É a operacionalização da consciência, de seu conteúdo e de suas funções. A consciência já não é outra coisa senão aquilo que a sociedade industrial lhe permite ser. Elaborada de acordo com as necessidades desta sociedade, ela tende a mover-se dentro dos mesmos limites. E, nos momentos em que se atreve a ir além do que está dado, ensaiando a apropriação da existência para-si, suas iniciativas destoantes são logo reenquadradas. No raciocínio invertido – que favorece a manutenção do *status quo* –, onde a parte pode explicar o todo, onde a infelicidade geral é traduzida por descontentamento pessoal, onde conceitos universais são dissolvidos em palavras, as denúncias se tornam casos particulares, incidentes isolados perfeitamente discutíveis e solucionáveis sem que, para isto, tenha de se alterar o todo[35].

No século XVIII, relembra Touraine[36], as lutas, de uma forma ou de outra, tinham em vista a felicidade do homem. No século XIX, a prioridade é o progresso social. E no XX, seria a vez do sujeito, da realização individual? Como confirmar tal hipótese se o controle objetivo/subjetivo, pior ainda, das coisas sobre os homens é reprogramado, de modo a ampliar-se e aprofundar-se a cada dia? A felicidade da qual os homens desfrutam na sociedade de massas é, a um só tempo, objetiva e aparente, semelhante à dos lotófagos, ou comedores de lótus, que seduzidos pelo doce da planta não conseguem mais deixar as plantações de lótus*. Trata-se, isto sim, de "... um estado apático e vegetativo, pobre como a vida dos animais e no melhor dos casos a ausência da consciência da infelicidade"[37]. A liberdade de consumo, associada ao liberalismo dos desejos, das vontades, do direito de expressão, numa sociedade que pretende ser informal e antinômica, dão aos homens a impressão da reconciliação com a felicidade plena.

Sobretudo com a automação flexível, o capitalismo constitui-se num colosso sem sujeito. A prática social e de cada um – princípio de orientação da conduta – é impessoal. Ainda que nesse contexto o assunto seja o respeito à "maneira individual de ser", à produção e difusão de conhecimentos e habilidades, o livre e fácil acesso a informações, a educação, saúde e bem-estar, o indivíduo permanece na qualidade de

---

[35] MARCUSE, H. *A Ideologia da Sociedade Industrial*.
[36] TOURAINE, A. *Crítica da Modernidade*.
* Veja o Excurso I da *Dialética do Esclarecimento*, de Theodor W. Adorno e Max Horkheimer.
[37] ADORNO, T. W.; HORKHEIMER, M. *Dialética do Esclarecimento*, p. 67.

imagem 'artificial. Um organismo ao inteiro dispor do mercado. O capitalismo não comporta uma individuação auto-administrada. No ambiente de trabalho, o indivíduo tem poucas chances de desenvolver habilidades e capacidades diferentes das requeridas pela produção. Para que a empresa alcance o nível de qualidade necessário à inserção e permanência no concorrido mercado internacional, os operários passam por um treinamento rígido e constante, onde não se admitem desvios em relação ao preestabelecido. As prescrições para as atividades a serem executadas são claras e objetivas, devendo ser seguidas *ipsis litteris*, de sorte que dificilmente acontece de o operário ter uma visão diferente, uma idéia nova sobre um determinado processo. Pondo em xeque as proferições de que a automação flexível requer competências intelectuais relacionadas à criatividade, ao raciocínio crítico, trabalhadores entrevistados por Machado[38] testemunham que fazem o que lhes determinam e no ritmo solicitado. Nos poucos casos em que a autonomia aumenta, ela está diretamente vinculada ao aumento de responsabilidade. O preço da relativa autonomia é a duplicação da cobrança. Se, como escreve Rebecchi[39], "... autonomia é, primeiramente, a possibilidade de organizar, de autodeterminar o próprio tempo", há muito o indivíduo perdeu-a. O ritmo da máquina, mesmo com as mudanças em andamento, dita o ritmo da vida dentro e fora do âmbito de trabalho.

No início da segunda metade do século XX, examinando as condições concretas de vida em que os homens se encontram, Adorno[40] pondera: eles continuam sendo aquilo para o que Marx apontara cem anos antes, a saber, apêndices da maquinaria. Portadores de papéis, encontram-se submetidos, até mesmo nos sentimentos mais íntimos, ao mecanismo social. Nada mudou, a não ser para pior, pois o pensamento, os hábitos, os sentimentos não são cooptados de um só golpe, mas gradativamente, a depender das necessidades do capital. Hoje, como antes, a produção tem um firme e decidido propósito: o lucro. O espírito das luzes é libertador e, igualmente, opressor. "A submissão às exigências do pensamento racional libertou a humanidade das superstições e da ignorância, mas não libertou o indivíduo; ela colocou o reino da razão no lugar do reino dos costumes, a autoridade racional legal, no lugar da autoridade tradicional"[41]. A mo-

---

[38] MACHADO, L. R. de S. *Pedagogia Fabril e Qualificação do Trabalho: Mediações Educativas e Realinhamento Produtivo.*
[39] REBECCHI, E. *O Sujeito Frente à Inovação Tecnológica*, p. 41.
[40] ADORNO, T. W. *Sociologia.*
[41] TOURAINE, A. *Crítica da Modernidade*, p. 269.

dernidade não confia no indivíduo que ela própria criou. Prefere as leis impessoais da ciência, às quais tudo e todos se sujeitam.

É preciso que o homem se reencontre, descobrindo no progresso – que o distanciou de si mesmo – as condições de liberdade. Nesse sentido, não é a técnica o elemento funesto que precisa ser combatido, e sim a forma como a mesma é explorada, seu déficit ético. A técnica, que deveria ser mantida como um meio, é tomada como fim, para atender interesses particulares. Quando a produção é levada a termo como um fim em si, a liberdade humana é colocada em segundo plano. O desenvolvimento técnico, dominado pelo interesse no lucro, tem resultado, principalmente, em um primoroso arsenal de controle. São as relações que o sustentam nessa posição que precisam ser combatidas. Adorno[42] recorda que nas últimas décadas tem-se falado muito pouco sobre a tensão entre as relações de produção e as forças produtivas. A capacidade destas para libertar o homem parece estar sendo renegada frente ao domínio persistente das relações de produção capitalistas. O potencial das forças produtivas permanece tão encoberto pela trama das relações de poder que o ideal dos homens ainda é a plena ocupação e não a liberação do trabalho heterônomo. Para se autoconservarem, as relações de produção submetem a si as forças produtivas. A possibilidade de uma individuação que contempla os vários sentidos do humano é o que há de mais real e, ao mesmo tempo, de mais abstrato. Tal abstração não se deve ao pensamento especulativo que, obstinado, perde de vista a substancialidade do real, mas sim à espécie de relação de troca a que o processo de vida social obedece. Ao indivíduo resta uma nítida impotência diante do todo. A felicidade que engana os sentidos e a mente se mantém a despeito da infelicidade real do indivíduo. "Que o braço estendido da humanidade alcance planetas distantes e vazios, mas que ela, em seu próprio planeta, não seja capaz de fundar uma paz duradoura, manifesta o absurdo na direção do qual se movimenta a dialética social"[43].

A sociedade industrial revolucionou os meios de produção e manteve as mesmas relações sociais. Desta contradição, pontua Adorno, advém que as forças produtivas só não foram freadas na sua capacidade de aniquilamento.

---

[42] ADORNO, T. W. *Sociologia*.
[43] Ibid., p. 70.

Mais do que nunca, as forças produtivas estão sendo mediadas pelas relações de produção; de um modo tão completo, talvez, que estas aparecem, exatamente por isso, como a essência; elas se tornam totalmente uma segunda natureza. Elas são responsáveis pelo fato de que, em insana contradição com o possível, os homens estejam condenados a passar fome em grande parte da terra. Mesmo onde haja abundância de bens, ela ocorre como que sob uma maldição[44].

A consciência, subjugada, não consegue ver a irracionalidade da unificação tecnológica e organizatória. A consciência marca passo, como que inserida num movimento que a conduz para aquém da objetividade. Apesar de o poderio das relações de produção ser maior que nunca, elas já não funcionam por conta própria, estão enfermas, esvaziadas. O remédio tem sido o controle, continuamente aperfeiçoado, a fim de que nada, na existência dos homens, escape à sua ação. Desenvolvido pela sociedade capitalista, e imanente ao sistema de relações, o controle funciona no sentido de defender a permanência injustificada desse sistema. À consciência faltam forças para desencantar o que encanta, para quebrar o caráter universal do fetiche. O espaço de que a consciência dispõe para ser qualquer coisa diferente do dominante foi drasticamente estreitado. A possibilidade de ser diferente é podada *a priori*. "... a aparência de liberdade torna incomparavelmente mais difícil perceber a própria falta de liberdade do que quando se opunha à falta de liberdade manifesta. Reforça-se, assim, a dependência"[45]. A consciência libertou-se da tutela teológico-feudal. Mas, devido à crescente socialização de todas as relações entre os homens, não pode escapar ao controle que, vindo de fora, atinge sua estrutura imanente. Conforme Adorno, ao se orientar para a venalidade mercadológica, o espírito reproduz as categorias sociais preponderantes, as mesmas que o aprisionam.

O Espírito universal, assim como Hegel[46] o concebe – a consciência que alcançou a compreensão de si e do processo que lhe permite ser-para-si – encontra-se sofrido e fragilizado. Enquanto consciência dominante, ele recuou ao servilismo. Ao buscar sua emancipação no consumo, a consciência se perde nos meandros das relações de produção. Ideologizada, não pode compreender a

---
[44] Ibid., p. 71.
[45] Ibid., p. 78.
[46] HEGEL, G. W. F. *Fenomenologia do Espírito*.

objetividade na qual está inserta. O Espírito universal, na trajetória histórica da civilização, venceu a magia dos deuses, alcançou o esclarecimento dominando a natureza e agora parece retornar ao mito. Para Adorno[47] essa consciência "... se converteu no terror sagrado". O que reluz por cima do todo não é o Espírito universal, como quer Hegel, mas a opressão universal, capaz o bastante para garantir que o particular não pretenda ser diferente, quando a reconciliação entre indivíduo e objetividade pressupõe a superação do sempre igual.

Se, de um lado, a consciência burguesa universalizada se opõe ao singular, operando com uma representação de indivíduo que não condiz com o indivíduo concreto – e isso fica particularmente evidente na supervalorização, nos apelos variados e constantes que os meios de comunicação dispensam à pseudo-individualidade –, de outro, a oposição desaparece mediante a constatação de que universalidade e individualidade, tal como se apresentam atualmente, advêm do mesmo processo, das relações de produção capitalistas. Logo, nenhuma escapa ao fetiche. Os homens convivem diariamente com um nominalismo que funciona como sedativo. Sob seu efeito, a consciência permanece em um estágio pré-científico, despreocupando-se com a relação entre o universal e o particular. O nominalismo é avesso ao pensamento utópico, uma vez que este persegue, a partir do constituído, o que está além dele.

Teoricamente, a sociedade burguesa adulta compor-se-ia de indivíduos livres e auto-suficientes. O sonho não se materializou, e o discurso burguês prossegue não admitindo que a emancipação humana só é possível numa outra organização social, diferente da que o abriga. Através dos imperativos da autoconservação ou simplesmente de situações irracionais, a sociedade capitalista captura todos os particulares, integrando-os às suas normas de sobrevivência. O poder do indivíduo sobre aquilo que se realiza através dele é quase desprezível. A hegemonia do objeto é experienciada e confirmada diariamente. A ordem social vigente necessita da desrazão para subsistir; uma desrazão que sabota o indivíduo com pretensões de ser por si mesmo, mantendo-o como que enfeitiçado. O espírito universal, falseado, transforma o particular em particularismos. A capacidade de reflexão que poderia romper com esse estado de encantamento está a seu serviço. Na experiência humana, o feitiço pode ser entendido como sinônimo de cons-

---

[47] ADORNO, T. W. *Dialética Negativa*, p. 302.

ciência coisificada, equivalente ao fetiche da mercadoria que, ao apropriar-se da faculdade do entendimento, se torna um mal radicalizado. A comunicação de massa, com seu ruído orquestrado, incentiva a permanência do estado de coisificação. Há um antagonismo inerente ao espírito universal, pontua Adorno[48]: ao mesmo tempo que ele se encontra acima dos homens, realiza-se neles e através deles; desinteressa-se dos indivíduos, mas não pode prescindir deles para existir.

A opressão à individualidade não é um fato peculiar à sociedade industrial. Mas, sem dúvida, é neste contexto que ela adquire sua forma mais aguda e universal. No que se refere às promessas do novo paradigma, estudos de Rebecchi, Harvey, Hobsbawm e Machado, já citados anteriormente, indicam na mesma direção: o enriquecimento das capacidades mentais e de relacionamento, aumento de iniciativa, ampliação de conhecimentos, de autonomia, maior liberdade de expressão, permanecem extensivamente relativizados, regulados em conformidade com os preceitos capitalistas. Lucien Sève[49] já havia escrito que "... as pressuposições de livre individualidade para todos, formadas no sentido do capitalismo, trazem a terrível impressão de seus limites e antagonismos". Em plena revolução tecnológica, de conseqüências e exigências humanas ainda pouco calculáveis, verificam-se libertações enviezadas. Os homens liberam-se de dependências para com a natureza e das relações familiares, desdenham tabus sexuais, prolongam o tempo de vida, elevam o nível de escolaridade, aperfeiçoam o sistema de comunicações e as condições para que a labuta seja deixada para trás. Apesar disso, nesta mesma sociedade, os indivíduos são mais irracionais que emancipados, mais atemorizados e inseguros que autônomos, mais disponíveis a manobras numa cultura de massa que polivalentes. "O progresso genérico da humanidade se efetuou através do mais pavoroso desperdício dos indivíduos"[50]. A lei do proveito capitalista consome-os no serviço de produção de bens.

A história da civilização humana é, como a define Adorno[51], seguindo Marx, síntese de continuidade e descontinuidade, e não um processo crescente sem interrupções. A sociedade se transforma e se desenvolve no embate com suas contradições. Na luta para vencer os antagonismos, por vezes recua, por vezes

---
[48] Ibid.
[49] SÈVE, L. La personnalité en gestation, p. 239-40.
[50] Ibid., p. 248.
[51] ADORNO, T. W. Dialética Negativa.

supera seus próprios limites. Daí que, se hoje o atendimento à individualidade não passa de uma simulação da sociedade capitalista, é preciso considerar também que o estabelecimento das condições para que tal atendimento se torne real é uma proeza devida, prioritariamente, a esta sociedade, mesmo que ela recue mediante o potencial que gerou. É mister indagar se o indivíduo ainda guarda algum resíduo que não tenha sido sacrificado à identidade da cultura de massa, o qual se possa tomar como ponto de apoio na reversão do *status quo*. Para incrementar a compreensão do real, o conhecimento tem que se mover pelas contradições. Essa é a via através da qual se pode reaproximar a ética da responsabilidade da ética da convicção. Há que se rever as fronteiras traçadas entre a razão instrumental, a liberdade pessoal e as heranças culturais[52]. A defesa do indivíduo serve à sua libertação se levada a efeito dentro da história da sociedade que o escravizou em nome da emancipação.

Nos países altamente industrializados, os homens tendem a abandonar-se, quase sem reação, diante das catástrofes. O ideal de felicidade e bem comum é visivelmente menos intenso que o individualismo e a violência. Dizer que o capital controla os meios de opinião pública e, por aí, as pessoas, não basta. Há algo nelas que as predispõe a acolher as mensagens, um campo que se forma a partir da combinação entre os determinantes sociais e as estruturas pulsionais. Ao investigar esta questão, das condições subjetivas que amparam a irracionalidade objetiva, Adorno – em sua obra *Atualidad de la Filosofía* – constata que os papéis sociais internalizados pelo indivíduo convertem-se, no decorrer da história dos homens, no que ele denomina de uma segunda natureza. Esta não se elabora por decreto e tampouco é ação do sobrenatural. É, isto sim, o referencial que orienta o indivíduo; representação imediatamente possível que a prática alienada e alienante permite. É, por assim dizer, a reprodução de uma espécie de espírito universal em cada indivíduo. Um espírito que conforma o pensamento, os sentimentos, as ações e reações individuais; um conjunto de caracteres físicos e psíquicos, produzidos pelos homens na atividade social, que se alojam nos indivíduos e nas coisas, definindo a objetividade e a subjetividade sócio-individual.

A sociedade contemporânea tem desenvolvido inúmeras formas, preferencialmente psicológicas, de intervenção nesta segunda natureza, a fim de regulá-la conforme as modificações e necessidades do padrão em curso. Uma boa amos-

---

[52] TOURAINE, A. *Crítica da Modernidade*.

tra dessa intervenção manipulatória é a pedagogia empresarial, de que fala Machado[53], que molda o trabalhador, e por extensão o indivíduo, com a finalidade explícita de resolver problemas imediatos de produção, e implícita de conservar a sociedade do consumo. O psicologismo, servo do poder do mercado, também participa desse feito. Transforma o indivíduo em uma categoria extra-social, que se explica em si mesma e à qual tudo pode ser atribuído. Os transtornos sociais são transferidos à esfera individual, mais especificamente à do psicológico, e tratados neste reduto. "Enquanto se explica como algo baseado no psiquismo, processos que ocorrem entre sujeitos abstratos, na realidade subtraídos a toda espontaneidade individual, o coisificado se humaniza de uma forma muito consoladora"[54]. Concebendo o psicológico como um campo de forças autárquico – aliás, um conceito oco –, o psicologismo tenta negar, na subjetividade, a objetividade. O psiquismo fechado em si fica imóvel como um objeto. Desligada da dialética social e analisada como se tivesse leis próprias, a psique se torna inanimada, não serve de referência a nenhuma outra explicação, a não ser à de cunho abstrato. É preciso considerar que o eu é psíquico e não-psíquico, é subjetividade e objetividade.

A hegemonia do objeto sobre o sujeito perverte as pulsões – fator que pode desencadear, neste último, uma reação ao dado –, reeducando-as e podando-as em favor do Superego, da censura. Então, é uma atividade vil pretender formar um indivíduo equilibrado se as forças externas estão em extrema vantagem. A tão divulgada e perseguida integração da personalidade individual pressupõe um equilíbrio entre necessidades individuais e necessidades sociais. Ocorre que o equilíbrio não pode ser instaurado no terreno psíquico sem que o seja também na sociedade. A realização do indivíduo é simplesmente impossível, numa ordem que lhe ensina a assumir os conflitos objetivos como sendo seus, em seguida esquecê-los, ao invés de livrar-se deles numa nova formação social. A acolhida desse ensinamento fica evidente quando o indivíduo toma para si a culpa do desemprego – um problema social –, resignando-se à alternativa da auto-empregabilidade, o que na prática, quase sempre, eqüivale a sujeitar-se ao subemprego. Tratar da individualidade a partir do indivíduo tem-se mostrado um bom meio de lutar na contra mão da liberdade. O que impede a desescravização

---

[53] MACHADO, L. R. de S. *Pedagogia Fabril e Qualificação do Trabalho: Mediações Educativas e Realinhamento Produtivo.*
[54] ADORNO, T. W. *Actualidad de la Filosofía*, p. 157-8.

do indivíduo, antes de estar nele, está fora dele, nas relações sociais onde a individualidade se constitui. O processo de formação do eu implica uma dialeticidade entre elementos libidinosos e sociais. É justamente nessa dialeticidade que as relações sociais burguesas interferem, desequilibrando-a para si. A identidade do indivíduo está muito mais afeta à moral social que aos fragmentos da libido. Só a consciência alienada acredita que as compensações que a sociedade oferece ao indivíduo correspondem às renúncias pulsionais que dele se exigem.

Em Kant, o que a consciência moral acalenta para a sociedade é racional, é uma ambiência que permite ao homem realizar-se. O intento kantiano é preservar a individualidade, a liberdade de pensamento, de expressão. Hoje, o que a moral social acalenta para os homens é irracional. "O que a sociedade reclama com razão de cada indivíduo para manter-se com vida é sempre ao mesmo tempo sem razão para cada indivíduo, e ao final também para a sociedade"[55]. Percebe-se como que uma volta à transcendência com, no mínimo, uma diferença: na sociedade burguesa nascente, o que faz Kant manter a realização do espírito no plano metafísico é a impossibilidade de viabilizá-la concretamente; na atualidade é o esforço político-econômico, desumano, que mantém as mesmas relações de produção, obrigando os homens a viverem uma individualidade fictícia. O cativeiro do espírito é real. E, o que é pior, o cativeiro é apreendido como liberdade, de modo que o indivíduo não tem consciência da sua escravização. Parafraseando Adorno[56], quanto mais o indivíduo crê ser, menos ele é, ou seja, mais é reduzido ao estado de massa, onde não se sabe quem é quem.

O mundo e, em particular, os países tecnologicamente mais desenvolvidos deixam transparecer que se armam em nome da paz. Na verdade, acumulam forças, cujo processo de aperfeiçoamento contínuo tem aumentado ainda mais os antagonismos sociais. Contraditoriamente, ao prolongar e ampliar o perigo, a sociedade industrial se torna politicamente mais poderosa, mais rica e mais temida. Ao introduzir os escritos *Educação e Emancipação*, de Adorno, Maar compara as condições sociais objetivas à antecâmara de Auschwitz. Em função delas, o progresso nas forças produtivas está associado à regressão na qualidade de vida. A reflexão afirmativa, que tem como fim conservar o estado de coisas presente, impede a experiência formativa. Vale observar que o abstrato formal é

---

[55] Ibid., p. 178.
[56] ADORNO, T. W. *Palavras e Sinais: Modelos Críticos 2.*

continuamente reconfirmado não por uma intenção subjetivamente articulada, e sim como uma conseqüência do modo concreto como a sociedade se reproduz. Assim sendo, a superação desse estado coisificado não se fará por decreto. O poder político continua sendo a força que pode confrontar-se com a cultura da semiformação. E o entendimento da história das contradições sociais é a arma que ninguém que queira a liberdade humana pode se recusar a obter e manejar.

No texto *A Ideologia da Sociedade Industrial*, Marcuse mostra como as bases para a crítica vêm sendo alteradas. No século XIX a crítica consegue atuar no nível da consciência e da ação política. Mas, o avanço tecnológico corrói a unidade da classe proletária, dispensando força física e se apropriando, especialmente, de capacidades mentais, da consciência do trabalhador. O proletariado, tendendo ao esfacelamento, parece ter deixado de ser agente de transformação social. E, na falta de agentes, a crítica recua para o campo da abstração. Segundo Rebecchi[57], os sindicatos deveriam aproveitar o repúdio dos trabalhadores às novas tecnologias, a revolta diante das inovações, da aquisição de máquinas que tiram centenas de colegas do círculo do trabalho, para colocar em discussão as condições políticas e sociais em que as mesmas são exploradas.

Não obstante a pujança irradiada pelo extraordinário desenvolvimento tecnológico, sobretudo, nas áreas da informática, eletro-eletrônica, engenharia genética e novos materiais, a necessidade de transformação qualitativa no modo de vida continua mais premente que nunca. Ao alimentar o aniquilamento do ser humano, das esperanças de sobrevida, ao preservar a miséria em favor da riqueza, a ordem social contemporânea reveste-se de um racionalismo profundamente irracional, que está por ser resolvido. Ao pensamento crítico cabe explicitar a íntima conexão entre exploração e empobrecimento. Empobrecimento também das capacidades que podem subverter as condições de existência intoleráveis, pois a miséria não é só material, é igualmente de conhecimento, de consciência. O pensamento crítico há que identificar em quais pontos seus objetivos vêm sendo estrangulados; há que desmistificar a ideologia do progresso infinito, os efeitos ilusionistas do aperfeiçoamento técnico, a forma como as riquezas são produzidas e apropriadas. A tecnologia não é utilizada à "medida do homem", e sim à medida dos interesses do mercado. Este é o ponto nevrálgico das desigualdades sociais e, por conseguinte, da penúria humana. A crítica participa no pro-

---

[57] REBECCHI, E. *O Sujeito Frente à Inovação Tecnológica*.

cesso de re/sensibilização do homem para os problemas fundamentais da sua época, opondo aos hábitos de regulação externa e estranha os de regulação equilibrada e consciente, à subordinação e ao conformismo a insubordinação e a revolta, à unidimensionalidade a multidimensionalidade. "Não se trata de obter a transparência total nas relações sociais, mas antes de lutar sem limites contra a opacidade que as despolitiza e desingulariza"[58].

Vários estudiosos da contemporaneidade, como os frankfurtianos aqui abordados, Jameson, Santos e Rebecchi, dentre outros, apostam no conhecimento como meio de recomposição dos elementos que dão significado ao trabalho. Re/significar o trabalho é devolver ao indivíduo a principal referência ao eu; uma referência que, nessas condições, seria transparente, concreta. A posse, o controle da informação confere ao indivíduo uma autonomia que se estende para além das atividades de trabalho; confere-lhe independência para pensar, analisar e agir. À postura otimista, sumamente necessária, lembra-se que o nó górdio da questão é, hoje, o fato de que a realidade objetivo-subjetiva está impregnada até seus últimos recônditos pela racionalidade tecnológica. Destarte, a pergunta imediata é: será que o conhecimento veiculado na sociedade desse fim de milênio – pelas transformações no trabalho, pela cultura de massa – forma um indivíduo capaz de contra-atacar a narrativa pautada na imagem, de vislumbrar a plenitude do vir-a-ser? Pode esse mesmo conhecimento atingir qualitativamente a estrutura da totalidade prevalecente e, desta maneira, participar do projeto transcendente?

Contributo à Formação do Indivíduo

A história das relações de produção e consumo, as transformações no instrumental e nas formas de trabalho fazem com que o conhecimento necessário ao trabalhador e ao consumidor não seja um elemento estático no tempo e no espaço. Esse conjunto de capacidades físicas e mentais é estreitamente vinculado à atividade prática e, como tal, sujeito a mudanças, não sendo nem mesmo concebível fora dela. No momento atual, a que Jameson[59] se refere como sendo o da "Terceira Idade da Máquina", há uma forte tendência a se acreditar que está

---
[58] SANTOS, B. De S. *Pela Mão de Alice: O Social e o Político na Pós-Modernidade*, p. 297.
[59] JAMESON, F. *Pós-Modernismo: A Lógica Cultural do Capitalismo Tardio*.

em processo um distintivo aprimoramento na formação do trabalhador. Os fundamentos dessa crença ancoram-se no fato de a automação flexível e integrada solicitar uma ampla formação geral, refinadas habilidades motoras e uma razoável base de conhecimentos tecnológicos. Argumenta-se que

> ... a recuperação e valorização da competência profissional do trabalhador não é, contudo, apenas uma questão de desempenho técnico e barganha de condições de trabalho. Envolve também uma dimensão da cidadania que extrapola os muros da empresa: ler, interpretar a realidade, expressar-se verbalmente e por escrito, lidar com conceitos científicos e matemáticos abstratos, trabalhar em grupos na resolução de problemas – tudo isto que costuma se definir como perfil de trabalhadores em setores de ponta tende a tornar-se requisito para a vida na sociedade moderna. Se o mercado exige empresas cada vez mais competitivas, a sociedade, de certa forma, também exige cidadãos cada vez mais competentes[60].

Deste posicionamento subentende-se que, como competência e consciência não são instâncias distintas, a possibilidade de o indivíduo estar tendo um desenvolvimento mais completo aparece como decorrência óbvia do novo paradigma produtivo.

Diante do exposto, três pontos, quando menos, merecem ser comentados. Primeiramente, é oportuno salientar o conceito empobrecido de cidadania pressuposto na reflexão acima citada. Uma cidadania cujos atributos são circunscritos e regulados pelas leis do mercado. Como sustentar que o realinhamento da produção esteja efetivando ganhos nesse campo, quando se verifica, mais que a reprodução, uma nova configuração e um aprofundamento na divisão social do trabalho? O segundo ponto diz respeito ao número de indivíduos em todo o mundo que se encontra em situação de trabalho com essas exigências. Pesquisadores[*] põem às claras que se trata de um contingente bastante reduzido, uma diminuta ilha de trabalhadores, privilegiados, que não autoriza deduzir melhoria nas condições globais de individuação. O terceiro refere-se à constatação, por várias vezes reiterada, de que os conceitos, informações e habilidades reclama-

---

[60] LEITE, E. M. *Educação, Trabalho e Desenvolvimento – O Resgate da Qualificação*, p. 12.
[*] Dentre eles, Harvey, *Condição Pós-Moderna*; Rebecchi, *O Sujeito Frente à Inovação Tecnológica*; Bell, *O Advento da Sociedade Pós-Industrial* e Machado, *Pedagogia Fabril e Qualificação do Trabalho: Mediações Educativas e Realinhamento Produtivo*.

dos pela reconversão produtiva têm como objetivo precípuo melhorar o produto e ou tornar o processo produtivo mais rentável. Na fala de trabalhadores entrevistados por Machado[61], as transformações correntes obrigam-nos a pensar, mas é um pensar no e para o trabalho, de forma instrumental, o que não altera muito a capacidade de raciocínio em geral. As pessoas aprendem a refletir sobre a cotidianidade de trabalho na perspectiva do capital. Mesmo aqueles que manipulam tecnologias ou processos de trabalho que demandam um grau mais elevado de informações, não dispõem de uma consciência menos padronizada. Também eles lêem a realidade social através das lentes do capital. "O acesso a informações técnicas por si, sem uma visão ampliada da realidade em suas várias dimensões, não garante uma efetiva compreensão do trabalho que se executa e do mundo no qual a atividade humana está inserida"[62]. A labuta, a ignorância política, a cultura da semiformação, o estreitamento dos horizontes pelo ímpeto consumista dão conta da brutalização dos indivíduos.

Esse entendimento põe em dúvida, por extensão, a postura segundo a qual a penetração da tecnologia no dia-a-dia da vida dos homens estaria enriquecendo o conhecimento de cada um e elevando a consciência a um nível mais próximo da distinção entre o que deve ser preservado e o que deve ser negado, nessa sociedade, em favor do homem. É evidente que os investimentos tecnológicos encontram-se por toda parte, e que fica cada vez mais difícil a adultos e crianças escaparem à manipulação dos mesmos. É igualmente inegável que tal manipulação obriga os indivíduos a lidarem com sistemas numéricos, com códigos visuais e verbais, com uma simbologia abstrata. Mas, daí a acreditar que essa capacitação generalista ultrapassa o âmbito da adaptação é incorrer no descabido. Marcuse[63] já observara que a realização da produção pressupõe a difusão do saber técnico, que habilita para o uso imediato das invenções tecnológicas, e, concomitantemente, a difusão da cultura unidimensional, que habilita para o consumismo.

É pertinente pensar que no trabalho organizado com base na tecnologia de ponta há espaço para uma formação individual omnilateral, no sentido marxiano, uma vez que envolve interesse, motivação, participação, responsabilidade, capacidades mentais variadas, etc. Em suma, porque reúne o que a sociedade tem de

---

[61] MACHADO, L. R. de S. *Pedagogia Fabril e Qualificação do Trabalho: Mediações Educativas e Realinhamento Produtivo.*
[62] MACHADO, L. R. de S. Mudanças Tecnológicas e a Educação da Classe Trabalhadora, p. 18.
[63] MARCUSE, H. *A Ideologia da Sociedade Industrial.*

mais avançado. Se, no trabalho, a exploração de todo potencial tecnológico tivesse como finalidade atender necessidades sócio-individuais, tal conjectura estaria objetivamente comprovada. Sobrevêm que os trabalhadores são orientados para explorar ao máximo apenas o potencial das máquinas, visando necessidades da empresa que, por fim, são assumidas como suas. O poder de informação e de formação implícito nas novas tecnologias não é explorado em toda sua virtualidade, devido ao enquadramento imposto pela lógica capitalista. Ao analisar a suposta liberação de subjetividade pela automação flexível, Adorno[54] deixa entrever que nessas condições de trabalho há algo novo, mas no novo há algo velho que se repete.

Forjar a qualificação que responde às necessidades do mercado é fator de produção, é investimento primordial para a continuidade da ordem afluente. A própria indústria, subsidiada proximamente pela cultura de massa, se encarrega da formação que lhe convém. Empreende uma pedagogia fabril que, valendo-se de forte apelo afetivo, emocional e ideológico, busca estabelecer, no trabalhador, um tipo de competência psicofísica e volitiva, instrumentalizando-o para prevenir erros e para aceitar a idéia de que, sem as inovações que vêm sendo implantadas, seria pior para todos.

> A socialização da informação e, de forma mais restrita, do conhecimento passa a ser exigência do próprio capital, para que ele continue a ser processo, para que continue a se valorizar. (...) Enquanto sujeito social que detém a primazia da direção e controle do processo de trabalho põe e dispõe o quanto, o como e o quando de capacidades humanas são fomentadas, produzidas e aproveitadas e, igualmente, as que são preteridas e descartadas[65].

Para os que permanecem empregados, a implantação da produção flexível e integrada está demandando muita informação específica. É nisto que os treinamentos investem continuada e maciçamente. O conhecimento, que se caracteriza como saber mais aprofundado e abrangente, que dá conta do entendimento do processo, é restrito a alguns e, ainda assim, direcionado aos fins da empresa. A cognição multifuncional, indispensável às mudanças em curso, é dominantemente operacional, elaborada e encerrada na empiria imediatista do mercado de

---
[54] ADORNO, T. W. *Educação e Emancipação*.
[65] MACHADO, L. R. de S. *Pedagogia Fabril e Qualificação do Trabalho: Mediações Educativas e Realinhamento Produtivo*, p. 227.

trabalho. Já a formação de que necessita o indivíduo, para re/significar o trabalho e, mais que isto, sua vida, elabora-se na experiência teórico-prática, é de caráter intelectual-científico e excede o limitado ângulo da tarefa e/ou da função. Entretanto, não se deve descartar a informação técnica. A consciência que percebe o estado de servidão sabe que a superação do mesmo depende inclusive de competência técnica. É preciso dominá-la não para subjugar-se a ela, e sim para tirar proveito dela. O que tem a perder o cidadão consciente e tecnologicamente aparelhado? Como a presença da tecnologia na vida diária é um fato, a saída não é abjurá-la, é ter prudência para explorá-la em benefício dos homens.

Enquanto o indivíduo permanece reduzido a mero objeto, manipulado pela cultura do consumo, à mercê de manobras e exigências econômicas – como os ensinamentos deliberados no e para o trabalho –, a tecnologia sobressai como tática de dominação e lucro, ofuscando seu lado emancipatório. A formação do indivíduo, apto a entender os problemas e possibilidades sociais em suas raízes, passa pelo conhecimento da técnica, do instrumental de trabalho, dos mecanismos de produção, pela aquisição de habilidades motoras finas, enfim, inclui os atributos necessários à produção industrial, mas não se esgota neles. Na esfera da formação integral há outros aspectos que, por serem fundamentais, merecem tratamento criterioso. Para estabelecer-se como sujeito da tecnologia e das demais riquezas socialmente criadas, o indivíduo precisa contar com uma consciência analítica com competência política. Um passo importante nesta direção consiste em recobrar, no conhecimento, a dúvida, seu poder crítico-libertador, o momento reflexivo, suspensos pela positivização da razão. Em Kant, a maioridade da Razão carecia de condições materiais para emancipar, junto com os sentidos, o corpo. Hoje, a situação aparece invertida: as condições são reais, mas, nos desdobramentos da sociedade capitalista, a Razão emancipatória recua, se desobriga da utopia ao associar exploração tecnológica capitalista com progresso social. São equívocos como este que a formação contra a atitude colaboracionista e a favor da individuação precisa discutir e desfazer.

"Eliminando toda dubiedade do pensar através da sua unidimensionalidade, a razão se torna a ferramenta das ferramentas a serviço da produção material, da exploração do trabalho, dos trabalhadores"[66]. Inserido na cultura de massa, o indivíduo não tem necessidade de pensamento próprio. Com a imaginação, a espontaneidade e as faculdades intelectuais sob controle, a consciência crítica,

---

[66] PUCCI, B. *Teoria Crítica e Educação*, p. 24.

que identifica opções, esvaece-se. Esta é, mais precisamente, a parte da formação do indivíduo que o conteúdo assimilado no interior da empresa, isto é, na esteira da produção, não encaminha e tampouco admite. Para que, ao indivíduo, não reste apenas o *desideratum* da acomodação, da adaptação aos esquemas de dominação progressiva, da simples integração na sociedade planificada, não bastam as informações e a formação reiteradas pelo capital. O conhecimento científico, mediado pela reflexão crítica, completa a formação, elevando-a para além do círculo da mercadoria, para além do imediatismo[67]. Por mais premente e inevitável que seja a necessidade de domínio da técnica, ela contempla apenas uma parte da formação, justamente a parte da qual se ocupa o poder econômico. E a outra, a que diz respeito ao desenvolvimento permanente da capacidade criativa, que pode manter viva a utopia do fim da labuta e estabelecimento do trabalho como espaço de individuação, quem responde por ela?

A história da sociedade burguesa registra que, nos períodos de crise, isto é, sempre que a ordem enfrenta dificuldade para se manter, recorre-se à educação. Esta é chamada a participar tanto na articulação de habilidades físicas e mentais, como na manutenção do eu resignado – para o que propala a moralidade burguesa –, imprescindíveis à "paz" social, sobretudo quando o indivíduo é compelido a trocar o conhecido pelo desconhecido. As revoluções industriais vêm acompanhadas de desafios diferentes, lançados à relação capital/trabalho, ao mesmo tempo que redefinem os apelos à educação, com base no perfil de trabalhador almejado. Portanto, as modificações levadas a termo no sistema de ensino estão intimamente relacionadas às mudanças no conteúdo e na forma do trabalho. Balsta recordar o quanto e o como a educação com vistas a uma formação geral foi restringida, remodelada e ajustada para atender a produção de corte taylorista/fordista, dito de outro modo, para formar dentro do padrão de automação rígida e do consumo de massa.

Há aproximadamente três décadas, a expressiva difusão das novas tecnologias, a flexibilização e integração do trabalho reacendem o debate sobre a qualidade e a obrigatoriedade do ensino. Levam o capital a investir pesado em informação e a conclamar o apoio do ensino regular, a fim de que se disponha no mercado de trabalho – cada dia mais estreito – de indivíduos capazes. Não é demais indagar: capazes para que e para quem? A resposta, como na discussão acima, aponta para dois aspectos: o ensino regular não pode negar-se às deman-

---

[67] Ibid.

das da produção, sob pena de sucatear as forças criadas até aqui, como também não pode tomá-las como referência máxima, isto é, como ponto de partida e de chegada. No texto *Educação e Emancipação*, Adorno[68] insiste: o projeto educacional é também um projeto político e, neste sentido, sua maior incumbência é

> ... a produção de uma consciência verdadeira. (...) A educação seria impotente e ideológica se ignorasse o objetivo de adaptação e não preparasse os homens para se orientarem no mundo. Porém ela seria igualmente questionável se ficasse nisto, produzindo nada além de *well adjusted people*, pessoas bem ajustadas, em conseqüência do que a situação existente se impõe precisamente no que tem de pior.

Como Adorno, reconhece-se as poucas chances de a educação transpor o cerco do pensamento e da prática dominantes, uma vez que não é algo à parte dessa sociedade. Desde o início, a cultura capitalista infunde a adaptação aos indivíduos como única alternativa. A isto soma-se o fato de que os processos de trabalho não só não exigem como dão cabo de propriedades especificamente individuais.

> A organização social em que vivemos continua sendo heterônoma, isto é, nenhuma pessoa pode existir na sociedade atual realmente conforme suas próprias determinações; enquanto isto ocorre, a sociedade forma pessoas mediante inúmeros canais e instâncias mediadoras, de um modo tal que tudo absorvem e aceitam nos termos desta configuração heterônoma que se desviou de si mesma em sua consciência[69].

Ao se pronunciarem sobre a necessidade de a educação libertar a consciência de todas as fantasmagorias, de romper com o pensamento pequeno-burguês que eterniza as relações capitalistas, negligenciando sua transitoriedade, Marx e Engels[70] afirmam: "... por um lado, é necessário modificar as condições sociais para criar um novo sistema de ensino; por outro, falta um sistema de ensino novo para poder modificar as condições sociais. Conseqüentemente, é necessário partir da situação atual". E, partir sabendo que, nela, predomina o esclareci-

---

[68] p. 141-3.
[69] Ibid., p. 181.
[70] MARX, K.; ENGELS, F. *Textos Sobre Educação e Ensino*, p. 96.

mento enredado pela razão instrumental. Donde decorre a dificuldade, para a crítica, para negar a negatividade implícita naquilo que liberta.

Considerando a indicação feita por Marx e Engels– de que é preciso partir da situação atual – e com a preocupação de refletir sobre a educação dos homens nesta sociedade massificada, algumas questões se colocam. É sabido que o desenvolvimento tecnológico surpreende, constantemente, com seus inventos e sua capacidade para remodelar. Como, então, apropriar-se dessas criações, a fim de explorar nelas e através delas o potencial formativo em benefício dos indivíduos? A competição no mercado internacional faz com que os meios de comunicação primem pela rapidez e eficiência – ainda que a serviço de interesses particulares. Pois bem, a educação não pode prescindir da comunicação. Assim sendo, cabe encontrar formas de dispor desses mecanismos de alta qualidade no campo educacional, com um cuidado, em princípio: há que se exercitar o emprego dos recursos, sua engenhosidade, e não todo e qualquer conteúdo veiculado por intermédio deles. O conteúdo, no que concerne à cultura consumista, precisa ser analisado, decomposto em suas finalidades, em suas razões; re/elaborado naquilo que forma e contra-argumentado naquilo que aliena. Não será possível valer-se dos meios atuais de divulgação da cultura hegemônica, explorando-os em prol da Razão crítica? Exibir imagens desestabilizadoras desse tipo de cultura dominante? Mostrar seu relativismo? Fortalecer ameaças a esse imperialismo cultural?

A dúvida marxiana – como construir uma sociedade para os homens – permanece, acrescida hoje de outros elementos. Nessa linha de preocupação, o que se pretende aqui não é adentrar no discutidíssimo problema de delimitar o quanto a educação é capaz na luta pela transformação radical. Interroga-se, isto sim, sobre modos através dos quais ela possa participar dessa empreitada. Um deles não seria ensinando a ler o passado e o presente também como documentos reveladores do sofrimento humano? Não seria combatendo a trivialização desse sofrimento, reavivando o espanto e a indignação, o inconformismo e a rebeldia? Santos[71] argumenta que a educação pode denunciar, subsidiar o discernimento dos conflitos e contradições sociais, investir na capacidade de argumentação, no conhecimento que desequilibra o senso comum, que desmistifica a naturalização das relações sociais. Dando espaço à imaginação e incentivando a atitude reflexiva, a educação contribui para que o modelo de aplicação técnica da ciência seja contraposto a outros, ou a um outro, a serem pensados.

---

[71] SANTOS, B. De S. *Novos Mapas Culturais Novas Perspectivas Educacionais.*

A educação precisa saber que disputa a direção ético-política do conhecimento, da formação do indivíduo, com o poder de mercado instituído. À medida que o conhecimento científico se torna força produtiva, a formação passa a ser, por excelência, regulação com vistas a necessidades de cunho prioritariamente econômico. Quanto mais profunda é a inserção científica no processo produtivo, mais o capital se apropria do sistema educacional. As etapas iniciais do desenvolvimento industrial solicitam e, com o apoio da educação escolar, formam uma mão-de-obra resignada em suas vontades e interesses próprios, amestrada mais em suas capacidades físicas que mentais. Com a automação flexível e a reunião de tarefas similares numa única atividade, esse quadro é alterado. A resignação, a vontade e o interesse permanecem indispensavelmente cooptados. Já da educação institucionalizada espera-se ajuda no sentido de encontrar e promover, no trabalhador embrutecido, capacidades mentais, antes relegadas a um segundo plano, que agora têm funções, porém, dentro do mesmo prisma, capitalista. Atualmente, mais que no passado, o sistema produtivo está apto a cobrir disfuncionalidades do ensino regular, a preencher as "lacunas de formação", oferecendo, ele mesmo, suporte para a multi-habilitação, para o treinamento.

Contudo, a escola permanece como um local onde se pode fomentar a oposição ao adestramento, onde se pode trabalhar levando em conta a necessidade de formar a consciência-em-si e para-si. A educação não é capaz de mudar a cultura – até porque é parte dela –, mas é capaz de gerar um clima mais favorável à transformação. "Assim como se almeja uma nova organização social do trabalho, mas 'cujas condições são imanentes à organização do trabalho existente', a formação também tem condições e parâmetros imanentes, embora transcenda o existente"[72]. A educação atua sobre o imanente, forma o sujeito epistêmico social quando desenvolve nele uma capacidade de análise que não sucumbe ao fetiche, quando desvenda e dá a entender a estrutura da racionalidade formalizada. Ela não detém, por completo, o processo no e através do qual a consciência de cada indivíduo é elaborada. Todavia, detém dele uma parcela significativa ao programa de humanização e, dentro desse, às necessidades da produção, qual seja, o referente à transmissão do conhecimento científico. É imperativo, pois, insistir na experiência formativa, na crítica objetiva, na abertura à história, num modo alternativo de trabalhar e viver.

---

[72] MAAR, W. L. *Educação Crítica, Formação Cultural e Emancipação Política na Escola de Frankfurt*, p. 80-1.

Tanto no âmbito do trabalho como no da escola transcorre uma ação deliberadamente orientada para a formação do indivíduo. A distância entre um e outro, a ser reforçada em favor do segundo, é que no trabalho desenvolve-se uma "práxis pedagógica" específica, a bem da verdade, um amoldamento que circunscreve a qualificação e, por conseguinte a subjetividade humana, conforme o que dá vantagem imediata. Da educação escolar espera-se que atenda o imediato e o mediato, quer dizer, além de instruir o indivíduo para operar com as invenções tecnológicas, que o instrua para a continuidade dessa obra em outra base relacional, para entender a impossibilidade de os homens desfrutarem de todas as possibilidades desses inventos presos às relações capitalistas. Se, como postula Gramsci[73] – acompanhando Marx –, a "humanidade" e a "espiritualidade" só existem no mundo do trabalho como criação, então, este é o norte da educação que pretende formar o indivíduo omnilateral.

A constatação de que o projeto político da modernidade está seriamente comprometido no seu intento de construir uma sociedade mais justa e mais solidária, reforça a necessidade da utopia, de se perscrutar a imaginação e a vontade individuais e coletivas, pela via da oposição às relações existentes, em nome de algo radicalmente melhor a que os homens fizeram e fazem por merecer. A globalização da racionalidade capitalista captura os espaços do pensamento utópico. Mas, a subjetividade não está completamente encerrada ao conformismo. A esperança não está de todo deposta. Há indícios lógicos de que no sujeito fechado em si, fragmentado e individualista sobrevive um segundo termo, favorável à descentralização, à participação ativa num todo humanamente articulado. Logo, a necessidade da crítica permanente é mais forte que nunca. Ela participa na constituição de um novo inter-relacionamento social desvendando as condições e os mecanismos que oprimem, identificando e alertando para o perigo de uma socialização total que espreita os homens; enfim, elucidando a formação capitalista, seu movimento, suas contradições, esse processo que a um só tempo constitui a base da sobrevivência e institui a barbárie. A crítica pode, como explica Maar[74], combater a racionalidade produtivista que embaralha os referenciais da razão, contribuindo assim para que "... o sentido ético dos processos formativos e educacionais não vague à mercê das marés econômicas". Não se trata de retornar à crença Iluminista na força libertária da razão, mas de fazer valer o direito de liberdade, de individualidade, quando o necessário para tanto é real.

---

[73] GRAMSCI, A. Maquiavel, a Política e o Estado Moderno.
[74] MAAR, W. L. À Guisa de Introdução: Adorno e a Experiência Formativa, p. 16.

CONCLUSÃO

Muito embora a sociedade do século XVII embale em seu interior heranças do sistema feudal, a modernização nas relações e na forma de produzir é visível, desde então, em nações como a Inglaterra. Aliadas a este fato, as circunstâncias político-sociais que marcam o século XVIII, especialmente suas últimas décadas, sugerem que chegara o momento do reconhecimento e consagração dos direitos individuais. Independentizado das castas, das corporações e da família feudal, o indivíduo se depara com a possibilidade do autogoverno, tanto de propriedades materiais – terras, instrumentos de trabalho e outros pertences – como de propriedades pessoais – da sua força de trabalho, gostos, desejos, inclinações, do seu tempo e espaço. A dissolução das relações feudais e o fortalecimento progressivo das relações sociais burguesas incitam a idéia de individualidade para-si.

Observando essa realidade, Tocqueville[1] contesta o ideário da Revolução de 1789 naquilo que lhe confere unidade, que acende paixões, que lhe assegura mais e mais adeptos, a saber, o propósito de regenerar o gênero humano. A hipótese de cidadania está para a Revolução assim como Deus está para a Igreja: constitui-se no ponto máximo de união das diferentes nações. A sociedade democrática nascente, acautela Tocqueville, não é composta de homens livres. Ela é rica, refinada, poderosa e tende à homogeneidade. Nela, entretanto, os homens não chegam à condição de cidadãos, posto que a mesma une igualdade e despotismo.

As relações sociais emergentes indicam, a um só tempo, dois sentidos contraditórios entre si. De um lado, o trabalho capitalista cerceia a formação física e mental do indivíduo, enquadrando-o a partir de necessidades que, antes de serem individuais, são sociais, portanto, imediatamente não só mantém como amplia e aprofunda a escravização; de outro, constrói riquezas, elevando as forças produtivas ao ponto ótimo, isto é, ao ponto de permitirem que o homem seja

---

[1] TOCQUEVILLE, A. de. *O Antigo Regime e a Revolução.*

dispensado da labuta; logo, trata-se de uma escravização que sinaliza para a libertação. Ocorre que a racionalidade instrumentalista abole hábitos e habilidades de pensamento dos quais a humanização da vida não pode prescindir. Deixa, pois, os homens incapazes frente à possibilidade de fundarem uma nova ordem, que permita o desenvolvimento não apenas da técnica, mas igualmente do conhecimento como propriedade ao alcance de todos e do homem como indivíduo.

À medida que a mecanização adentra o processo produtivo, sem que as relações sociais sejam alteradas, perpetua-se uma situação de trabalho aviltante ao homem, que, em princípio, deveria ser passageira. A degradação do humano não é um fato peculiar à zona urbana, mais especificamente, ao trabalho industrial.

> Na agricultura, como na manufatura, a transformação capitalista do processo de produção significa, ao mesmo tempo, o martirológio dos produtores; o instrumental de trabalho converte-se em meio de subjugar, explorar e lançar à miséria o trabalhador e a combinação social dos processos de trabalho torna-se a opressão organizada contra a vitalidade, a liberdade e a independência do trabalhador individual[2].

O grande número de ex-agricultores sem terra e sem ocupação compelidos à vagabundagem, o aumento da mendicância, as revoltas do operariado, a migração em massa em busca de uma vida mais digna, são todos indicadores da expropriação física e psíquica a que os homens encontram-se submetidos em uma sociedade de abundância. Apesar de a automação falar em favor de uma expressiva redução do tempo em que os homens se vêem obrigados ao trabalho superimposto, de potenciar as condições materiais indispensáveis ao atendimento das necessidades humanas fundamentais, o pronunciamento feito por Hegel[3] há quase dois séculos permanece extremamente atual. No que se refere ao indivíduo, "... o agir, e seu agir efetivo, continua sendo um agir miserável; seu gozo, dor; e o ser suprassumido dessa dor, no sentido positivo, um além".

As transformações pelas quais passa o processo de produção, no final do século XIX e início do século XX, intervêm na sociedade como um todo: rompem fronteiras, modificam hábitos, descartam habilidades formadas de longas datas, instaurando

---

[2] MARX, K. O Capital, p. 578.
[3] HEGEL, G. W. F. Fenomenologia do Espírito, p. 151.

outras muitas vezes sem sentido para quem as desenvolve, colmatam lacunas de tempo e espaço no trabalho e fora dele, aumentam a dominação do homem sobre a natureza e sobre ele mesmo. O trabalhador, condenado a executar repetidamente uma mesma tarefa dias a fio e, não raro, uma vida inteira, perde o entendimento da totalidade do processo de trabalho. Este se torna abstrato e desprovido de razões pessoais. Na mecanização e parcialização do trabalho em tarefas, o eu perde a referência de si mesmo, bem como o parâmetro que o identifica perante seus pares.

O princípio de sujeição do indivíduo na produção automatizada é o mesmo que vigora na sociedade capitalista desde seus primórdios. Novos são o âmbito e a forma de sujeição. Para se instaurar, a ordem burguesa coopta e reeduca, dominantemente, a vontade e a força física. Com o advento da automação, esses quesitos não são dispensados, mas as atenções se voltam, sobretudo, para as capacidades mentais. Agora, é principalmente delas que o capital depende para continuar se reproduzindo. A arregimentação e alienação do indivíduo não só prosseguem como se ampliam. Suas necessidades de iniciativa e reconhecimento, suas potencialidades em termos de desenvolvimento, permanecem ignoradas. Quando os meios e recursos indispensáveis à humanização da práxis social estão inteiramente disponíveis, a imposição coisificadora da desenfreada economia de mercado mantém o *status quo*. Associando liberdade e felicidade ao consumo, prazer e realização pessoal ao trabalho, progresso infinito ao capitalismo, o sistema justifica sua validade bem como a pertinência do que, na verdade, é continuísmo.

Com a totalização do universo tecnológico, a consciência perde a capacidade de perceber a negatividade presente no movimento do objeto, de distinguir entre o ser e o devir. As forças positivas entram em conflito com o poder subversivo da Razão. No embate, aniquila-se este último. Os feitos da sociedade industrial mutilam a multidimensionalidade do indivíduo e, por conseguinte, da consciência individual. Desconhecendo o que está dado em potencial, o julgamento fica sem o contraponto, focaliza tão-somente um determinado ângulo do objeto, ignorando a possibilidade de apossar-se dele para si*. Ao estabelecer

---

* A indignação de La Boétie, expressada por volta de 1560, mediante a passividade e o servilismo daquela época, é como se tivesse sido incitada pela realidade social contemporânea. Ele escreve: "incrível coisa é ver o povo, uma vez subjugado, cair em tão profundo esquecimento da liberdade que não desperta nem recupera; antes começa a servir com tanta prontidão e boa vontade que parece ter perdido não a liberdade mas a servidão" (*Discurso Sobre a Servidão Voluntária*, p.36).

leis gerais para a organização e entendimento da realidade, a lógica formal dissolve substâncias particulares em uma qualidade genérica. Predispõe, desse modo, o indivíduo ao controle universal. Como bem apreende La Boétie[4], serve-se tanto mais quanto menos se conhece o soberano. A precondição da lei e da ordem está nas relações de trabalho e no pensamento.

É certo que toda a negatividade está carregada de positividade: o propósito do desumano é o humano, da escravização é a libertação, da socialização a individualização. Porém, dominada, a consciência não dá crédito a nenhuma racionalidade diferente da estabelecida. Em nome de um futuro promissor, os homens alcançam o mais alto padrão de vida. E, quando as forças essenciais humanas permitem que a utopia de dois séculos atrás se concretize, eles se deparam com uma barreira construída juntamente com a riqueza material, qual seja, a padronização do pensamento e do comportamento, que absorve a destrutividade do real. A perseguição à mais-valia, através de novas formas de controle e exploração, desenvolve mecanismos que apagam da memória o pacto de liberdade e igualdade firmado pela burguesia em ascensão. Ao invés disso, oferece-se ao indivíduo o consumo de supérfluos em larga escala, incorporados como indispensáveis.

A racionalidade moderna é dotada de um instrumentalismo interno. É por estar contido na tecnologia – capaz de ampliar as comodidades da vida e multiplicar a produção de forma, até bem pouco tempo, inimaginável – que o controle e a dominação têm o aval da sociedade. A tecnologia incrementa o consumo, provê a racionalização da não-liberdade, restringe sobremaneira a chance de o indivíduo dar conta de desígnios próprios. A irracionalidade que impregna o sistema é interpretada como submissão necessária, mantida para o bem de todos. Há uma idéia, profundamente arraigada, de que sem o controle nos moldes capitalistas seria pior. "O Logus da técnica foi transformado em Logos da servidão contínua. A força libertadora da tecnologia – a instrumentalização das coisas – se torna o grilhão da libertação; a instrumentalização do homem"[5]. A tecnologia é síntese da compreensão e domínio científicos, pelo homem, da natureza e dele mesmo. Trata-se de uma força que tanto produz como destrói: aprimora extraordinariamente as condições sociais de existência e, simultaneamente, assola as de individualidade.

---

[4] LA BOÉTIE, E. de. *Discurso Sobre a Servidão Voluntária*.
[5] MARCUSE, H. *A Ideologia da Sociedade Industrial*, p. 155.

Conclusão

Quando as bases nas quais se apóia o modo de produção taylorista/fordista não são mais suficientes para garantir a realização do capital, incrementam-se as criações e recriações tecnológicas. Desse feito resultam uma organização produtiva diferenciada da precedente, mudanças nos instrumentos e no conteúdo do trabalho, a remarcação do espaço e do tempo e um novo perfil ocupacional e de produtos. É a emergência da automação flexível que se mescla à produção rígida; do trabalho integrado que convive e concorre com o fracionado; do trabalho que consiste em planejamento, direção e controle que se contrapõe, mas, contraditoriamente, em muitos casos, não pode pôr de lado o movimento humano (de braço, mão, pé). Enfim, desde os anos 60 registra-se uma série de transformações que levam à hipótese de que estaria em trânsito a superação da visão mecânica de mundo[*]. Da integração e flexibilização do trabalho pressupõe-se uma reaproximação entre os trabalhadores, uma demanda e possibilidade de desenvolvimento de capacidades mentais e sociais, ou seja, pressupõe-se o surgimento de condições para que o indivíduo exercite a criação, a iniciativa, a regulação da(s) atividade(s) que desempenha e de si.

Contudo, essa é uma ilusão semelhante à do movimento do sol no céu. A realidade social não confirma a hipótese de autonomia do indivíduo nem no âmbito do trabalho e nem fora dele. O experimentalismo instaurado preserva a mecanicidade como sinal dominante na identificação da vida do homem. Com a alta tecnologia alteram-se as formas e os meios de produção, mas o capital mantém, em seus fundamentos, as relações sociais que o erigem e o sustentam desde as primeiras formações. No rastro dessa desarmonia, três grupos se sobressaem: o primeiro, e minoritário, é composto por uma elite "privilegiada" que opera com os últimos inventos técnicos, sem que, no entanto, esse trabalho deixe de ser abstrato e esvaziado de sentido pessoal; do segundo fazem parte os que seguem presos a postos fixos de tarefas, às quais devem ser repetidas dia após dia e, de preferência, sem lamentações; o terceiro, e notoriamente majoritário, está afeto aos subempregados e aos desempregados, quer dizer, à pobreza em todos os sentidos. Touraine[6] compara a vida nessa sociedade a uma maratona, onde este último grupo, exaurido, come poeira.

---

[*] Nas últimas décadas, observa-se que o suposto, segundo o qual estar-se-ia vivendo a superação da contradição capital-trabalho, é freqüentemente tomado como verdade.
[6] TOURAINE, A. *Crítica da Modernidade.*

Em resumo, as mutações e reconfigurações do trabalho não o despojam de sua forma mesquinha, miserável e antagônica. Logo, elas atendem aos apelos e necessidades do capital, não aos sociais e menos ainda aos do indivíduo. A submissão, o controle, o domínio do corpo e do espírito assumem outras feições, mas não desaparecem. Na Razão Iluminista, em sua forma primeira, a dimensão instrumental serve à dimensão emancipatória, o que justifica todo esforço e investimentos da civilização moderna nesses recursos. À medida que a burguesia se impõe sobre as outras classes sociais, a determinação se inverte: o instrumentalismo contamina e ofusca a virtualidade susceptível de se realizar. Nem a hiperindustrialização tem conseguido minimizar a distância entre instrumentalidade e sentido humano, tampouco é este seu propósito. Ao manter o indivíduo separado das forças produtivas, ao convertê-lo em mercadoria, ao ocupar e planejar todo o seu tempo, o capitalismo esclerosa e dicotomiza a individualidade até o mais profundo do que era seu foro íntimo[7]. O pensamento e a prática unidimensionais, que dominam nesse final de milênio, aparentam estar inteiramente preocupados e ocupados com o sujeito individual. Todavia, concretamente, dissolvem-no na racionalidade das escolhas econômicas. O indivíduo é mero cumpridor de papéis sociais. O como e o quando desempenhar-se é definido conforme conveniências para o mercado.

> A identidade individual é quebrada, o indivíduo se instala na deriva, e no narcisismo se firma. (...) O individualismo triunfante, porém desestruturado, que o Ocidente exibe no final do século XX, nada tem em comum com o individualismo de responsabilidade, a recusa aos conformismos de grupo, a vontade de emancipação pessoal que foram desde o século XVIII a pedra de toque da construção da democracia ocidental. O indivíduo como sujeito ativo da sociedade política e civil cede lugar ao indivíduo objeto, ao 'homem reflexo' passivamente integrado à máquina social e respeitosamente preso aos valores dela[8].

O pensamento, consoante com o universo da locução e do comportamento prevalecentes, é predominantemente prático, positivo. Apóia-se em cálculos exatos, de modo a não deixar margem para outras interpretações. Pragmatizado,

---

[7] SÈVE, L. *Marxismo e a Teoria da Personalidade*.
[8] CHESNEAUX, J. *Modernidade-Mundo*, p. 51.

ele perde seu caráter superador. A tensão e a contradição são varridas do referencial de análise que orienta o indivíduo na leitura do social. No contínuo empenho por adaptar-se, por ajustar-se à experiência restrita, a consciência passa por um processo de "limpeza". Nela, conceitos são transmutados em comportamentos operacionais, e o que não pode ser operacionalizado, como idéias, recordações, aspirações, desejos, ilusões, imagens, etc., é desprezado. Ao final desse movimento, o que era pensamento crítico resulta em pensamento positivo. Pretendendo desmascarar as ilusões, a positivização mascara a verdade. A mobilização total, material e mental, erige a sociedade industrializada e, concomitantemente, dissemina sobre ela seu poder mistificador. Um poder que cobra, dos homens, um preço alto pela manutenção de uma ordem social ultrapassada pelas conquistas que ela própria possibilitou.

Na sociedade contemporânea, o lugar central pertence à produção e ao consumo. É para este ponto, tomado como fim, que todos se voltam. A defesa do indivíduo se choca com o instrumentalismo que toma conta do sujeito, do objeto e da relação entre ambos. A resistência se fragiliza frente à cultura de massa. A individualidade, o si-mesmo, se forma na relação com o Outro. Como, então, sustentá-la numa relação onde o Outro é o trabalho tornado abstração, pura exterioridade, é a experiência da semiformação, a comunicação impessoal, a cultura massificada, a idéia fixa do consumo? Sob o domínio das relações capitalistas, o indivíduo se enfraquece, é aleijado numa significativa parte de si: na parte do desejo, da espontaneidade, da vontade própria, da criação. Nos *Manuscritos* de 1844, Marx postula que o homem rico é aquele que tem necessidade de uma totalidade de manifestações humanas vitais. Contrariamente a esse entendimento, no contexto atual, a esperança de riqueza traduz-se por expectativa de posse, e mais, posse de efemeridades.

Nos planos ético, moral e cultural, o impacto das inovações tecnológicas no seio de relações sociais ultrapassadas pelo desenvolvimento das forças produtivas é deveras desastroso. O monopólio da tecnologia a serviço da informação, melhor dizendo da semi-informação, exerce um poder fascista sobre os indivíduos. A exacerbação de valores individualistas e consumistas, em nome da concorrência e do livre mercado, expõe os indivíduos – adultos, jovens e crianças – a uma profunda deformação. Mas, o que aliena, semiforma, exclui, degrada psíquica e fisicamente o homem não está na ciência e na técnica em si, está sim, nas relações sociais que as comandam. É este o ponto para o qual as atenções precisam convergir. Conquistando para si o lugar central nas relações sociais, portanto, destronando a produção e o consumo como fins, o homem pode fazer-se senhor da ciência e da técnica, submetê-las às necessidades humanas coletivas, à sua própria formação em todos os sentidos. Nesta perspectiva, o lado funesto da ciência e da técnica é subsumido pelo seu potencial libertador. O trabalho que pressupõe esses recursos sem, no entanto, dobrar-se a eles e por eles é auto-atividade, é, segundo Marx e Engels[9], criação e intercâmbio entre indivíduos enquanto tais.

As reconfigurações em curso, na base técnica, organizacional e gerencial do processo produtivo, se exploradas no horizonte das necessidades humanas coletivas acima referidas, podem falar em prol do rompimento com o contra-senso da lógica instrumentalista. Para tanto, as capacidades mentais e sociais demandadas por essa reconfiguração precisam ser formadas de modo a ultrapassarem os limites adaptativos requeridos pelo capital. A virtualidade da ordem capitalista há que ser descoberta e reapropriada, não com vistas à mera adaptabilidade, à refuncionalidade, antes sim, como vistas à ruptura[10]. Se a automação flexível e a integração do trabalho estão a exigir habilidades de pensamento e ação mais plásticas que as requeridas pelo paradigma anterior, este parece ser um bom momento para investir na formação dessas habilidades, no sentido de os indivíduos tomarem as rédeas da contingencialidade a que se encontram enredados. Considerando que a riqueza social acumulada é propícia à emancipação do homem das relações vigentes; considerando que, como advoga Sève[11], a inconsciência, acobertada pela falsa consciência, pelo fetiche, não constitui o imutável destino dos homens, a situação não está para recuo, mas para intervenções que dessacralizem os limites, que busquem a reconciliação do homem consigo mesmo, a coincidência entre trabalho e manifestação de si.

Já no século XIX, Hegel informa a todos quantos desejam saber que a individualidade só é possível na universalidade. Em sua obra máxima, Marx retoma esses conceitos e acrescenta: o homem se constitui como tal e se educa na produção e nas relações sociais que se estabelecem a partir dela. Isto posto, ainda que na forma assumida pelo trabalho nos últimos decênios as fendas para a formação multilateral permaneçam escassas e estreitas, as armas de que a socieda-

---

[9] MARX, K.; ENGELS, F. *A Ideologia Alemã*.
[10] FRIGOTTO, G. *Tecnologia, Relações Sociais e Educação*.
[11] SÈVE, L. *Marxismo e a Teoria da Personalidade*.

de dispõe para educar não podem ser ignoradas. O capital reclama e investe em uma formação voltada para a produção que se faz à base de complexos eletrônicos. É inegável que o mundo não pode parar, mas sua história pode ser outra: não a da sofrida sobrevivência, e sim a do viver bem, a do viver melhor. Do trabalho que promove a negação do indivíduo cabe conservar o instrumental, a tecnologia, que explorados em um novo sistema relacional devem promover a realização do indivíduo.

A educação participa dessa viragem quando explicita a razão das necessidades capitalistas. O desafio é conhecer e ultrapassar os marcos delimitados por tais necessidades, é dar vez e voz ao que está sufocado no indivíduo pela industrialização, é mostrar a realidade social como aquilo que efetivamente ela é e, desse modo, mostrar o que ela impede de ser. Nesta direção, mais importante que desvendar a lógica do objeto é desvendar o objeto da lógica dominante. A análise reflexiva é de fundamental importância, uma vez que identifica, nos conceitos, o elemento negativo. A crítica revela as contradições e sinaliza para a possibilidade real de transcendência. Por mais que a racionalidade dominante milite contra a formação do novo sujeito histórico, não consegue dar cabo desse intento, justamente porque não abre mão de continuar desenvolvendo as condições que servem à dominação, mas, como que por ironia, também servem à consciência para a mudança.

A prefiguração de indivíduo emancipado não existe para a consciência que antecede a ordem burguesa, e não havia porque existir. As contradições entre trabalho concreto e trabalho abstrato estavam longe do radicalismo e universalidade a que chegam no seio do capitalismo. De sorte que individualidade rima com modernidade, muito embora os passos dados rumo à libertação do gênero humano estejam marcados por descompassos. Sob os auspícios das relações capitalistas, os homens promovem uma extraordinária acumulação de riquezas, facilidades de vida, de bem-estar. Ao mesmo tempo que essas relações forjam o cidadão do mundo, põem os homens num estado de desumanidade sem precedentes. Ainda assim, o indivíduo não foi completamente traído pelas promessas burguesas. Se, como escreve Marcuse[12], por herança marxiana, "... a sociedade tem de criar primeiro os requisitos de liberdade para todos os seus membros

---

[12] MARCUSE, H. *A Ideologia da Sociedade Industrial*, p. 55.

antes de poder ser uma sociedade livre; tem de criar primeiro a riqueza antes de poder distribuí-la de acordo com as necessidades individuais livremente desenvolvidas", então, pode-se dizer que essas duas, duras e sofridas partes da obra estão cumpridas. Resta por ser feita a terceira, e nesta a educação pode ter uma participação efetiva. Os indivíduos precisam aprender a ver e pensar, para saber o que está se passando e o que pode ser feito para mudar o curso dos acontecimentos, rumo a uma ordem de equilíbrio entre o espaço/tempo individual e o espaço/tempo da sociedade.

BIBLIOGRAFIA

ADORNO, Theodor W. *Actualidad de la Filosofía*. 1. ed., trad. de José Luis A. Tamayo. Barcelona: Paidós/ICE, 1991.
____. *Dialéctica Negativa*. Trad. Castellana de José María Ripalda. Madrid: Taurus, 1984.
____. *Sociologia*. COHN, Gabriel (org.). Trad. de Flávio R. Kothe, Aldo Onesti e Amélia Cohn. São Paulo: Ática, 1986.
____. *Palavras e Sinais: modelos críticos 2*. Trad. de Maria Helena Ruschel. Petrópolis, RJ: Vozes, 1995.
____. *Educação e Emancipação*. Trad. de Wolfgang Leo Maar. São Paulo: Paz e Terra, 1995.
____.; HORKHEIMER, Max. *Dialética do Esclarecimento*. 3. ed., trad. de Guido Antonio de Almeida. Rio de Janeiro: Zahar, 1991.
____.; HORKHEIMER, Max. *Temas Básicos da Sociologia*. Trad. de Álvaro Cabral. São Paulo: Cultrix, 1973.
ARISTÓTELES. *Política*. Trad. de Mário da Gama Kury. Brasília: Universidade de Brasília, 1985.
BEAUD, Michael. *História do Capitalismo*. Trad. de Maria Ermantina G. Gomes Pereira. São Paulo: Brasiliense, 1987.
BELL, Daniel. *O Advento da Sociedade Pós-Industrial*. Trad. de Heloysa de Lima Dantas. São Paulo: Cultrix, s/d.
BRAVERMAN, Harry. *Trabalho e Capital Monopolista*. 3. ed., trad. de Nathanael C. Caixeiro. Rio de Janeiro: Zahar, 1980.
CANEVACCI, Massimo (org.). *Dialética do Indivíduo*. 3. ed., trad. de Carlos Nelson Coutinho. São Paulo: Brasiliense, 1981.
CHESNEAUX, Jean. *Modernidade-Mundo*. 2. ed., Petrópolis: Vozes, 1996.
CORIAT, Benjamim. O Taylorismo e a Expropriação do Saber Operário. In: PIMENTEL, Duarte et alii (orgs.). *Sociologia do Trabalho*. Lisboa: A Regra do Jogo, 1985, p. 76-109.

_____. Pensar al Revés. In: *Trabajo y Organización en la Empresa Japonesa*. México/ Espanha: Siglo XXI, 1992.

_____. Automação Programável: novas formas e conceitos de organização da produção. In: SCHIMTZ, H. ; CARVALHO, Ruy de Q. (orgs.). *Automação, Competitividade e Trabalho: A Experiência Internacional*. São Paulo: Hucitec, 1988, p. 13-61.

_____. *A Revolução dos Robôs: O Impacto Socioeconômico da Automação*. Trad. de José Corrêa Leite. São Paulo: Busca Vida, 1989.

CROCHÍK, José Leon. *Preconceito – Indivíduo e Cultura*. São Paulo: Probel, 1995.

FERRARIS, Pino. *Desafio Tecnológico e Inovação Social*. Trad. de Raffaella de Filippis. Petrópolis: Vozes, 1990.

FERRETTI, Celso J. As Mudanças no Mundo do Trabalho e a Qualidade da Educação. In: MARKERT, Werner (org.). *Trabalho, Qualificação e Politecnia*. São Paulo: Papirus, 1996, p. 123-9.

FLEURY, Afonso C. Corrêa ; VARGAS, Nilton. *Organização do Trabalho*. São Paulo: Atlas, 1986.

FORD, Henry. *Os Princípios da Prosperidade*. Trad. de Monteiro Lobato. Rio de Janeiro: Brand, s/d.

FREUD, Sigmund. O Futuro de Uma Ilusão; O Mal-Estar na Civilização. In: *Os Pensadores*. 2. ed., trad. de José Otávio de A. Abreu. São Paulo: Abril Cultural, 1979.

_____. Totem e Tabu. In: *Obras Completas*. (Tomo V). Trad. de Luis Lopez – Ballesteros y de Torres. Madrid: Biblioteca Nueva, 1972.

_____. Além do Princípio de Prazer. In: *Obras Psicológicas Completas*. (vol. XVIII). 2. ed., trad. de Christiano M. Oiticica. Rio de Janeiro: Imago, 1976.

FRIEDMANN, Georges. *O Trabalho em Migalhas*. 2. ed., trad. de J. Guinsburg. São Paulo: Perspectiva, 1983.

_____. ; NAVILLE, Pierre. *Tratado de Sociologia do Trabalho*. (vol. I e II). Trad. de Octávio Mendes Cajado. São Paulo: Cultrix, 1973.

FRIGOTTO, Gaudêncio. Tecnologia, Relações Sociais e Educação. In: *Revista Tempo Brasileiro*. Rio de Janeiro, n° 105, abr/jun de 1991, p.131-148.

GORZ, André. *Estratégia Operária e Neocapitalismo*. Trad. de Jacqueline Castro. Rio de Janeiro: Zahar, 1968.

_____. *Adeus ao Proletariado: Para Além do Socialismo*. Trad. de Angela R. Vianna e Sérgio G. de Paula. Rio de Janeiro: Forense, 1982.

GOUNET, Thomas. Luttes Concurrentielles et Stratégies D'accumulation dans

L' industrie Automobile. In: *Estudes Marxistes*, Bélgica, n° 10, mai./1991.

GRAMSCI, Antonio. *Maquiavel, a Política e o Estado Moderno*. 4. ed., trad. de Luiz Mario Gazzaneo. Rio de Janeiro: Civilização Brasileira, 1980.

HARVEY, David. *Condição Pós-Moderna*. 5. ed., trad. de Adail U. Sobral e Maria Stela Gonçalves. São Paulo: Loyola, 1992.

HEGEL, Georg W. F. *Fenomenologia do Espírito*. (Parte I), 2. ed., trad. de Paulo Menezes. Petrópolis: Vozes, 1992.

____. *Princípios de Filosofia do Direito*. Trad. de Orlando Vitorino. Lisboa: Guimarães Editores, 1986.

HOBSBAWM, Eric J. *A Era do Capital*. 2. ed., trad. de Luciano Costa Neto. Rio de Janeiro: Paz e Terra, 1979.

____. *Era dos Extremos*. 2. ed., trad. de Marcos Santarita. São Paulo: Companhia das Letras, 1996.

HORKHEIMER, Max. *Eclipse da Razão*. Trad. de Sebastião Uchoa Leite. Rio de Janeiro: Labor do Brasil, 1976.

JAMESON, Fredric. *Pós-Modernismo: A Lógica Cultural do Capitalismo Tardio*. Trad. de Maria Elisa Cevasco. São Paulo: Ática, 1996.

KANT, I. Crítica da Razão Pura. In: *Os Pensadores*. Trad. de Valério Rohden e Udo B. Moosburger. São Paulo: Abril Cultural, 1980.

____. Fundamentação da Metafísica dos Costumes. In: *Os Pensadores*. 2. ed., trad. de Paulo Quintela. São Paulo: Abril Cultural, 1984.

____. *A Paz Perpétua*. Trad. de Marco Antonio de A. Zingano. Porto Alegre: L& PM Editores S/A, 1989.

LA BOÉTIE, Etienne de. *Discurso Sobre a Servidão Voluntária*. Trad. de Manuel J. Gomes. Lisboa: Antígona, 1986.

LEITE, Elenice M. Educação, Trabalho e Desenvolvimento – o resgate da qualificação. Revista *Em Aberto*. Brasília, ano 15, n° 65, jan./mar. de 1995, p. 05-17.

LEITE, Marcia de Paula. Novas formas de gestão da mão-de-obra e sistemas participativos: uma tendência à democratização das relações de trabalho? Revista *Educação e Sociedade*. Campinas, SP, n° 45, ago./1993, p. 190-210.

LUKÁCS, Georg. *História e Consciência de Classe*. Trad. de Telma Costa. Porto: Publicações Escorpião, 1974.

MAAR, Wolfgang L. À Guisa de Introdução: Adorno e a Experiência Formativa. In: ADORNO, Theodor W. *Educação e Emancipação*. São Paulo: Paz e Terra, 1995, p. 11-28.

_____. Educação Crítica, Formação Cultural e Emancipação Política na Escola de Frankfurt. In: PUCCI, Bruno (org.). *Teoria Crítica e Educação*. Petrópolis, RJ: Vozes, 1994, p. 59-81.

MACHADO, Lucília R. de Souza. Mudanças na Ciência e na Tecnologia e a Formação Geral em Face da Democratização da Escola. In: MARKERT, Werner (org.). *Trabalho, Qualificação e Politecnia*. Campinas/São Paulo: Papirus, 1996, p. 131-47.

_____. *Pedagogia Fabril e Qualificação do Trabalho: mediações educativas e realinhamento produtivo*. [Tese professor titular] Belo Horizonte. Faculdade de Educação da UFMG, 1995.

_____. Mudanças Tecnológicas e a Educação da Classe Trabalhadora. In: *Trabalho e Educação*. (coletânea CBE). 2. ed., São Paulo: Papirius/CEDES/ANPED e ANDE, s/d., p. 05-23.

MARCUSE, Herbert. *Cultura y Sociedad*. Buenos Aires: Sur, 1970.

_____. *Idéias Sobre Uma Teoria Crítica da Sociedade*. 5. ed., Rio de Janeiro: Zahar, 1972.

_____. *A Ideologia da Sociedade Industrial*. 5. ed., trad. de Giasone Rebuá. Rio de Janeiro: Zahar, 1979.

_____. *Eros e Civilização*. 7. ed., trad. de Álvaro Cabral. Rio de Janeiro: Zahar, 1978.

_____. *Razão e Revolução*. 3. ed., trad. de Marília Barroso. Rio de Janeiro. Paz e Terra, 1984.

MARX, Karl. *Elementos Fundamentales Para La Crítica de La Economia Política (Grundrisse)*. 13. ed. España: Siglo Veintiuno, 1984.

_____. *Manuscritos Económico – Filosóficos*. Trad. de Artur Morão. Lisboa: Edições 70, 1975.

_____. *O Capital*. (Livro I, vol. I e II). 9. ed., trad. de Reginaldo Sant'Anna. São Paulo: Difel, 1984.

_____.; ENGELS, F. *A Ideologia Alemã*. 6. ed., trad. de José Carlos Bruni e Marco Aurélio Nogueira. São Paulo: Hucitec, 1987.

_____.; ENGELS, F. *Manifesto do Partido Comunista*. 5. ed., trad. de Marco Aurélio Nogueira e Leandro Konder. Petrópolis, RJ: Vozes, 1993.

_____.; ENGELS, F. *Textos Sobre Educação e Ensino*. 2. ed. São Paulo: Moraes, 1992.

MILL, John Stuart. *Sobre a Liberdade*. 2. ed. Petrópolis: Vozes, 1991.

_____. Dos Nomes e das Proposições. (Livro I). In: *Os Pensadores*. 3. ed., trad. de João Marcos Coelho e Pablo Rubén Mariconda. São Paulo: Abril Cultural, 1984.

POSTHUMA, Anne. Reestruturação e qualificação numa empresa de autopeças:

um passo aquém das intenções declaradas. Revista *Educação e Sociedade*. Campinas, SP, n° 45, ago./1993, p. 252-67.

PUCCI, Bruno. Teoria Crítica e Educação. In: _____(org.). *Teoria Crítica e Educação*. Petrópolis, RJ: Vozes, 1994, p. 11-58.

RATTNER, Henrique. Globalização – em direção a "um mundo só"? Revista *Em Aberto*. Brasília, ano 15, n° 65, jan./mar. 1995, p. 19-30.

REBECCHI, Emilio. *O Sujeito Frente à Inovação Tecnológica*. Trad. de Raffaella Fillippis. Petrópolis: Vozes, 1990.

ROUANET, Sergio P. *A Razão Cativa*. São Paulo: Brasiliense, 1990.

SANTOS, Boaventura de Sousa. *Pela Mão de Alice: O Social e o Político na Pós-Modernidade*. 4. ed. Porto: Afrontamento, 1995.

____. Para uma Pedagogia do Conflito. In: SILVA, Luiz Heron da et alii (orgs.). *Novos Mapas Culturais Novas Perspectivas Educacionais*. Porto Alegre: Sulina, 1996, p. 15-33.

SCHAFF, Adam. *A Sociedade Informática*. São Paulo: Unesp/Brasiliense, 1990.

SCHMIED – KOWARZIK, Wolfdietrich. *Pedagogia Dialética*. 2. ed., trad. de Wolfgang Leo Maar. São Paulo: Brasiliense, 1988.

SENNETT, Richard. *O Declínio do Homem Público*. 4. ed., trad. de Lygia Araujo Watanabe. São Paulo: Companhia das Letras, 1988.

SÈVE, Lucien. *Marxismo e a Teoria da Personalidade*. Trad. de Emanoel Lourenço Godinho. Lisboa: Livros Horizonte, 1979.

____. La personnalité en gestation. In: Michèle Bertrand et alii. *Sur L' Individualité approches pratiques/ouvertures marxistes*. Paris: Messidor/Editions Sociales, 1987, p. 210-49.

TAYLOR, Frederick W. *Princípios da Administração Científica*. Trad. de Arlindo Vieira Ramos. São Paulo: Atlas, 1948.

TOCQUEVILLE, Alexis de. *O Antigo Regime e a Revolução*. 2. ed., trad. de Yvonne Jean. Brasília: Universidade de Brasília, 1982.

____. *A Democracia na América*. Trad. de João Miguel P. de Albuquerque. São Paulo: Nacional, 1969.

TOURAINE, Alain. O Trabalho Operário e a Empresa Industrial. In: PIMENTEL, Duarte et alii (orgs.). *Sociologia do Trabalho*. Lisboa: A Regra do Jogo, 1985, p. 179-227.

____. *A Sociedade Pós-Industrial*. Trad. de Ruth Delgado. Lisboa: Moraes, 1970.

____. *Crítica da Modernidade*. 3. ed., trad. de Elia F. Edel. Petrópolis, R.J.: Vozes, 1994.

ISILDA CAMPANER PALANGANA

Nasceu em Rolândia, no Estado do Paraná. É casada, tem dois filhos e mora em Maringá, onde trabalha na Universidade Estadual. Sempre trabalhou com ensino e durante alguns anos esteve engajada na educação especial. Sua formação superior é em Pedagogia; em 1989 obteve o título de mestre em Psicologia da Educação pela PUC-SP. É doutora em Educação, História e Filosofia da Educação, pela PUC-SP.

―――――――― dobre aqui ――――――――

ISR 40-2146/83
UP AC CENTRAL
DR/São Paulo

CARTA RESPOSTA
NÃO É NECESSÁRIO SELAR

O selo será pago por

summus editorial

05999-999 São Paulo-SP

―――――――― dobre aqui ――――――――

INDIVIDUALIDADE: AFIRMAÇÃO E NEGAÇÃO NA SOCIEDADE CAPITALISTA

summus editorial
CADASTRO PARA MALA DIRETA

Recorte ou reproduza esta ficha de cadastro, envie completamente preenchida por correio ou fax, e receba informações atualizadas sobre nossos livros.

Nome: _____ Empresa: _____
Endereço: ☐ Res. ☐ Coml. _____ Bairro: _____
CEP: _____ - _____ Cidade: _____ Estado: _____ Tel.: ( ) _____
Fax: ( ) _____ E-mail: _____ Data de nascimento: _____
Profissão: _____ Professor? ☐ Sim ☐ Não Disciplina: _____

1. Você compra livros:
☐ Livrarias ☐ Feiras
☐ Telefone ☐ Correios
☐ Internet ☐ Outros. Especificar: _____

2. Onde você comprou este livro? _____

3. Você busca informações para adquirir livros:
☐ Jornais ☐ Amigos
☐ Revistas ☐ Internet
☐ Professores ☐ Outros. Especificar: _____

4. Áreas de interesse:
☐ Educação ☐ Administração, RH
☐ Psicologia ☐ Comunicação
☐ Corpo, Movimento, Saúde ☐ Literatura, Poesia, Ensaios
☐ Comportamento ☐ Viagens, *Hobby*, Lazer
☐ PNL (Programação Neurolingüística)

5. Nestas áreas, alguma sugestão para novos títulos? _____

6. Gostaria de receber o catálogo da editora? ☐ Sim ☐ Não
7. Gostaria de receber o Informativo Summus? ☐ Sim ☐ Não

Indique um amigo que gostaria de receber a nossa mala direta

Nome: _____ Empresa: _____
Endereço: ☐ Res. ☐ Coml. _____ Bairro: _____
CEP: _____ - _____ Cidade: _____ Estado: _____ Tel.: ( ) _____
Fax: ( ) _____ E-mail: _____ Data de nascimento: _____
Profissão: _____ Professor? ☐ Sim ☐ Não Disciplina: _____

summus editorial
Rua Itapicuru, 613 – 7º andar   05006-000   São Paulo - SP   Brasil   Tel.: (11) 3872 3322   Fax: (11) 3872 7476
Internet: http://www.summus.com.br   e-mail: summus@summus.com.br

cole aqui